在世之日

一個基督徒對生死的思索

陳南州——著

目錄

CONTENT

Part 2

在世之日

Part 3

生死議題

專文推薦

用開放、謙卑的態度理解與經營在世之日

周恬弘

我是陳牧師著作長期的忠實「粉絲」，他大多數的著作我都認真看過，並加以收藏，至今仍時常反覆查閱，成為我探討信仰、神學和倫理學的重要養分。因此，當陳牧師邀我為新書《在世之日》寫序時，我真的感到無比榮幸，不加思索就答應了。

雖然我不是陳牧師正式的學生，但他絕對是我基督教倫理學的啟蒙者，從我大學時代聆聽他的專題演講開始，他便帶領我們用開放的信仰態度思考與回應各種重要的倫理與社會議題；他的演講內容不僅很有深度，他的熱情更能激發我追求真理。

我對生命倫理的興趣有很大程度是受到陳牧師的影響，我在陳牧師的幾本著作中第一次讀到討論墮胎、安樂死等生命倫理議題。二十多年前，門諾醫院黃勝雄院長邀請院內同仁組成讀書會討論醫療倫理，邀請陳南州牧師擔任顧問，因為他的指導，我們對各議題有更豐富的認識，並開啟我對這些議題長期的關注。

《在世之日》所探討的都是人生和社會的重大課題，每個人都要面對和思索。雖然死

亡、病痛、苦難、失落、老化似乎都是我們不願意碰到、且避免去談論的主題，但它們卻是人生在世的必經旅程。〈詩篇〉90篇10節便很真實地道出人生的實況：「我們一生的年日是七十歲，若是強壯可到八十歲；但其中所矜誇的不過是勞苦愁煩，轉眼成空，我們便如飛而去。」

但是「勞苦愁煩」在信仰中也能展現積極正面的意義，陳牧師在《在世之日》引用許多聖經的觀點和詮釋、個人的經驗與故事，和多位神學家及學者的闡述，為這些生命課題建構豐富的意義，並指引我們面對這些重大事件和經營人生的態度。

我覺得《在世之日》最特殊之處，在於提出「失落」這個主題，這是在其他書中較少被討論的人生「常態」之一。我們一生會經歷許許多多大大小小的失落事件，從遺失重要物品到喪失至親，因為這些物品、人物或狀況是我們所重視的，因此當我們意外失去它們時，內心的衝擊可想而知。

陳牧師在書中用信仰的觀點探討失落的處境，是我過去較少思考的面向，陳牧師鼓勵我們用冷靜與沉著接受失落的事實，並用勇敢和智慧去將失落的情緒轉化為正向的動能。更重要的是，在世之日擁有的一切有一天都會失落，但靈性的生命（與神合宜的關係）是永存的，我們要永遠懷抱這份從神而來的信心、盼望和愛。

《在世之日》的內容非常豐富，陳牧師針對每一個主題，用淺顯易懂、但開放多元的角度，帶領讀者探討死亡、病痛、苦難、失落、老化、自殺、死刑、生殖科技等主題，並帶出聖經、神學、信仰的關懷。讀完之後，我深深體會到，對於這些重要的人生課題，並沒有簡單的答案。

通常在教會中，牧長對於生命倫理和人生的議題，傾向採用比較明確、特定立場的解釋和教導，好讓信徒容易有所遵循。比如認為病痛和苦難是因為某些人犯罪而導致的，來教導信徒要遠離犯罪，以免得罪神引來病痛或苦難。

然而陳牧師在書中指出，聖經對病痛和苦難有許多不同的理解與多元的教導，絕非單一的觀點。比如對於約伯的遭難，〈約伯記〉並沒有給我們單一的解釋，反而是呈現非常豐富、對立、深刻的對話與陳述。

以前我讀〈約伯記〉，總不太能理解約伯為何最後以向神承認自己不明白來了解和接受他的苦難遭遇：「我知道，你萬事都能做；你的計劃不能攔阻。誰無知使你的旨意隱藏呢？因此我說的，我不明白；這些事太奇妙，是我不知道的。」（約伯記 42:2-3）讀到陳牧師的《在世之日》突然讓我豁然開朗，知道人生的議題沒有簡單的答案並不會限制信仰的力量，反而會開展上帝的作為。

每一個人所面臨的處境，都是神的作為、人的意志與社會結構環境互動的過程，每一個重要議題和事件都反映其背後複雜的脈絡，我們不應該絕對化自己的觀點，而是用謙卑的態度，求神給我們智慧，去理解上帝的奧秘與恩典，並盡可能在世之日實踐祂所教導的愛與善行。

因此，我誠懇地邀請讀者用開放、謙卑的態度，透過《在世之日》一同領受上帝在我們的人生課題上，所要給我們的恩典與啟發。

（本文作者為嘉義基督教醫院社區副院長）

專文推薦

唱出自己的生命之歌

陳錦生

過去在大學通識課開「生命科學概論」，開場白時我常喜歡問同學：「生命是什麼？」大部分的同學都有他自己的定義，最多的同學會提到生命是一種物理化學的過程，或是一些生命現象，如：生長、生殖、感應、新陳代謝等名詞。但那些都不算是生命的定義。事實上，要說明生命是什麼，本來就沒有標準答案。

我喜歡用蘇東坡的《琴詩》來比喻：「若言琴上有琴聲，放在匣中何不鳴？若言聲在指頭上，何不於君指上聽？」音樂從哪兒來？樂器本身不會發聲，必須要有人去彈才會有音樂。生命也一樣，活的細胞和死的細胞，基本上物理化學的結構都一樣，只差在有沒有「生命力」。

用聖經的說法，上帝用泥土造了亞當，把生命吹進了他的鼻孔，他就成了有生命的人（有靈的活人）。因此，要問「生命是什麼？」和問「音樂是什麼？」似乎有異曲同工之妙，只能意會不能言傳。至於「死」是什麼？那就更難理解了。古人說：「人死如燈滅。」真的是這樣嗎？出生，我們有經驗；死亡，我們尚未經歷，難怪孔子會說：「未知生，焉知死？」

問完了「生命是什麼？」之後，我通常會再問：「生命的意義是什麼？」當時的學生都會口徑一致地答：「創造宇宙繼起的生命。」這是台灣早期黨國教育下的標準答案（現在的學生反而沒聽過這句話了）。然後我會再問：「那跟豬有什麼不一樣？」這雖是玩笑之言，卻是要刺激學生認真思考生命的價值和意義。

存在主義大師卡謬（Albert Camus）認為，生命是一個無法理解的過程，人不知道為什麼活在這裡，卻又不肯死去，所以他認為生命是荒謬的。如何能讓生命不荒謬？雖然我們無法改變出生的條件，但是我們可以改變生命的過程，唯一我們可以做的就是好好地把握在世上的日子，活出有意義的生命。

南州兄在退休之後，將其對生命的思考以及神學的觀點和個人的體驗，以有系統、生動易讀的手法，將每一個人在世之日所會面臨到的問題、疑點和解決之道寫成本書。書中沒有高深的理論，也沒有教條訓詞，反而有許多啟發人的實例。本書雖然從基督教的觀點來寫，但是對象並不限基督徒，討論的內容包括每個人都會遇到的生死、病痛、苦難、年老、善終等議題。

對每個人來講，生命的意義來自他對生命的盼望，對自己存在的價值和所依靠的力量。這不只是理論，更是實踐。書中所提的一些道理，必須自己去體會才能領悟。就像音樂一樣，光是樂譜，只是印在紙上的豆芽菜，本身沒有意義，除非把它演奏出來或是唱出來。一樣的樂譜，不同的人演奏會有不同的詮釋。

這本《在世之日》如同人生的樂譜，照譜彈唱，人生就不離譜，也不會荒謬；更重要的，要你親自去演奏（唱），才能體會生命樂章的美妙。讓我們一起來唱我們自己的生命之歌吧！

（本文作者為考試院委員，前長榮大學校長）

專文推薦

對生命的新展望

陳明麗

陳南州老師是位資深的教育家，最令我敬佩的是他也是位殷勤的作家，出版許多基督教教育的叢書。

個人認識老師是在我就讀台灣神學院道碩班的時候，有一學期老師來我們班上執教「基督教倫理學」。記憶中，老師採取開放式的教學，時常用一道倫理議題給班上同學討論。老師就走下講台，坐在同學中間，笑咪咪地傾聽同學們激烈的爭辯。那時班上幾位思緒敏銳的同學，如：林鴻信、張德麟、葉約翰等，討論過程絕不冷場，老師能插話的機會並不多。

這門必修課很快就結束了。之後我曾在台南神學院旁邊的新樓醫院擔任院牧一職，那已是十多年後，那時師母因癌症末期病重，我與新樓醫院幾位熱心的義工們去老師的宿舍為師母禱告，因為是在上課時間，也沒見到老師。但從本書中老師數次提及「我死去的太太……」感受到老師內心有許多的不捨。此次老師來電邀請我為本書寫推薦序，我有些錯愕，不敢推辭大膽執筆。

本書中令人印象深刻的，是第七章〈戰勝苦難〉中「如何面對苦難」提到認識現實（不逃避）向親友傾訴，尋求專業協助、親近上帝，老師引用聖經〈哥林多前書〉12章26節：「一個肢體受苦，所有的肢體就一同受苦，一個肢體得榮耀，所有的肢體就一同快樂。」這節經文也是我在安寧照顧領域中，時常日夜為受苦病人及家屬分擔認同的寶貝，因為他們不是獨自承擔苦難，悲痛、哀傷時有人分擔。想要勝過苦難，就是在有人陪伴著多走一哩路的過程中，漸漸得到釋放及看見盼望。

老師書中的第八章〈安然年老〉也吸引我一再咀嚼。依照老師收集的資料統計，如今的我亦是高齡社會中的一員，書中說到老化現象的一些資料，可以比醫院中家庭醫學科醫師收集的更完整，我也亦步亦趨，自我審查。當然，以老師在本書中的架構——生物性生命、社會性生命及靈性生命，我個人相對注目在靈性生命，因為所引用的聖經章節可以叫人「不認老」。例如〈哥林多後書〉4章16節：「雖然我們外在的軀體漸漸衰敗，我們內在的生命卻日日更新。」這是本書所謂「心靈的鍛鍊」。另一節引用的經節更直白了，那是〈提摩太前書〉4章7至8節：「要為著敬虔的生活鍛鍊自己。身體的鍛鍊有些益處，靈性的鍛鍊在各方面對你都有益處，因為後者帶來今生和來生的盼望。」這是告訴老年人面對，心態轉換，預備！

第三部〈生死議題〉，老師以基督教倫理學者的角度來探討三項議題：自殺、死刑及生命改造工程，從人類基因研究談起。我就不再多筆，讓親愛的讀者們去辯思。

最後，我也從老師書中引用的〈哥林多後書〉5章17至19節來作為小小結語：「若有人在基督裡，他就是新造的人，舊事已過，都變成新的了。一切都出於神，祂藉著基督使我們與祂和好，又將勸人與祂和好的職分賜給我們。這就是神在基督裡，叫世人與自己和好，不將他們的過犯歸到他們身上，並將這和好的道理託付了我們。」這段經文提供給社會大眾及尚在求學的同學們對生命新的展望：

1. 不是我們能拿多少，而是我們能付出多少。
2. 不是多少遮蓋，而是多少祭壇（奉獻）。
3. 不是多少威信，而是多少力量為人禱告。
4. 生命不是以慾望為基礎，而是以「為苦難、失落者付出愛」為基礎。

這是一本適用於大學生死教育的最佳書籍，更是讓廣大讀者對全人生命的啟示。為此，我鄭重推薦此書給讀者，使我們彼此珍惜、感動領會作者的智慧。

（本文作者為和信治癌中心醫院特約院牧
台灣基督長老教會總會傳福會傳愛志工）

專文推薦

關於生與死的這門課

黃勝雄

一九九九年四月在美國參加全美神經外科醫師年會，我發覺會中許多位醫師，都在討論密西根州的病理醫師傑克・凱沃基安（Jack Kevorkian）所主張的安樂死（euthanasia），尤其是去幫助或教導癌症末期病人在最痛苦、最痛不欲生的時候結束自己的生命，這樣的事情是不是合法？是不是合乎醫學倫理的教導？

神經外科醫師也有他們最難受的境遇，就是看到那些他們在半夜被召喚回醫院急救的嚴重腦外傷的年輕人，結果卻變成昏迷的植物人狀態，長期住在慢性病房，漸漸地，連家屬都累得只能一個月來看他一次。

在回台灣的飛機上，我就想，也許在門諾醫院，我可以鼓勵幾位醫生一齊來討論有關生死學和醫療倫理的問題。但是我們需要一位導師，不能天馬行空。那個時候，陳南州牧師剛好在玉山神學院，我知道他對生命哲學有研究，一九九五年他曾在北加州美國太平洋神學院主修過生命倫理，回台灣後也在成大醫學院教過這個題目，於是我們在一九九九年秋天，開始了每週一次的讀書會。

最後，在他的鼓勵下，在二〇〇〇年春天，這個小小的不到四十位醫師的門諾醫院，出版了台灣第一本基督徒醫療倫理的告白書，叫做《天使的眼睛》。我們很感謝陳南州牧師的指導。後來醫院規模變大了，需要做臨床的研究，我們就成立了人體試驗倫理的獨立審查委員會（**IRB**），陳南州牧師也是長期指導我們的委員。

◆出生和死亡

這是每一個人都必須經過的生命歷程。出生也許你自己沒有選擇；但是出生以後到死亡的一段漫長時間的生命，卻有許多是我們自己可以掌握的。

記得我高一的時候，在台中一中的國文老師教我們讀朱熹所寫的《小學》，其中有一段寫道：「雖高才明智，膠於見聞，醉生夢死，不自覺也。」我們這群好動的高一學生，不認真聽課，常被老師罵說：「你們醉生夢死，不自覺！」朱熹的《小學》教導我們不要渾渾噩噩、浪費時間過日子，雖然那不是對生命的尊嚴和價值的論述，但對我而言，那個時候就已經意識到生命的可貴了。

親愛的讀者朋友，如果你對「生與死」這門「大學」想多一份了解，我誠懇地介紹你去讀陳南州牧師這本書的第一部〈生與死〉；這裡面，陳牧師從他自己的生命經歷中，看東方和西方社會文化都一樣畏懼死亡的事實和故事，再進一步談到聖經中的生死觀。他從耶穌的觀點及後來門徒留下書信的一致見解中，看出人活在這個世界上的日子，不只有生物的生命，也有靈性的生命和社會性的生命。生物的生命是上帝所賜，應當珍惜，也有它的意義與價值；然而生物性的生命不是絕對的價值，它的意義和價值在於活出靈性生命與社會性的生命。這個才是永恆的。

◆保健和疾病

我是個醫師，也很注重預防醫學和保健，雖然已經八十三歲，還是中氣十足，沒有失智。我很嚮往日本的醫學人文大師日野原重明醫師，他一直主張肥胖、高血壓、第二型糖尿病、高血脂症是生活型態的疾病。他每天要走路，他在一百歲時來台灣，還去爬台北一〇一大樓，直到一百零五歲才過世。

一般人在世的日子，即使你注重預防醫學，也難免會有一些疾病發生。對此，許多人也許會自怨自艾、病急亂投藥，或是抱怨醫生沒良心、護士沒愛心。台灣目前已進入老化社會，老人照顧的社會問題已經見怪不怪了，但是當我讀完了陳牧師這本書的第二部〈在世之日〉後，我深深受到感動，也很欽佩他涉獵的資訊實在很多。除了自己受益之外，更想要介紹給台灣所有人民，包括醫療人員，都應該來研讀這本書，它是最正面、最公平、最理性、也最人氣的陳述。

◆生命是珍貴的

這本書的第三部是討論生死的議題，包括自殺、死刑和近期很流行的生命工程。你是否想過，不孕症的夫妻在做體外胚胎培養後，只用了一個受精卵，其他的受精卵就全部被拋棄、丟掉，在倫理上你可以接受嗎？複製羊我們已經做到了，那複製人呢？

以上種種議題，如果你想知道這些知識和想法，我慎重地推薦你去買這本書，也和你的朋友們分享。

（本文作者為退休的神經外科醫師、前門諾醫院院長）

專文推薦

談論「生命與死亡」最精闢的一本好書

盧俊義

通常，宗教師或多或少都會遇到信徒生下嬰兒，以及信徒去世而需要主持感恩或告別追思禮拜的機會，尤其是後者更多，這不僅是都會區的教會很多，現在的鄉村教會也不少，因為留在鄉村的老人越來越多。

基督教的傳道者都很清楚一件事：告別禮拜不是為了死去的人，而是為活著的人舉行。這就像〈傳道書〉作者所說的：「到有喪事的家去勝過到有宴會的家：因為活著的人應該常常提醒自己，死亡在等著每一個人。」(7:2) 也因為這樣，每次要替過世的信徒舉行告別追思禮拜、準備講章時，所花的時間就更多。因為在追思告別禮拜時，才會看見許多非基督徒走進教會禮拜堂（或告別追思禮拜會場），這些人很可能從來沒有走入禮拜堂，也沒有參加過基督教的任何禮拜，而參加的人幾乎都是成人，且不乏有顯赫社會地位者。

我印象最為深刻的，就是有兩次主持過「黑道」大老和家屬的告別禮拜，從講台上一眼望下去，整個禮拜堂可說是「黑麻麻」一片，沒有人竊竊私語，大家都很安靜地照著禮拜程序走，感覺和主持信徒的告別追思禮拜截然不同。

主持結婚禮拜，可能和結婚的幾乎是年輕人有關，參加禮拜的絕大多數都是青年，小孩也不少。這種禮拜從開始到結束，安靜的時刻甚少，交頭接耳的多，雖然話聲不至於影響到禮拜，但可以看出專注聽傳道者講聖經、說婚姻之道的心不高；更多時候是拿著照相機（或手機）在禮拜堂裡走來走去，取角拍照的更多，尤其是在結婚者在立神聖的誓約時更是如此，有的甚至還會為了要找到好角度，就大剌剌地走上講台，站在傳道者背後往下拍照。

但不論是結婚禮拜或是告別追思禮拜，都有一個共同現象，就是出席者當中，有很高的比例是「非信徒」，也因此，我總會將這兩種禮拜都看成像是在舉行「佈道會」一樣。而我也發現，好好準備這兩種禮拜，都有不錯的回應，雖說參加者並不一定以後會來教會參加聚會，但至少他們對基督教信仰有了初步接觸，且留下了美好印象。

陳南州牧師在他的這本書中，引用了美國倫理學家丹尼爾．卡拉漢（Daniel Callahan）在其著作《生命中的懸夢：尋求平和死亡》（*The Troubled Dream of Life: In Searchof a Peaceful Death*）當中，對於今天醫學科技對生命之影響有很好的描述，說：「生命延長了，健康惡化了；病痛延長了，死亡緩慢了；壽命延長了，痴呆嚴重了。」然後陳牧師透過卡拉漢的這種對比描述，說出他觀察過去的人去世和現今的人去世大不相同之處，他這樣寫道：「以前，在家死；如今，在醫院死。以前，在親人圍繞中，有情感互動的氣氛下死；如今，在加護病房被隔離、孤獨地死。以前，溫順、平和地死；如今，在各種急救措施中狂暴、痛苦地死。」

其實，這也是為什麼政府不久前會通過「病人自主權利法」，讓我們趁著尚且活著、腦袋清醒之際，先將「病危時是否需要繼續無謂的治療」這件事思考清楚，好讓家屬和醫療人員有個清楚憑證可循。

陳牧師的這本書非常特別，他不空談，書中舉了許多親身經歷到親人過世景況的實例，也舉出我們社會中所發生的事件。特別是談到生命態度時，他的觀察細微到連羽球女王戴資穎手上的刺青圖案是「蛇」、文字是「相信自己」都注意到。不但這樣，看他寫的這本書，就會發現他大量引用聖經經文，且是連接到有如「串珠版」的聖經一樣，每章主題都離不開聖經的教導，這無形中可以幫助讀者在看他這本書的同時，也可以看到聖經中相關的明確教導。

陳牧師強調，聖經作者重視的是「活著的時刻」，而不是「死」的事。他要提醒讀者知道：活著會看見上帝在人生命中賞賜的生命力，而不是去探討死後的生命會怎樣。因為死去的人已經無法再次重回到人間。然後他要告訴讀者，特別是基督徒：活著的時刻，就是要記得去實踐上帝的教訓，知道關心貧困、弱勢、被欺壓者。而不是獨善其身，然後高歌頌讚上帝，這不是基督宗教信仰看生命的態度。他說：生命既然來自上帝，活著的日子就是要向上帝負責。必須培養這樣的認知，才不會自以為是而我行我素，這絕對不是基督宗教信仰所要表達的生命意義。

這本書共計分成三大部分，第一部是「生與死」，這部分有四章；第二部是「在世之日」，這部分有六章；第三部是「生死議題」，這部分有三章，共計十三章。而最大的特色是，每章都有神學思想反省。而這種省思不但不會枯燥乏味，反而是跟我們生活和生命經驗有密切關係。

在這書中，他一再重複提醒：生命不僅僅是肉體，更有靈性的層面需要更多重視。最特別的是在第十一章談到「自殺」問題時，他提醒今天的基督教會必須重新思考自殺者心中的悲痛，以及自殺後所帶來家族和教會的創傷，更需要教會為自殺者舉行慰藉的禮拜。為此，他還特地寫了一篇為自殺的信徒舉行葬禮的講章，是一篇非常好的講章，很值得所有傳道者參考，且帶領教會長執、幹部好好思考這件和信仰團契相關的事。

陳牧師完成這本書的書稿後，我很榮幸有這樣的機會，先得到他傳來給我閱讀，並要我寫篇「報告」。我只想說：看他這本書，必定會幫助我們作很好的生命功課，且是教會團契、社團讀書會等，都值得買來閱讀、討論的好書。

（本文作者為台灣基督長老教會牧師）

自序

生死，是我們的日常

這本書是我作為一個基督徒，對生命與死亡的一些理解和省思。本書的內容，用坊間的書類來說，涵蓋生命教育和死亡教育的議題，也有與倫理相關的生死議題。

或許有些人認為，寫這樣一本書的人，應該是經常思索諸如「人為什麼活著」、「生命的意義到底是什麼」、「如何面對死亡」這類問題的人。坦白說，我不是這樣的人。不過，我的生命經歷和基督信仰向我提出這樣的問題，我不得不探討、思索、回應。

我的看法，包含了我在工作中所面對的各樣生命和死亡、我個人的信仰和生命體認，也來自我探索時的閱讀和省思，因此，這本生死學是我自己人生的體認和神學的省思。我會想寫這本書，也著手把這本書完成，只是想跟人分享我作為基督徒對生與死的體認和信仰反省——生死的神學。若是有人因為閱讀這本書，在世之日好好地活，使自己活得好些，那我會欣喜又得安慰。

生命，是我們的日常，死亡也是。我們對生命各有很多不同的體驗和看法。對我而言，有件事相當震撼，那就是我目睹我母親生下我的小弟。那時爸爸不在家，哥哥姊姊去上學；我聽到媽媽叫我，我進去房間，被我看到的景象嚇呆了。母親似乎是跪著，表情痛苦，我小弟渾身是血，躺在榻榻米上，臍帶還連在身上。媽媽勉強出聲，叫我趕快去找人來幫忙。如今，我已經忘了後來的情形，那時的畫面卻歷歷在目，從未消失。

我記憶中第一次「知道死亡」是在我很小的時候，我跟爸爸、媽媽回彰化線西老家，他們告訴我「阿公過世」。在那之前，我對阿公毫無印象。那天，我記得我看到的阿公是躺在大廳，有人在幫他修面（整理遺容）。有關阿公的喪葬事宜，我現在也完全沒印象。坦白說，可能因為當時年紀太小，阿公死了，我沒什麼感覺。

小時候有關死亡的記憶，還有下列幾件事。這些事件的來龍去脈我雖然已經無法確定，但它們給我的印象至今依舊深刻。

第一件是關於我弟弟面臨死亡。我那時應該是小學一年級或二年級，有一個夜晚，我在睡夢中被吵醒。榻榻米鋪成的床有人走動的響聲，好像是因為我大弟病得很嚴重，醫生半夜被請到我們位於偏鄉海邊的家中看診。我聽到醫生大聲痛斥我父親：「一個讀書人竟然讓孩子病到這種程度才叫醫生……」後來，我聽說醫生認為我大弟已經沒盼望了，爸爸還為此請了乩童求神明醫治。這個事件，讓我感受到死亡的腳步帶給家人不安與焦慮，甚至是恐懼。

第二件事，是駐紮在住家隔鄰的軍隊有士兵自殺。我的住家是緊鄰一個政府機構的員工宿舍，隔鄰有些當年從中國撤退來台灣的軍人駐紮。那是一九四〇與五〇年代之交，士兵們平日要為準備「反攻大陸，消滅共匪」接受操練，有些士兵年紀很輕（看似十四、十五歲），不知是受不了苦，還是想家，竟然有人舉槍自盡（我大學畢業服兵役時才知道，當年有些士兵並不是志願從軍，而是被路過村莊的國民黨軍隊以帶路為由強行抓來，他們想家是必然的）。

不過，自殺的也不只是年輕的士兵，還有一位軍官自殺未遂。他的手槍子彈還飛到我們住的木造宿舍的牆壁。我得知這兩起自殺事件，不是被告知，而是從大人之間的片段言談拼湊起來的。如今想起這些事件，我感受到的是，大人們對未能預期之死亡的不安、恐懼，與緘默。

長大、工作之後，對生死的體認就更多了。親人、朋友的罹病和死亡，不能說是「日常」，卻也是過幾年就會碰到一兩次的事。譬如說，媽媽忽然間跟你說「你舅舅過世了」，同學會通知你「某某走了」，神學院師生禮拜後院長在報告時說「某某校友生病過世，請為遺族代禱」等。在教會牧會時，部落中不同年齡之信徒、不同原因的死亡，給我更多的衝擊和省思。所以，我對於生命與死亡的省思，主要是源自於個人生命的經歷。因此，這本書是生命體認和見解的分享。

本書的第一部，首先探討生與死這個主題，內容包括忌諱死亡話題的社會與文化，人們對於死亡的畏懼，還有生與死的關連，更探討聖經中的生與死。第二部接著探討人在生與死之間的在世之日，大概都會遭遇的經驗，諸如病痛、失落與悲傷、苦難、老化、臨終等主題，也提出在世之日的生活之道。第三部則分別探討三個跟生死相關的倫理議題——自殺、死刑、生命工程。敘述時若有特別參考或引用他人著作，我也加入註腳，除了表示負責，並肯定與尊重原著，也讓讀者做進一步探討時可以參考。

本書中所引述的聖經經文，若沒有特殊註記，主要是引自《現代中文譯本2019》，即採用講求「意義相符、效果相等」之「功能對等」（functional equivalence）原則翻譯的版本；部分引述《和合本2010》。在此一併向台灣聖經公會和香港聖經公會致謝。

我要特別謝謝淑嬪，我的太太。我有時會在兩人的交談中提到我在東華大學兼課，開生死學和生命倫理學的一些事情，也不只一次提到我想把生死學的講義改寫成書，可是我就是沒寫。淑嬪一直鼓勵我、支持我。去年初，我提到我在某次演講中引用年輕人喜歡說的「不該就醬」的對聯：「人生沒有夢想，那很不像樣；夢想沒去實現，那還不一樣。」淑嬪隨口重複我的話說：「夢想沒去實現，那還不一樣。」

「就醬」，隔天早上我開始動筆寫這本書。其實，之前遲遲沒有動筆，原因跟年齡有關。我有點擔心人們會說：「不到七十歲的人，配說什麼有關生死的見解？」然而，年歲大，不一定就對人生有更多的體認；年紀不等於經驗。現在，我超過七十歲了，所以也就大膽些了。如今完稿，要謝謝淑嬪的鼓勵，也謝謝她把本書初稿從頭到尾看過，給了我一些建議。

我也要向啟示出版社彭之琬總編輯和副主編李詠璇致謝。在我寫作的過程中，她們除了一再鼓勵，也提供專業的建議，我深深獲益。

最後，我也要感謝好友張仁和牧師。他是少數經常跟我聯繫、關心我的學生之一，有時也會跟我討論神學和教會的宣教。在我眼睛受傷這段時間，他替我校稿，也提出一些很有參考價值的意見。我由衷感激。

讓我再說一次，若是有人因為閱讀這本書而好好地活，使自己活得好些，那我會欣喜又得安慰。

二〇二一年五月於花蓮吉安鄉居

陳南州

PART 1

生與死

Reflections on Life and Death

在這一部分，我要探討的是生與死，以及生死的關連，還有聖經對生命與死亡的見解。

不只生命是我們的日常，令人難以面對，又不自在的是，死亡也是我們的日常。我們的社會、文化忌諱死亡的話題，人們害怕死亡。然而，生與死是緊密關連。思索生命，很自然會想到死亡；面臨死亡，我們很自然思索生命。基督徒告白「聖經是信仰與生活的準則」，那麼，聖經怎麼解說生命與死亡？這就是第一部分各章要探討思索的一些主題。

第一章　忌諱死亡話題的社會與文化

一般而言，我們的社會、文化很忌諱談論死亡，連跟「死」發音相近的字，也盡可能不說。

舉例來說，我們到飯店用餐，服務人員前來接待時，會問說「請問你們共幾位」，我們若回答「四個人」，通常服務人員往裡面回報時會說「三加一」或「兩對」。他們不說「四」，因為無論是台語或是華語，「四」的發音都跟「死」相近。

又譬如說，很多醫院的樓層沒有「四樓」，電梯按鈕的標序是一、二、三、五……「四」樓給跳過了。有「四樓」的醫院，那一樓通常是婦產科（產房），院方似乎有意以「生命」來對應人們對於「死亡」的畏懼。很多建設公司推出的新大樓建案，樓層規劃也常直接跳過四樓；每一樓層若有四戶，編號也會跳過四，譬如說，以A1、A2、A3、A5來標示。我也曾在拜訪友人時發現，大樓電梯的按鈕標序是1、2、3、F、5……。它承認「四樓」事實上存在，卻以英文的「四」（four）的第一個字母F來替代「四」，藉此避開死亡的聯想。

我們若稍微注意，這種避開「四」的文化現象，也從民間逐漸傳到地方政府的行政事務上。過去，政府行政單位不會避諱「四」字，所以，台灣的主要公路有一條稱為台4線，高雄市出名的道路之一是五福四路，台中市有吳厝四街。但是現在，以花蓮我住家鄰近的街道名稱或巷弄號次為例，吉昌二街、三街之後，是吉昌五街；二弄之後是六弄。同一巷弄裡，門牌的編排是二號、六號、八號、十號、十二號、十六號……，「四」的稱謂或號次全都給跳過了。

台灣民間談到人死的時候，也盡可能迴避「死」這個字。譬如說，人們交談中提到「等某人將來死了，事情自然會解決」，人們不會用「等某人死後」這樣的詞語，而是說「等某人百年之後」。提到某人死了，是說「某人過身了」、「某人往生了」、「某人走了」，或用台語說「某人 tńg-khì 了」（回去了）。

不熟悉這種文化性詞語的外國人，常因而不了解人們談話內容的真正含意，說出造成誤解的話語。我的朋友就提過一個事例。有位外籍看護因為不明白「走了」另有其他含意，在電話中回覆親友的問話時，把阿公沒等人開車來接，自行走路回家去了，說成「阿公走了」，而造成親友的誤會和氣憤。

人們不只是盡可能不提死的字眼，連跟死相關的詞語，也想盡法子避諱。譬如說，傳統承辦喪葬事宜的公司稱為「生命禮儀社」，他們的服務人員要跟喪家討論收殮屍體的棺木款式時，通常會說：「請問你們考慮買哪一種大厝？」他們用「大厝」替代「棺木」。人們買房子的時候，也會詢問房屋仲介，避開加油站、工廠、焚化爐等所謂的「嫌惡設施」，而棺木店、靈骨塔、墓園等，在房屋買賣中也被歸納在居住環境的嫌惡設施之內，因為這些商店或地點，都跟死亡相關。

因為台灣社會有避諱死亡話題、場所的文化，內政部在「酒駕零容忍」的社會共識下，別出心裁，准許監理站把針對酒駕累犯的道安講習，移到殯儀館舉行。課程內容還包括參訪入殮室、停柩間、火化場、撿骨室等。監理站期盼，在殯儀館上課可以讓這些觸犯酒駕法規的學員感受生命的可貴，學會珍惜他人與自己的生命，不再酒駕害人。其實，監理站這樣做也有意藉著避諱死亡的文化，嘗試激發社會大眾，或許會為了避開殯儀館這種跟死亡密切相關的場所，不想觸霉頭，而減少酒駕。

台灣原住民族也有類似的忌諱，甚至有畏懼死亡的文化習俗。來自蘭嶼島的達悟族學生告訴我，在蘭嶼，若有族人死亡，親友會用竹籬笆把喪宅和治喪用的道路圍起來，並且在當天立即埋葬死者。墳墓沒有標記，也不置墓碑，親友日後也沒有掃墓的追思禮儀。達悟族人的文化顯示，他們不想讓日常生活受到死亡的干擾。

總之，在台灣社會、文化裡，死亡話題是禁忌；人們忌諱提及死亡，盡可能不談死亡，甚至避免發出跟「死」相近的語音。人們期待在日常生活中，可以避開會聯想到死亡的談話、事物、場所。

死亡，請不要打擾我們

然而，忌諱死亡這個字眼的，可能不只是台灣民族。古代以色列人似乎也不例外。以聖經〈創世記〉為例，在敘述人物死亡時，有些地方是明說「某某人死了」，例如：「亞當共活了九百三十年，就死了。」（創世記5:5）「瑪土撒拉（默突舍拉）[1]共活了九百六十九年，就死了。」（創世記5:27）但是，敘述亞伯拉罕（亞巴蘭）的孫子雅各（雅各伯）向他兒子約瑟（若瑟）交代他的後事時，〈創世記〉的作者是這樣記載雅各所說的話：「我與我祖先同睡的時候，你要將我帶出埃及，把我葬在他們所葬的地方。」（創世記47:30）

在這裡，雅各沒說「我死後」，而是「與祖先同睡的時候」。特別是記載以色列民族諸王歷史的〈列王紀〉上下這兩卷書，提及諸王之死時，都是以「與他祖先同睡」的方式來敘事，例如：「大衛（達味）與他祖先同睡，葬在大衛城。」（列王紀上2:10）[2]這是敘事者對君王表示敬意的用法，或是古以色列人也有忌諱死亡相關詞語的文化習俗？

這種忌諱死亡字眼與話題的社會、文化現象，顯示許多民族都有一種傾向：死亡，請不要打擾我們的生活。

不過，依我的觀察，這種忌諱死亡的文化也有些在慢慢改變。譬如說，台灣人忌諱在過年期間提到死亡，可是，現在不少人利用過年的假期去掃墓。我想，這是現代人生活方式與節奏帶來的衝擊和改變。由於工作等關係，有些人可能一整年當中，只有在農曆過年時回家，這些人就趁著回家團圓的機會，也抽空去掃墓，表達悼念過世親人的心意。

西方人對死亡的態度

在記述人們忌諱死亡話題與場所的同時，我要提一下我在維也納的一個經驗。二〇〇七年三月至五月，我到維也納台灣人基督教會做短期的牧會工作。當地台灣友人介紹給我、並帶我去的一個觀光景點，竟是維也納的中央公墓。

去公墓觀光？是的！從維也納中央公墓二號門進去，位於左側的32A區，是著名的音樂家墓園。一些人們耳熟能詳的音樂家，如貝多芬、舒伯特、布拉姆斯，還有史特勞斯家族等，都安葬於此墓園內。友人說，許多台灣旅遊團也有參訪音樂家墓園的行程。我在維也納期間，去中央公墓參訪好幾次。不是因為我熱愛音樂，或是要悼念哪位音樂家，而是我發現，維也納中央公墓許多墓碑的造型獨特，墓碑上碑文的含意也十分令人深省。維

1 本書中出現的聖經名詞（如人名、章名、地名）在全書首次出現時，皆以基督新教、天主教通用譯名對照的方式呈現，以便讀者閱讀。

2 另參看〈撒母耳記下〉（撒慕爾紀下）7章12節：「當你壽數滿足、與你祖先同睡的時候……」現代台語聖經則是用「回到祖先的地方」來表述。

也納中央公墓給我的感受，除了死亡，還有生命，甚至是生命大於死亡。

或許西方人比較不忌諱在日常生活中提到死亡。我有位認識多年的愛爾蘭裔美國朋友，我曾到他家作客數天，離開時他還送我一份祝福我好運的禮物：一個杯子和一個盤子。我看到印在上面的文字時有點訝異，因為上面寫著：「願你在魔鬼知道你死了之前的半小時抵達天堂。」（May you be in heaven half an hour before the devil knows you're dead.）我朋友跟我解釋，這是愛爾蘭人敬酒時喜歡說的祝福話語。愛爾蘭人的文化真的開明直爽，不忌諱談論死亡，祝福人的諺語竟然提到死亡！

對於死亡話題的忌諱，甚至忌諱跟死亡相關的話題、事物，是否會影響人們在世之日的生活態度與品質，甚至因而失落什麼？

第二章

對於死亡的畏懼

為什麼人們忌諱死亡的字詞和話題？為什麼人們不希望受死亡打擾？原因或許很多，但「懼怕死亡」是其中一大因素。人之所以懼怕死亡，可以歸納成下列幾種原因：

原因一：他人的死亡情景所引發的懼怕

人們在經歷他人的死亡時，會因為人死的情景而心生不安，進而排斥、畏懼死亡。例如說，周遭有人死亡時，親友痛哭流涕、慌亂等情景，常常讓人們內心產生一種不安、懼怕的感覺。

倘若親友的死亡是因病而死，親友病危臨終的種種情景，如疼痛哀嚎、瘦骨嶙峋、毛髮脫落稀疏、不成人形，身上有著各種插管（灌食的鼻胃管或是藥物注射滴管），還有心臟電擊等等，可能也讓人們對死亡心生畏懼。或譬如說，我們親眼目睹死亡車禍，那種血淋淋、慘不忍睹的死亡景象，令我們作嘔、厭惡，甚至害怕。

也因為這樣，人們盡可能避開死亡的場景，甚至連喪禮也迴避。我在東華大學教生死學時，有不少學生在學期報告中提到，他們在成長過程中，從未參加親人的喪禮。這不是說這些學生未曾遭逢親人過世，而是他們的父母親或長輩以「上學較重要」、「這是大人的事」為理由，叫他們不用參加親人的喪禮，藉以迴避「死亡」的場景，免除或削弱死亡帶來的衝擊。

原因二：死亡是必然卻不可預期的懼怕

有一年夏天，我去日本大阪旅遊，早餐後在住宿旅館附近的街道閒逛。路經一間小小的佛寺，門口告示欄貼著一張署名「大阪淨土宗教化團」的海報，上面寫著八個大字：「生は偶然，死は必然」。我不懂日文，但從其中的漢字，猜想它的意思應該是「生是偶然，死是必然」。後來我請教懂日文的朋友，我的了解沒錯，告示欄上寫的是佛家對凡人必然會死之事實的見解。

台灣基督長老教會的傳道人大概都有一本《教會禮拜暨聖禮典手冊》，這是由長老教會總會專司禮拜事宜的單位「信仰與教制委員會」所出版的書籍，讓傳道人可以依循教會的信仰和禮儀來舉行各種禮拜。在喪事禮拜部分的入殮禮拜裡，它提供給傳道人的講道範例，一開始是這樣說的：「諸位弟兄姊妹！我們此時看見了這個千古不變的事實。人有一次生，也有一次死。」基督宗教信仰認為，死亡是人生必然的結局。

我們下一次清明去掃墓時，不妨順便看看祖墳附近墳墓的墓碑。你會體認到俗語所說「墳墓是埋葬死人，不是老人」這句話的真理。墓碑上的日期告訴我們，有些人或許年老善終，有些人卻是中年喪命，也有些人短命，年輕時，甚至年幼就不幸夭折。人，無論如何重視飲食養生，如何運動強身保健，終有一死。

然而，誠如俗語所說的「天有不測風雲，人有旦夕禍福」，人終有一天會死，死亡卻不可預期。關於死亡突然臨到的報導，幾乎是我們的日常。譬如說，我們經常看到類似的新聞報導。高速公路發生重大死亡車禍，記者訪問遇害者家屬時，親人帶著一副哀傷又茫然失措的表情說：「怎麼會這樣？剛剛才通電話說下班了，要趕回家吃飯。怎麼會是這樣……」

二〇二一年四月二日，太魯閣號列車在花蓮清水隧道口撞上掉落在鐵軌上的工程車，造成四十八人死亡，兩百多人受傷。有些亡者的親人向採訪的記者說：「她剛剛才 line 我，要我去車站接她，怎麼會這樣就走了……」

人們知道有一天會死，卻不知道死亡何時臨到；人們知道自己或親友有一天會死，卻無法預知這一天是哪一天。人們對不可預期的事，常存有一種憂慮懼怕的心。由於死亡不可預期，人們因而畏懼死亡。

原因三：死亡是「未知」而引起的懼怕

死亡，對存活的人而言，不僅是未能預期，也是一項「未知」。對「未知」存有恐懼是人之常情。其實，恐懼也不全然是壞事。心生懼怕才會謹慎面對。譬如說，害怕從高處跌下去，人就不會在高樓頂或懸崖邊玩耍。為什麼對人而言，死亡是一項未知？存活的人並未經歷真實的死亡，經歷死亡的人已經不在活人中間，無法向活著的人說明死亡。因此，對人而言，死亡是什麼，人們不清楚，人們因「未知」而懼怕死亡。

人們對死亡的「未知」，包括對死亡過程的未知，以及對死後世界的未知。人們或許從書上讀到人死的一些過程，或是聽到一些從瀕死狀態恢復生命的人對於死亡的描述，甚至見過親人彌留之際的情景，但這些都不是自己的死亡經驗。進入死亡會是怎麼樣的一回事？如人們所說的，像是經過一條迎向光的隧道？或是落入永恆的黑暗，掉進無底深淵？疼痛萬分？或是平靜安寧？

對於存活的人，這些過程都是「未知」。對人生有諸多探究的〈傳道書〉（訓道篇）的作者，對死亡的認知是沒有人能看見自己死後的事（參看傳道書 3:22）。我們或許聽過人們述說生病時的疼痛令人「哀爸叫母」，非常難熬；那麼，死亡的過程中，垂死掙扎之人的肉體是否會承受更大的痛苦煎熬？這些都是未知，所以令人懼怕死亡。

人也懼怕死後別人對他的評價。很多人在世的時候就在乎別人怎麼看他、怎麼說他。

「我死後，人們會怎麼談論我？」這種未知引發不安，讓人對於不可預期的死亡有所懼怕。人死之後會如何？死後是否真有另一個世界？人不只是掛慮活人怎樣談論他，也擔心、懼怕所謂的死後的另一個世界可能對他的評價。

我在阿美族教會牧會時，發現阿美族人的喪葬禮儀中有一個特殊的現象，就是在死者遺體被推進火化爐時，在場有些親友會高喊著死者的名字說：「快跑！」根據新聞報導，類似的情景也出現在二〇二〇年九月被稱為「小鬼」之藝人的告別式，當他的遺體被送殯儀館火化時，在場的親友和藝人也都哭喊著：「火來了，趕快走。」這透露出人們對死後世界的未知與恐懼。人死後，是否仍然有某種形式的知覺與去處？是否以某種形體存在？若是，是怎樣的形體？往哪裡去？

對於死後真實世界的未知，可能跟宗教信仰、文化相關。幾乎每一個宗教或文化都有一些關於死後世界的神話或傳說，最為普遍的，就是天堂和地獄。儘管對人而言，天堂或地獄都是未知的世界，但天堂大概不會成為令人畏懼的概念或場所，地獄則不然。

我是在讀大學期間成為基督徒，但是我的家人起初是信仰台灣民間宗教，從小就聽到有關「壞人死後下十八層地獄」的故事。台灣民間最廣為流傳的善書之一，就是《地獄遊記》，這本敘述人死後進入陰府地獄，經歷十殿閻王審判之種種情景的善書，充滿了諸如上刀山、下熱油鍋、開膛破肚等各式各樣令人悚慄的懲罰場景，叫人對於死後世界心生畏懼。

基督宗教的經典裡也有令人心驚的地獄畫面。聖經也有類似的敘述，譬如說，新約聖經〈路加福音〉十六章記述一個耶穌所說的故事，其中提到人死後的情景。故事的主角是一個穿著華麗衣服、過著窮奢極侈之生活的財主，和一個渾身生瘡，名叫拉撒路（拉匝祿）的窮人。在財主家門口討飯的窮人死了之後，天使把他帶到他的祖先亞伯拉罕身邊；財主死了之後，卻落入陰間，故事這樣描述這位財主的境遇：「財主在陰間痛苦極了；他抬頭瞧見亞伯拉罕在遙遠的地方，又看見拉撒路在他身邊，就呼叫說：『我的祖宗亞伯拉罕哪，可憐我吧！請打發拉撒路用指尖蘸點水來涼涼我的舌頭吧，因為我在這火燄裡，非常痛苦！』」

此外，〈啟示錄〉（默示錄）也以隱喻性的敘述，提到「有火和硫磺燃燒著的湖」在等著作惡的人（21:8）。

人們對於死後世界本來就無法預知，不安隨著未知臨到，再加上通俗文化或宗教經典對於死後世界的種種描述，很多人對於自己的死亡充滿未知與想像的恐懼。

原因四：對於死亡帶來之失落的懼怕

儘管死亡對於人們而言是「未知」，但人們知道死亡帶來失落。死亡帶來的失落可以分成兩種，一是失落過去所擁有的事物，另一是關係的失落，也就是關係的斷離。

◆懼怕失落過去所擁有的事物

人們大概都聽過「生不帶來，死不帶去」的俗語，也確知這是事實。希伯來民族的詩人在描述人的死亡時也曾這樣說：「他死的時候什麼也帶不去；他的錢財不能跟著進墳墓。」（詩篇／聖詠49:17）不過，知道是一回事，體認又是一回事。一般來說，人會珍惜他所擁有的事物；事物的失落讓人難過傷心，甚至懼怕。

人死了會失落什麼？我們可以回想一下跟台灣富豪死亡相關的新聞報導。這些家財萬貫的人過世之後，生前擁有的財富落入誰的手中？死者沒能帶走什麼！有關財富之分配，一旦家屬起紛爭，告上法庭，即使死者留有遺囑，也不容死者再說什麼。我們還存活著的人，可以從周遭發生的死亡事件確知：死亡，讓人失落他在世上所擁有的一切；他的名望、地位、財富等等，都要失落。愈重視擁有，就愈懼怕失落。有人說，不再擁有的失落感是致命的；然而，死亡帶來的失落像是掉入虛無，是擁有的幻滅。因此，人們懼怕失落過去所擁有的事物。

對於失落擁有之物的懼怕，也包括懼怕留下未竟的心願。或許不是人人都有遠大的志向，但人生也總有一些想要追求的夢想，或是一些想要實現的目標，也為了這些夢想和目標來奮鬥。然而，能夠在有生之年完成自己人生的夢想或目標的，畢竟不多。因為人生不同階段會有不同的夢想，目標達成後會再有另一個目標。因此，人生是一個朝向目標的旅程；當死亡不預期地臨到時，人們總是有一些未竟的心願。想到會留下未竟的心願，讓人感覺會留下哀傷和遺憾的失落感，甚至令人恐懼。

◆懼怕關係的失落或斷離

死亡帶來的另一種失落是關係的斷離。舊約聖經〈路得記〉（盧德傳）裡有一段對話，透露死亡帶來的斷離。因飢荒遠離故鄉伯利恆（白冷）的以色列人拿娥美（納敖米），在移居摩押地（摩阿布）居住一段時日後，遭逢變故，丈夫和兩個兒子都死了。她決定回去故鄉時，請她的兩個媳婦回娘家，不用跟她回去。但是媳婦路得（盧德）回答說：「除了死，任何事都不能使我們分離！」（路得記 1:17）路得的話陳明一個事實，死亡使既存的關係斷離。

人是關係的存在；藉由關係，我們確認自己的身分認同。關係的斷離對人而言，是情感的失落，也是存在的失落。二〇二〇年一月，美國職籃退役球星科比．布萊恩（Kobe Bryant）因墜機事故身亡。他的好友，也是退役職籃球星的麥可．喬丹（Michael Jordan）在湖人隊為科比舉行的追思會上致詞時說：「當科比離去，一部分的我也死去……我想在場的人應該也都是這樣，不然你們不會在這個追思會上。」[1]

死者把活著的親友生命的一部分帶走了，但死者毫無知悉。活著的人會懷念去世的人，但彼此的關係斷離了。死人不能與活人聯繫，死人、活人之間無法連線。

人死了，生前的各種情愛關係——夫妻的愛，父母與子女之間的親情、摯友莫逆之交的情誼等等——都失落、斷離了。想像或面對死亡帶來的關係的失落和斷離，讓人焦慮、恐懼。時間或許會沖淡這種關係失落或斷離的傷感，但是面對死亡當下的失落和斷離感，卻是千真萬確。

原因五：對於存在消失或幻滅的懼怕

生命是一種存在，存活的人有存在感。神學家田立克（Paul Tillich）在論述人的存在時，認為人有三種焦慮，即對命運與死亡的焦慮（anxiety of fate and death）、虛無與無意義的焦慮（anxiety of emptiness and meaninglessness）、罪疚與譴責的焦慮（anxiety of guilt and condemnation）[2]。

存在感對於世人而言，具有某種意義。人們在社群媒體上留言，是展示自己存在的一種表現；展示自己存在，是當今社會的一種心理現象。有些人自覺沒有存在感，他們的內心不安，覺得自己被他人或社會輕視或遺忘。死亡，可能是存在的消失或幻滅，也就是讓人喪失存在感。

1 檢自 https://www.usatoday.com/story/sports/nba/2020/02/24/michael-jordan-speech-kobe-bryant-memorial/4860574002/（20200515）

2 Paul Tillich, *The Courage to Be* (New Haven: Yale University, 1954), chapter 2.

哲學家說：「我思故我在。」人死了，還能思想嗎；不能思想，我還算存在嗎？因此，不存在的恐懼讓人們懼怕死亡。

第三章 生與死的關連

我們有意識時，我們已經是存活著、有生命的人。或許我們從未細想什麼是生命，我們就是存活，享受生命。

是什麼讓人們認真去思想生命？死亡！死亡逼近的時候，人們才會驚覺自己的存活實況；面對死亡的感受或經驗，促使人們去理解生命，重新思想生活。是什麼促使人們認真去思想死亡？生命中的痛苦！生之痛讓人聯想到死；生命中的種種痛苦，讓人們認識死亡。生與死，密切關連。

面對死亡，思想生命

人們在什麼時候會有面對死亡的感受？一般來說，人們在下列幾種情況中會感受到自己面對死亡。面對死亡的經歷促使人思想生命。

❶罹患重大疾病

一般來說，健康的人很少會想到死亡；然而疾病，特別是重病（如癌症）或長期慢性病（如糖尿病、腎臟功能降低的洗腎病人），則讓人們面對死亡，並且思想生命。

我過世的太太，她生活規律、單純，無不良嗜好，也覺得自己身體一向都算健康，有的只是小毛病。有一次，因為生理期長時間經血不順去看醫生，檢查結果竟是卵巢癌第三期。開完刀之後，醫師告訴她，她要接受化療，但活超過五年的機率只有百分之三十。她被醫師的告知驚嚇，哭泣、茫然，但接下來她被迫開始思想辦理退休養病等事宜。疾病讓她面對死亡，也思想生命，以及接下來的日子怎麼生活。她開始交代一些「後事」，甚至寫了一篇文章〈上帝是永遠的媽媽〉，安慰我們的兒女。

曾因心肌梗塞或中風昏迷送急診，之後被救活過來的人，也會有面對死亡的感受。我曾陪伴親人到復健診所去做復健，見到經歷不同疾病必須做復健治療的病人。我坐在那邊等候親人時，會聽到那些做復健的人彼此間的交談；經常會聽到的話題是面對死亡的感受，以及今後當如何生活。他們有時會談生活中的飲食和運動，有時也會有如何看待人生之類的生活哲學話題。疾病讓人去面對平常很少想到，或是不願意想的事情——死亡，同時也促使人思想生命，甚至改變生活的態度或習慣。

舊約聖經〈以賽亞書〉（依撒意亞）有段記載，談到古猶大國王希西家（希則克雅）害病，幾乎死去。先知以賽亞去見王，對他說：「上主這樣說：『要處理你的家務，因為你不會康復；你準備後事吧。』」希西家王聽到之後，臉轉向牆壁，向上主禱告。禱告完，他禁不住號啕痛哭起來（38:1-3）。希西家王從上帝的代言人口中聽到他會病死的消息後痛哭，因為他面對死亡。面對死亡的希西家向上帝禱告，因為他想活下去。疾病促使希西家思想生命。

❷經歷意外事故

人一生或多或少會遭遇一些意外事故，如交通事故、職場意外等。車禍大概是人們最常經歷的意外事故。我有一個學弟，有一年來報考我任教的神學院。我有點訝異，是什麼原因促使他在畢業多年、事業有成之後，想讀神學。在入學的口試裡，我的學弟跟口試委員述說了他的生命故事。

大學畢業後，他進入一家大公司工作，多年之後，他已高升到公司直屬工廠總經理的職位。報考神學院前一年，他有一次到台北總公司開完業務會議後，感覺疲累，同事自告奮勇，替他開車一起回台南。他欣然坐到駕駛座旁，車上高速公路後，他很快就睡著了。睡夢中，他被急速煞車發出的震動和聲響吵醒，眼前是公路的護牆，接著是撞擊。他醒過來時發現，他的進口名牌轎車從中間裂為兩半，車頭左邊撞得稀爛，他的同事血流滿面卡在座位上；他卻只是輕傷。他的同事被救護車送進醫院，一直沒醒過來，數天後死了。

我這位學弟說，那幾天他一直在醫院病房陪他同事，他不禁思想人生。在剎那間，死亡與生存做出區隔。同事走了，他活下來。為什麼？接下來他該怎麼活？他悟出自己該過著不一樣的生活，就這樣，他來報考神學院。他的餘生要為上帝而活。死亡事故讓我這位學弟思想生命。

其實，不用說生死別離的大車禍，即使是一般的車禍，很多人在事故之後慶幸自己還活著的同時，也會想到生命的可貴，以及該怎麼活。四十多年前，我因工作的關係經常外出。那時，台灣還沒高速鐵路，為了趕時間，除了搭乘所謂的「野雞遊覽車」，有時甚至是搭計程車南北奔忙。有一次，一位計程車司機開車的態度引起我的注意。他跟我常見的一些計程車司機不一樣，在高速公路上不超速，也不隨便變換車道超車。在我跟他閒聊的過程中，他透露了他對生命的了悟。

他說，以前想要多載一些客人，他會超速，甚至違規超車等。為了多賺一些，他也超時工作，跟孩子相處互動的時間很少。他晚上休工回家，孩子已經睡了；早上孩子上學，他還在睡夢中。因為勞累開車，注意力不足，偶而會有小車禍，他也沒在意。就這樣開車好幾年。有一天，他載了一位客人從台北下台南，回程沒攬到客，心想：那就快點回台北，看看是否可以再做一些生意。沒想到他在高速公路上竟因疲累睡著了，車子偏離車道，撞到護欄而翻覆。

他說，感謝上天，他沒死。在醫院療傷期間，他太太跟他說，她知道他是為了家庭努力工作，但是她不希望他出事。她說，錢再多，家裡沒有他也沒意思，孩子也需要父親。

他說，那次，他太太的話，他聽進去了。他說，就如俗語所說的，「賺錢有數，生命要顧」；那次面對死亡的意外之後，他想透了人生。他徹底改變生活的態度與步調；錢是少賺了，但是健康、家庭生活好多了。

戰爭是較少人會經歷到的意外事故。我牧會時，有位老信徒曾經歷一九五八年的金門八二三砲戰。當年，在毫無預警下，中國砲兵從廈門向金門展開密集、瘋狂式的砲擊，第一批砲擊時間約兩小時，約共有六萬發砲彈落在金門島各地。阿美族的老信徒敘述砲擊時看似輕鬆，卻對同袍被炸死感到不勝唏噓。

意外的戰爭，特別是血肉模糊的場景，儘管劫後餘生，他仍心有餘悸。他說，那些日子只要躺下來，就會告訴自己要好好地活，因為原先睡在隔壁床的朋友就在一夕間被炸死了。或許就是這種面對死亡的經歷，讓他退伍還鄉後，重視並積極參與教會生活，也因而先後被教會信徒選為執事、長老，藉著服事教會來顯明他對上帝的信仰。多年之後，他在部落裡也被推選為頭目，為族人的福祉盡一份心力。

❸遭逢各種天災

遭逢颱風、地震、洪水、土石流等各種天災，都會讓人感受到死亡的威脅。台灣由於地理環境的特殊性，有地震，也有颱風，以及暴風雨帶來的土石流等，人們難以避免或抗衡的天災。

在台灣，二十多歲以上的人，對於發生於一九九九年九月二十一日的集集大地震（就是俗稱的九二一地震）應該記憶猶新。芮氏規模七．三的地震，帶走台灣兩千四百一十五人的生命，還有一萬一千三百零五人受傷，五萬一千七百一十一棟房屋全毀。孫家兄弟被困在地震後倒塌的台北東星大樓的瓦礫中六天，獲救之後說了什麼？「能活下來，真的很好。」在經歷幾乎死亡的日子之後，人們重新思想生命，珍惜生命。

另外，很多人都知道，二〇〇九年八月六日至十日，莫拉克颱風侵襲台灣中南部，豪雨帶來山崩、土石流，造成高雄甲仙小林村的小林部落將近五百人被活埋的滅村事件。其實，這一俗稱八八風災或水災的颱風，也重創許多原住民部落。我有位學生，在高雄桃源區與那瑪夏區的布農族教會擔任牧師，她告訴《台灣教會公報》的記者，颱風來襲時，區內十幾間布農族教會的信徒都是搭乘直昇機撤離。

颱風過後，聽說政府要求部落必須遷村，族人的心情都很惶恐，特別是老人家深感絕望。這位牧師說，很多族人在跟公部門簽下遷居政府在平地興建的永久屋的同意書時，難過無助，甚至有滅族的感覺。但也是這種面對死亡滅族的經歷，讓桃源區、那瑪夏區的布農族人堅毅地活下去，無論是移居平地、努力學習適應的，或是拼命歸回原鄉部落重建家園的，都勇敢地展開人生的新旅程。

其實，類似的天災我自己也經歷過。一九五九年八月，台灣發生歷史上受災人數僅次於前述兩個災難的八七水災。那年，我剛好初中畢業，家住彰化鹿港鎮。鎮內一片汪洋，不過沒聽說有什麼死傷。我們家也因雨水淹過榻榻米床鋪，一整夜無法安眠。但緊鄰大肚溪南岸的彰化市，則因堤防被沖毀，洪水夾帶泥沙瞬間沖進彰化市區，不少在街道上行走的人來不及走避，被洪水捲走喪生。

我記得水災後兩三天，爸爸吩咐二哥從鹿港騎單車到彰化市，探望一些親人。二哥回家後跟爸爸報告災情時說，彰化城隍廟前，全身泥巴、待人指認的屍體，堆積如小山，哀傷的景況慘不忍睹。那年二哥高中畢業，以第一志願考上國立師範大學，一年級暑假回家時，他已成為我們家中第一個信耶穌的人。我知道二哥讀高三時，曾經受邀參加幾次教會的聚會，但未曾聽他說過信仰的意義，他也沒告白信仰、受洗加入教會。我想，二哥進入學後決志歸信耶穌基督，可能跟他暑假中目睹的死亡場景相關。面對死亡，讓人思想生命的意義。

經歷生之痛，思想死亡

除了前述的病痛、意外，或是遭逢天災，人生還有一些較為特殊的境遇，也會讓人感受生命的痛苦，如學生在重大考試中多次經歷挫敗；或是剛踏入社會的新鮮人一再經歷創業的失敗；或是在商場上打拼多年的壯年人經歷週轉不靈，事業一夕之間付之流水；或是在情感路上經歷孤寂悲痛的情變；或是年幼失去父母、中年失去配偶、年老失去子女等存的意志。

等。這類生命中的痛苦，雖不是身體的痛，但心痛也會讓人悲痛欲絕，常令人好像失去生存的意志。

前述所提及的各種生之痛——身體層面的痛或心理層面的痛——有時能讓人感受生存意義和意志的喪失，進而讓人思想死亡。以人們普遍經歷的生之痛——病痛和意外事故帶來的苦難——為例來說明。人的生理情況影響心理情況，心理情況也影響生理情況。病痛或意外事故給人苦難的感受，讓病患或遭遇事故的個人及其家屬感覺有所損失。病痛或意外事故，可能不只是讓人失去健康，也讓人損失財物，也可能失去工作，進而失去信心、安全感。接續的是家庭生活、人際關係等等都受到影響。

人們在這些生之痛中，失去生命的樂趣，不再追求人生的理想，不再有幸福感。病痛與苦難衍生種種感覺或心情，如疲憊、衰弱、沮喪、暴躁、發脾氣、憤怒、愁煩、憂鬱、悲傷、畏縮、孤單、寂寞、恐懼、慌亂、絕望、怨恨、嫉妒、罪惡感、放棄等，這一切不只是身心的痛苦，也讓人覺得人生乏味，覺得人生失去意義與價值。最後，人甚至會覺得「死比生更好」，期待可以藉著死亡，從生之痛裡得到解脫。

舊約聖經〈約伯記〉中的主角約伯，在經歷生之痛時，如此詛咒自己的生日：

> 為什麼我不胎死母腹？或一出母胎便斷了氣？
> 為什麼母親把我抱在膝上？為什麼她用奶哺養我？

要是那時候我死去，如今就得安息。（約伯記 3:11-13）

生之痛帶來生命的困惑。人們一向珍惜生命，所以人們畏懼、逃避死亡。人們認為，生活再怎麼苦，也應該活下去。因此，我們有「好死，不如歹活」的說法。然而，生命中某些悲痛淒苦的經歷，有時又讓人們逃避生命，迎向死亡。

俗語「歹活，不如好死」就是在描述人經歷生之痛的時候，人們開始面對死亡，思想死亡：人只有肉體的生命嗎？肉體死了之後，人會是怎麼樣的情景？在這些情境中，宗教所說的生命可能不再是一種觀點，而是具有真實性的挑戰。

第四章 聖經中的生與死

在一些有關車禍或意外事故的新聞報導裡，我們大概常常閱聽到「到院前死亡」、「到院前無生命跡象」，或是「到院前心跳停止」等詞語。什麼是生命現象？什麼是死亡？無生命跡象跟死亡有差別嗎？

從生物學來說，具有生命現象的個體稱為生物；人是一種生物。什麼是生命現象？一般而言，它是指代謝、生長、生殖，和感應的現象。生物失去生命現象就是死亡。可是，人們如何判定生命現象的消失？傳統的理解是，當人的心跳消失、停止，呼吸停止時，就是生命現象消失，就是死亡。由於心跳（心臟跳動）的功能是推動血液的循環，所以死亡也可以這樣定義：血液循環的完全停止，呼吸、脈搏的停止。

不過，隨著近代醫學的發展，死亡的定義也跟著改變。當代對於死亡的判定是腦幹功能不可逆停止。根據台灣衛生福利部的法規，死亡是指腦死，就是腦幹反射完全消失。腦死的判定有一嚴謹的程序，包括：(1)頭－眼反射消失；(2)瞳孔對光反射消失；(3)眼角膜反射消失；(4)前庭—動眼反射消失；(5)對身體任何部位之疼痛刺激，在顱神經分布範圍內，未引起運動反應；(6)插入導管刺激支氣管時，未引起作嘔或咳嗽反射。還有，也要確認病人無法自行呼吸。

因此，醫院在對外說明一些意外事故傷者被送至醫院的情況時，不是如同新聞報導說「到院前死亡」，而是以另一種方式來敘述這種情形，即當事人在送達醫院急診室前的情況是「心肺功能停止」（Out-of-hospital cardiac arrest, OHCA）。心肺功能停止的人不一定是死了，經過電擊等急救處理，心肺功能停止的人可能恢復自發性血液循環（Return of spontaneous circulation, ROSC），即恢復生命現象。

這種死亡定義的改變可說是死亡概念的典範變遷，即死亡的界定，從傳統的心臟、呼吸概念（心肺死——心臟停止搏動，肺臟喪失功能而停止呼吸），轉變為中樞神經系統的概念（腦死——生命中樞功能停止或消失，意識停止活動，無法自行心跳呼吸）。

不過，前述對於生命和死亡的理解是生物學的觀點。這種觀點所指的生命和死亡其實是生物性（或是身體、肉體）的生命和死亡。舉例說，當某人罹患癌症，且已進入癌末階段情況時，我們常說某人「生命垂危」。然而，這是指某人的生物性生命的情況而言。可是，人，只有生物性生命嗎？這一自知已經癌末的病人的精神、心理狀況如何？這人在瀕臨死亡前這段期間，跟照顧他（她）的親人、朋友、醫護人員的關係如何？他（她）面對死亡的心境如何？憂傷？恐懼？平靜安寧？除了生物性生命，他（她）是否也展現另一個面向的生命？

聖經怎麼看人的生命與死亡？聖經的記述，有些是從字義即可理解的，有些則是象徵性的語言，或是隱喻性的敘述，這都需要進一步解釋。本書無意就聖經中的生、死做全面與深入的詮釋，除非經文字義可能引發錯誤的理解，不做特別的解說。

人都要死去，在世上存活是如同客旅、寄居

在一些喪葬儀式中，我們會聽到人們向過世的人說：「一路好走。」「一路好走」這一送行的話語，表示人們普遍認為死亡並不是結束，過世的人將要前往另一個地方。也就是說，世人認為，我們存活的這個世界是暫時的居所，並非永恆的家鄉。基督教會有一首歌名為〈這世界非我家〉的詩歌，這一首大部分基督徒都很熟悉的詩歌，前兩句的歌詞這樣說：「這世界非我家，我停留如客旅。」這詩歌表達了很多世人的見解，而這種思想就是源自聖經。

舊約聖經〈傳道書〉的作者說他「用智慧探索，考察天下發生的一切事」，他的發現是「沒有人可以不死」（傳道書 8:8）、「死是眾人的結局，活人必將這事放在心上。」（傳道書 7:2）西方基督宗教社會的墓園裡，有些人的墓銘誌是 Memento mori，意思是「記住你終有一死」。這是以簡潔的拉丁文道出〈傳道書〉作者的心意。

以色列聯合王國第一位君王大衛臨終前，交代遺言時所說的話也道出「凡人必然會死」的事實，他說：「我要走世人必走的路了。」（列王紀上2:2）人們或許沒聽過「人是面向死亡的存在」這種哲學的表述，但就如前面淨土宗佛教和基督長老教會所陳明的，人都知道，只要是人，終有一天會死。

古代以色列人認為人是「脆弱必死的人」（詩篇 78:39）；人，無法「使自己不進墳墓，使自己永遠不死」（詩篇 49:9）；人們經驗一個事實，即人「無論是智是愚，都要死去」（傳道書2:16）。沒有人可以使自己永遠不死，「愚昧無知的人死亡，智慧人也一樣死去」（詩篇 49:9-10）。約伯在苦難中對人生的體會也很相似：「有人一生健壯，至死享受平安幸福……有人始終沒有快樂，一生充滿痛苦。但兩種人都一樣地死，被埋葬在塵土裡，一樣被蛆蟲掩蓋著。」（約伯記 21:23-24）舊約聖經很清楚地載明：人，有一天會死。

所以，人生在世，就如被稱為以色列歷史中最偉大君王的大衛在死亡前頌讚上帝的禱詞所說的：「上主啊，你知道我們是流亡和寄居的人，正如我們的祖先一樣。我們的年日像飛逝的影兒，無法逃避死亡。」（歷代志／編年紀上 29:15）或如詩人向上主禱告時所陳述的，人生在世只是過路旅客（詩篇 39:12）或客旅（詩篇 119:19），只是寄居在世（詩篇 119:54）。

新約聖經也有類似的見解，如〈希伯來書〉的作者是這樣描述那些勇敢面對逼迫與死亡的信徒的生活態度，他說：「這些人都是至死有信心的人，他們並沒有領受到上帝所應許的；可是從遠處觀望，心裡歡喜，又承認他們在世上不過是異鄉人和旅客。」（11:13）或是如〈彼得前書〉（伯多祿前書）的作者在勸勉信徒時這樣說：「親愛的朋友們，你們在世上是寄居的，是旅客。」（2:11）

既然人生在世是如同客旅，那麼死亡便不是消失，而是回到人生命的原鄉，歸回生命的主上帝。

生命從上帝而來，死是因為人違抗上帝

舊約聖經的第一卷書〈創世記〉在前幾章就有關於生命與死亡的記事。舊約聖經認為，生命是源自上帝的創造；死亡則是人咎由自取，選擇違抗上帝的後果。

有關人生命的起源，〈創世記〉有兩個創造的故事。在第一個創造故事裡，上帝以說話的方式創造宇宙，包括人在內（創世記 1:26-31）。人，是上帝按著他的形像造的，意即人跟其他受造物不同，人類從上帝領受一種特質，「使人可以跟上帝互動，建立關係，並成為上帝在世上的代表」[1]。此外，人，跟其他的受造物相同，都是上帝看為好的。

在第二個創造故事裡，作者以擬人化的筆法描述上帝的創造。上帝以地上的塵土造

1《聖經研讀本：現代中文譯本（2019）》（新北：台灣聖經公會，2019），25。

人，再把生命的氣吹進人的鼻孔，人就成為有生命的人，或說，有靈的活人（創世記 2:7-8）。根據第二個創造的故事，人，也跟其他受造物不同；人身上有上帝的氣——上帝的靈。所以，舊約聖經創造的記事告訴我們，人受造，有物質的形體，又有上帝的氣——上帝的靈，而成為有生命的人；生命本質上是美好的，有生命的人跟上帝之間存有互動的關係。

〈創世記〉也記錄人的死亡，並說明死亡的緣由。根據第二個創造的記事，上帝創造人之後，在東方開闢伊甸園，並且把人安置在裡面，叫他耕種、看守園子。但是上帝告訴人：「園子裡任何果樹的果子你都可以吃，只有那棵能使人辨別善惡的樹所結的果子你絕對不可吃；你吃了，當天一定死亡。」（創世記 2:17）接著的第三章就記述蛇前來跟人交談，隨後人就違背上帝的吩咐，摘下那棵能使人辨別善惡之樹的果子，而且吃了。

不過，根據〈創世記〉第三章的記述，吃了禁果的人，並「沒有」如上帝當初告誡人的「你吃了，當天一定死亡」。在人吃了禁果的記事之後，接著提到人聽見上帝在園子裡行走的聲音，就跑到樹林中躲起來。人似乎不但沒「死」，還跟上帝交談。

有關人違背上帝的吩咐這件事，〈創世記〉3章22至23節這樣說：「主上帝說：『那人已經跟我們一樣，有了辨別善惡的知識；他不可又吃生命樹的果子而永遠活下去。』於是主上帝把他趕出伊甸園，讓他去耕種土地——他原是用土造的。」人因違背上帝的吩咐，被趕出伊甸園，遠離生命樹，不能永遠活下去。關於第一個人亞當，聖經說：「亞當共活了九百三十年，就死了。」

有些人認為，〈創世記〉中被稱為太古史（一至十一章）的敘事，是有關人類始祖墮落犯罪的記事。然而，也有人認為，我們不能將〈創世記〉中的太古史視為狹義的歷史書。曾任天主教輔仁神學院（現在的輔仁聖博敏神學院）院長的舊約學者房志榮這樣解說〈創世記〉的太古史：

> 罪與罰是一個全人類所有的普遍現象。太古史所寫的作惡、犯罪、受罰，不是人與天主（上帝）個別發生的某一特殊事件，像日後先知們所譴責的那些以色列民的罪行一樣，而是全球各地人人所能犯的罪行……在太古史裡這個罪的特殊歷史，被放入一個更廣闊的脈絡裡，而成了整個人類的現象[2]。

換句話說，我們可以這樣解說：〈創世記〉的敘事不是指向遠古時代的人類，而是述說今日人類的真實。亞當、夏娃（厄娃）就是存活在世間的你我，他們所表現的，就是我們的人性的一面[3]。〈創世記〉的作者要告訴讀者的是，世人生命的根源是上帝，人的生命是上帝所賜。死亡則是因為人不信上帝、違背上帝的吩咐而臨到世間。

2 房志榮，《創世紀研究》（台中：光啟，1972），41。

3 參看凱倫．阿姆斯壯（Karen Armstrong），《萬物初始—重回〈創世記〉》（*In the Beginning: A New Interpretation of Genesis*）（王瓊淑譯，台北：究竟，2003），51-52。

人不只有生物性生命，也有靈性生命和社會性生命

為什麼住在伊甸園中的人，在違背上帝不可吃禁果的吩咐之後，並「沒有」如同上帝所說的「你吃了，當天一定死亡」？原來聖經中「生命」的含意不只一個面向。人不只有生物性生命，也有靈性生命——人跟上帝的關係，和社會性生命——人跟人以及社群的關係。以下分別從耶穌和新約聖經中書信的觀點來解說。

❶耶穌的見解

耶穌在進入公開傳道的生涯之前，根據〈馬太福音〉（瑪竇福音）和〈路加福音〉的記述，曾經在曠野禁食禱告，也受到魔鬼的試探。耶穌對魔鬼提問的回答，可以說是耶穌對他自己該如何完成傳道使命的確立。他引用舊約聖經的話告訴魔鬼：「人的生存不僅是靠食物，而是靠上帝所說的每一句話。」（馬太福音 4:4；參看路加福音 4:4；申命記 8:3）很顯然，耶穌認為人的生命不只是肉體的生命，上帝的話也是人生命的食糧；人除了身體，還有其他面向的生命。

被聖經學者公認為最早成書的福音書〈馬可福音〉（馬爾谷福音）告訴我們，耶穌曾經向門徒和跟隨他的群眾這樣說：「那想要救自己生命的，反要喪失生命；那為我和福音喪失生命的，反要得到生命。」（馬可福音 8:35）〈馬太福音〉、〈路加福音〉也有類似

的記載（參看馬太福音 10:39; 16:25；路加福音 9:24; 17:33）。耶穌想說什麼？他陷入同語反覆的套套邏輯嗎？絕不！很顯然，耶穌認為生命不只有一種面向；人有生物性或肉體的生命，還有靈性的生命。

耶穌認為，人不計代價想要救或保存自己在世上的生物性生命，有可能因而斷絕、喪失人跟上帝的關係——靈性的生命；人若為了施行慈愛、伸張公義、促進和平等耶穌所倡導的上帝國的價值，而喪失生物性生命，將因他跟上帝關係的合宜，獲得靈性的生命。

另外，有一次，有一個門徒對耶穌說：「主啊，請讓我先回去埋葬我的父親。」耶穌回答說：「你儘管跟從我，讓死人去埋葬他們的死人吧！」（馬太福音 8:21-22）耶穌的回答其實是一種諺語，而此諺語中的第二個「死人」，是指肉體死亡的人，沒有生物性生命的人；第一個「死人」，則是指靈性死亡，未能回應耶穌上帝國的人[4]。很顯然，耶穌認為，死亡，有身體的死亡，也有靈性的死亡。

〈約翰福音〉（若望福音）中耶穌對生命與死亡的見解較為獨特，但也有肉體和靈性面向之別。根據〈約翰福音〉，耶穌曾這樣說：「我鄭重地告訴你們，那聽我話、又信差我來那一位的，就有永恆的生命。他不至於被定罪，而是已經出死入生了。」很顯然的，耶穌認為有些人的身體雖然活著，其實他們是死了的人——跟上帝的關係是斷離的、靈性

4《聖經研讀本：現代中文譯本（2019）》（新北：台灣聖經公會，2019），1061。

生命是死了的人。所以耶穌說：「我就是生命的食糧。」（約翰福音 6:35, 48）又說他來到世間的目的是要使世人「得生命，而且是豐豐富富的生命。」（約翰福音 10:10）世人如何從耶穌領受生命？耶穌在這裡所說的生命不是人的生物性（肉體的）生命，而是另一面向的生命——靈性的生命。就像人的肉體需要食物等來維持生命，人的靈性生命從耶穌和耶穌的話中獲得滋養。正如〈約翰福音〉17章3節說的，認識耶穌基督，就有永恆的生命。

另一處經文把這個含意講得更為清楚。有一次，耶穌前往伯大尼（伯達尼）探視他心愛的拉撒路的病情，但是他到達後得知拉撒路已經死了，而且也被埋葬了。拉撒路的姊姊馬大（瑪爾大）向耶穌說：「主啊，要是你在這裡，我弟弟就不會死！」在耶穌與馬大的對話中，耶穌這樣說：「我就是復活，就是生命。信我的人，雖然死了，仍然要活著；活著信我的人一定永遠不死。」（約翰福音 11:25-26）

從古至今，有多少信耶穌基督的人死了？耶穌說「活著信我的人永遠不死」是什麼意思？很清楚，耶穌宣告他是勝過死亡並賜予生命的主。跟隨並信靠耶穌的人，生物性的生命有朝一日會死，但是他們跟上帝的關係——靈性的生命——卻要持續地存活。在有生之年信靠耶穌的人，不會因為肉體——生物性生命——的死亡而失去靈性的生命；信耶穌的人要擁有上帝所賜的永恆的生命。耶穌後來雖然讓拉撒路從死裡復活，重享肉體的生命，但，聖經從未記載拉撒路因而長生不老。拉撒路的生物性生命終究還是死了；耶穌要賜給人的永生，不是肉體或生物性生命的永生，而是靈性的生命。

耶穌有關人與上帝之關係——靈性生命——的教導，經常同時提及人與人的關係，亦即社會性生命。耶穌把愛上帝和愛鄰人連結在一起，兩者不能完全切割分開。

耶穌教導他的門徒，倘若他們在祭壇前要獻供物給上帝的時候，想起有弟兄對他們不滿，他們就該把供物留在祭壇前，立刻去跟他和解，然後再回來把供物獻給上帝（馬太福音 5:23-24）。這就是人的社會性生命，以及它跟靈性生命的關連。

❷新約聖經中書信的見解

新約聖經〈以弗所書〉（厄弗所書）的作者在寫給以弗所教會的書信中這樣說：「從前，你們因著自己的過犯罪惡而死了。」（2:1）經文中的「你們」原是指以弗所教會信徒，也就是信仰基督的人。書信作者這句話似乎有點矛盾。以弗所教會的信徒顯然是活著，才可以聽讀作者寫給教會的書信。可是書信的作者說，以弗所的信徒「從前……死了」。

他們現在活著，可是以前是死了的人。這是什麼意思？他們經歷身體的死亡和復活？和合本中文聖經的譯文並沒有譯錯，但未能清楚表達作者的真正意思。現代中文譯本（2019）的譯文是：「從前，你們因犯罪違抗上帝的命令，你們在靈性上是死了。」

很顯然，〈以弗所書〉的作者認為，死亡的含意至少有兩種面向，或是說，生命至少有兩種面向。當〈以弗所書〉的作者說，以弗所教會的信徒以前是死了的時候，他所指稱的死，不是信徒肉體的生命死了；信徒肉體的生命一直是活著的。他所指稱的死，就如現代中文譯本聖經的譯文，是靈性面向的死亡。

〈以弗所書〉的作者跟以弗所教會信徒討論的，是他們的靈性生命，就是他們跟上帝的關係。在還沒有歸信耶穌基督之前，以弗所教會的信徒跟上帝的關係，因為犯罪違抗上帝的緣故，是斷離的，是不合宜的。現在，他們因信耶穌基督的緣故，出死入生了，有了新生命。這新生命，不是指肉體的生命——生物性的生命，而是靈性的生命——跟上帝的關係。

以弗所教會的信徒在歸信耶穌基督之前，什麼時候犯罪違抗上帝的命令？〈以弗所書〉的作者說：「那時候，你們隨從這世界的邪風惡俗，順服天界的掌權者，就是管轄著那些違抗上帝命令的人的邪靈。其實，我們每一個人從前也都跟他們一樣，放縱本性的慾望，隨從肉體的私慾意念。因此，我們跟別人沒有差別，都注定了要受上帝的懲罰。」（2:2-3）〈以弗所書〉的作者在陳述以弗所教會信徒得救贖之前的道德生活的同時，也指出世人的本性是有汙點的，都注定了要受上帝的懲罰。

〈歌羅西書〉（哥羅森書）也有極為類似的說法；在論述基督徒因跟耶穌基督連結，領受豐盛的新生命時，作者這樣說：「從前，因為你們有罪性……你們在靈性上是死的。但是，上帝使你們跟基督一同再活過來。」（歌羅西書 2:13）

因此，生命有肉體（生物性）的生命和靈性的生命之分；死亡也有肉體（生物性）的死亡和靈性的死亡之分。這種見解也出現在其他新約書信中。譬如說，使徒保羅（保祿）在寫給羅馬教會的書信中這樣說：「罪的代價是死亡；但是上帝所賜白白的恩典是讓我們在主基督耶穌的生命裡得到永恆的生命。」（羅馬書 6:23）這節經文所說的死亡，既是肉體的死亡，也是靈性的死亡。

保羅在接下去的論述中也為他的話做了一些說明：「那些活在基督耶穌生命裡的人就不被定罪。因為聖靈的法則，就是那使我們跟基督耶穌聯合而得生命的，已經從罪和死的法則下把我們釋放出來。」（羅馬書 8:1-2）

接著，保羅又繼續解說：「意向於本性就是死；意向於聖靈就有生命和平安。所以，意向於本性的人就是跟上帝為敵；因為他不順服上帝的法則，事實上也不能順服。服從本性的人不能夠得到上帝的喜歡。至於你們，既然上帝的靈住在你們裡面，你們的生活就不受本性的支配，只受聖靈的管束。沒有基督的靈的人就不屬於基督。可是，基督若住在你們裡面，縱使你們的身體將因罪而死，上帝的靈要使你們活，因為上帝已經使你們成為義人了。上帝的靈使耶穌從死裡復活；如果這靈住在你們裡面，那麼，這位使基督從死裡復活的上帝，也要藉著住在你們裡面的聖靈，把生命賜給你們那必朽的身體。」（羅馬書 8:6-11）

我們可以看見，保羅在寫給羅馬教會的書信中清楚指出，人有因罪而來的身體的死——生物性生命的死，也有靈性生命之死——跟上帝為敵，關係斷離。但人得以因為跟基督聯合而有從聖靈而來的生命——靈性的生命，跟上帝關係合宜，不再敵對上帝。

此外，在寫給哥林多（格林多）教會的書信中，保羅提到他和跟他一起作基督耶穌使徒的同工的生活情況，他說：「我們常常面對死亡，你們卻因此得生命……因此，我們從不灰心。雖然我們外在的軀體漸漸衰敗，我們內在的生命卻日日更新。」（哥林多後書4:12-16）保羅對他自己生命的體認是，傳道旅程中經常面對肉體生命的死亡，但因而更確定他跟上帝的關係——靈性的生命。保羅用外在的生命來指涉肉體的生命，用內在的生命來指涉靈性的生命；肉體的生命會日漸衰敗、朽壞——死亡，但靈性的生命卻可以因親近上帝而更新。

如同耶穌把靈性生命與社會性生命相連結，新約書信也是如此教導（詳見本章另段之說明）。

所以，從新約書信的觀點來說，就靈性的面向而言，〈創世記〉敘事中的人，如上帝賜予人生命後吩咐人所說的，在吃禁果的日子「死了」。人不信上帝、違抗上帝去吃禁果時，破壞人跟上帝的關係。因為不信與違抗上帝的罪過，人跟上帝的關係斷離、不合宜了；從靈性生命的面向而言，人是死了。亞當雖然活了九百三十歲，那是肉體（生物性）的生命。亞當不信、違抗上帝的吩咐，被逐出伊甸園時，他跟上帝的關係（靈性生命）就如上帝當初所說的，當天就死了；他的生物性生命在活了九百三十歲之後，也死了。死亡，因人不信、違抗上帝，臨到世間。

簡要地說，聖經中的死，既是指在世身體生命的結束，也指靈性生命死了，亦即人處於跟上帝關係斷離、隔絕、不合宜的狀態。新約聖經提到永生，然而永生也不是人身體死亡之後才能享有。世人親近上帝，與上帝建立合宜的關係，也就是維持其靈性生命，就要因而享受永生——與上帝同在，從今生直到永恆。

耶穌像是連結我們在世之日、死亡，進入與上帝同在的永生的橋梁。基督教會告白：耶穌基督就是生命的食糧，世人可以從耶穌基督獲得豐豐富富的生命，和永恆的生命。

此外，靈性生命會與社會性生命密切關連；虛弱的靈性生命會造成人的社會性生命貧乏。

死後的世界

在舊約聖經中，死亡不是滅絕；死亡是踏上一去不返的路（約伯記 16:22；詩篇 39:13）。舊約〈詩篇〉的作者認為，沒有人能長生不死，或是逃脫陰間或墳墓的權勢（詩篇 89:48）。那麼，人死是怎麼一回事？人死後有另一個世界嗎？

絕大部分的學者認為，舊約聖經沒有來世的信念。所以，人身體死亡是進入陰間，那也是他們的列祖所在之領域（所以人死，是回到祖先之處），是一種寂靜、與上帝隔離的狀態。由於陰間是跟上帝關係斷離的情境，所以也是不再受人紀念，一種沒有快樂、幸福、盼望，只有虛無之恐懼的境地。人死後去往之地——陰間，就如〈詩篇〉88章11至12節的作者在面臨死亡之際，向上帝發出哀嘆時所說的：「誰會在墳墓裡述說你的慈愛？誰會在陰府中宣揚你的信實？誰能在黑暗之地看到你的奇事？誰能在絕望之地看到你的良善？」

猶太人對於生命和死亡的理解，在一般所說的兩約之間的時期（舊約聖經和新約聖經之間）有些演進。最為明顯的就是復活的觀念——從陰間回復生命。新約聖經雖然跟舊約同樣認為，人的身體有一天終究要死：「到了時候，人人必有一死。」（希伯來書9:27）但是，新約聖經對於人死後情境的理解跟舊約聖經有差別。

新約聖經如〈馬太福音〉、〈啟示錄〉等書卷，都有死人要復活，並在末日面對審判的敘述。在終末的審判裡，有些人要永遠與上帝同在，有些人要承受「地獄」之懲罰。我們或許也常聽到人死後要上天堂或下地獄這樣的言談，不過，我們要注意聖經中這種象徵性語言的含意。有些人認為天堂、地獄是某種地方，其實，與其說它們是「地方」，不如說它們是「情境」或「狀態」。二〇一七年十月天主教教宗方濟各在接見信徒時說：「天堂不是一個童話般的地方，而是與天主的擁抱。」

基督應許世人的永生是從這世間開始，「屬天」或「天上」都是修辭或隱喻的用詞，指我們永遠跟上帝同在的情境。其實，無論是台語或中文聖經（現代中文譯本2019或和合本2010）的譯文都沒有「天堂」這一詞語；樂園、陰間等詞語也是象徵性語言，意指人永遠與生命源頭上帝同在或隔離的狀態[5]。

若是我們仍然喜愛「天堂」這一詞語，那麼，上帝本身就是天堂。聖經有關樂園、陰間、地獄等的敘述，其意義在於勸勉世人應當警醒，喚醒世人的責任，謹慎在世之日的生活，不要讓自己處於離棄或敵對上帝，以致進入與上帝永遠隔絕的狀態中。

靈性生命要展現在社會生活中

其實，人身體死後的情形，既不是舊約聖經，也不是新約聖經的主要關心。聖經作者有時甚至以「上帝是活人的上帝，不是死人的上帝」這樣的說法來凸顯今生今世生活的重要性（馬太福音22:32；馬可福音12:27；路加福音20:38）。聖經的教導聚焦在人在世之日的生活：人跟上帝的關係要呈現在世間的生活，也就是一個人的靈性生命要趁著還有身體（生物性）的生命時，藉著社會性生命來展現。

依照猶太人的理解，舊約聖經可以分成三大部分，即律法書、先知書，和聖卷。律法

5 參看天主教教宗若望保祿二世一九九九年七月二十八日的談話。見JOHN PAUL II, *GENERAL AUDIENCE* 28 July 1999。檢自http://www.vatican.va/content/john-paul-ii/en/audiences/1999/documents/hf_jp-ii_aud_28071999.html。（20200701）。

書的教導可以用十誡來綜括，而其內容又可簡化為兩方面，就是人跟上帝的關係，以及人跟他人的關係；人跟他人的關係，是建立在人跟上帝的關係的基礎上。

律法書最後一卷〈申命記〉的作者有一段話，可以用來總結上帝給以色列人民的教導：「現在，我呼喚天地來作證，把生命和死亡、祝福和詛咒擺在你們面前。選擇生命吧！你們和你們的子孫就能存活。要愛上主[6]——你們的上帝，聽從他，對他忠心。這樣，你們跟你們的子孫就能存活，長久生活在他應許給你們祖先亞伯拉罕、以撒、雅各的土地上。」（申命記 30:19-20）〈申命記〉指出，以色列人忠心敬拜上帝，就是選擇生命——既是靈性生命，也是社會性生命和生物性生命。

先知的教導也是強調人跟上帝的關係——靈性的生命要落實在日常生活，亦即藉著社會性生命來具現其靈性生命。以色列歷史中不同時期的先知，都有類似的教導。

公元前第八世紀的阿摩司（亞毛斯）先知一再強調，尋求上帝才有生路，才能存活（阿摩司 5:4, 6, 14），但他同時宣告上帝對其子民的期待：「我討厭你們的節期，受不了你們的盛會！我不接受你們的燒化祭和素祭，也不希罕你們獻上肥牲畜作平安祭。我不喜歡你們那鬧哄哄的歌聲，也不愛聽你們彈奏的樂曲。其實，你們應該像江水滾滾湧流，不屈不撓地伸張正義！像溪水川流不息，始終不懈地主持公道！」（阿摩司 5:21-24）

同一世紀稍晚的彌迦（米該亞）先知這樣告訴他的同胞：「上主已經指示我們什麼

是善。他要求的是：伸張正義，實行不變的愛，謙卑地跟我們的上帝同行。」（彌迦書 6:8）約略同時期的以賽亞先知則這樣宣告上帝的話：「你們舉手禱告，我不聽；不管你們有多少禱告，我都不聽；因為你們雙手沾滿了血漬。你們要把自己洗乾淨，不要讓我再看見你們犯罪，要立刻停止一切罪行！你們要學習公道，伸張正義，幫助受壓迫的，保障孤兒，為寡婦辯護。」（以賽亞書 1:15-17）

公元前第六世紀以色列亡國後，人民被擄到異鄉巴比倫。波斯帝國興起後，准許以色列人歸回故鄉。有位被認定是在被擄歸回的以色列人民中間擔任上帝代言人，極力關注敬拜與日常生活的先知，曾如此宣告上帝的話：「我所要的禁食是：解除那欺壓的鎖鍊和不公正的軛，釋放受壓迫的人。要把你們的食物分給飢餓的人；把你們的房屋開放給無家可歸的窮人；拿衣服給赤身露體的人；不要拒絕求助無門的親人。這樣，我就喜歡你們，像晨曦那樣照耀你們；你們的創傷就能立刻得醫治。我要隨時搭救你們。你們禱告，我一定應允；你們呼求，我一定答應。」（以賽亞書 58:6-9）

從以色列歷史中擔任上帝代言人之先知所宣告的信息，我們可以清楚得知，以公道、正義、慈愛、憐憫待人，並關心弱勢者和邊緣人等，一直是親近上帝的最佳方式；人的社

---

6 有些中文聖經，把上帝的名字音譯為「耶和華」或「雅威」。現代中文譯本遵照古人避諱不直呼上帝名字的習慣，遇有這一名字時，以「上主」代替。聖經英文譯本也大多以 LORD 替代之。

會性生命應該展現他跟上帝的關係——他的靈性生命。

聖卷中的〈箴言〉可說是一本以色列人論及生命與死亡之生活智慧的書卷，如「立志行善，必得生命；決心作惡，招致死亡。」（箴言 11:19）或「正義是導向生命之途，邪惡為趨向死亡之路。」（箴言 12:28）〈箴言〉的教導大多與人的日常生活相關，也可以說是敬畏上帝的人該有的生活態度和方式，或是說，人當以美善的社會性生命呈現靈性生命——人跟造物主上帝的關係。

有關生命與死亡，新約聖經主要的關心不是生物性（身體的）生命，而是其他兩個面向的生命。聖經不希望人看似活著，卻是死了。人身體死後的世界也不是耶穌的傳道和教導的中心思想。耶穌在乎的是，我們在世之日的靈性生命。

耶穌期待世人歸向上帝，在世之日致力於他所傳揚的上帝國——上帝主權的實現，所以他教導門徒要這樣禱告：「我們在天上的父親：願人都尊崇你的聖名；願你在世上掌權；願你的旨意實現在地上，如同實現在天上。賜給我們今天所需的飲食。饒恕我們對你的虧負，正如我們饒恕了虧負我們的人。不要讓我們遭受承擔不起的考驗；要救我們脫離那邪惡者的手。」（馬太福音 6:9-13）耶穌認為，人要照顧身體，要重視人與上帝、人與人的關係，但世人不用擔心身體的死亡；世人要於在世之日活出上帝的旨意，就是公義、和平、慈愛、憐憫的生命。

新約聖經的書信，主要的關心也是人的靈性生命如何呈現在日常生活中。以保羅寫給羅馬教會的書信為例，他這樣教導信徒：「所以，弟兄姊妹們，既然上帝這樣憐恤我們，我勸你們把自己當作活活的祭物獻給上帝，專心事奉他，蒙他喜悅。這就是你們應該獻上的真實敬拜。不要被這世界同化，要讓上帝改造你們，更新你們的心思意念，好明察什麼是他的旨意，知道什麼是良善、完全，可蒙悅納的。」（羅馬書 12:1-2）

保羅在這段經文中清楚指出，一個藉著耶穌基督跟上帝有了合宜關係的人——出死入生，有靈性生命的人——應該有美善的倫理、道德生活。保羅認為，一個擁有並且重視靈性生命的人，他的行事為人——他的社會性生命——應該符合那賜靈性生命的主耶穌基督的福音（腓立比／斐理伯書 1:27）。

保羅說他無論生死，都要用他的生命來榮耀基督（腓立比書 1:20），可見他對於生死的看法是強調他在世之日的作為。他告訴加拉太教會的信徒，跟上帝有密切關係——有聖靈內住，有靈性生命的人，應該「結出的果子，就是博愛、喜樂、和平、忍耐、仁慈、良善、忠信、溫柔、節制。這些事是沒有任何法律會加以禁止的」（加拉太／迦拉達書 5:22）。

有關人的社會性生命，約翰（若望）書信中有好幾處不用多加解釋即可明白的經文：「如果有人說他生活在光明中，卻恨自己的弟兄或姊妹，他仍然是在黑暗中。愛弟兄姊妹的，就是生活在光明中，他不會使別人失足犯罪。可是，那恨弟兄或姊妹的，就是在黑暗中；他在黑暗中走，不知道自己往哪裡去，因為黑暗使他眼睛瞎了。」（約翰一書

2:9-11）「若有人說『我愛上帝』，卻恨自己的弟兄或姊妹，他就是撒謊的；他既然不愛那看得見的弟兄或姊妹，怎麼能愛那看不見的上帝呢？所以，基督這樣命令我們：那愛上帝的，也必須愛自己的弟兄和姊妹。」（約翰一書 4:19-21）

聖經中這樣的生死觀，也可以從初代教會一本重要的著作《教規》（或稱《十二使徒遺訓》）的內容得到佐證。這本主旨在教導剛歸信耶穌之信徒的著作，第一章一開始就這樣說：「世人有兩條道路可走：一是生命之路，一是死亡之路；兩者大不相同。生命之路是：『第一，你要愛那創造你的上帝，第二，愛人如己；凡你不願人怎樣待你的，你也不要這樣待人。』」[7] 第五章則說：「反之，死亡的道路是如下述：第一，它是作惡，充滿咒詛，兇殺……不認識那創造他們的主……」[8] 很顯然，教導中的生命與死亡，不是指身體的生與死，而是人跟上帝的關係，是靈性的生命的生與死。

小結

聖經確實記述人生命的起源和死亡的緣由，但是聖經中的生與死主要是指人的靈性生命——人與上帝的關係——而非身體或生物性的生命。身體、生物性生命是上帝所賜，應當珍惜，也有意義、價值。然而，生物性生命不是絕對的價值；它的意義和價值在於活出靈性生命與社會性生命。

新約聖經雖然也談到死後的世界，但耶穌和使徒的關心是，人的靈性生命如何落實在社會性生命中。或是說，人們若於在世之日，藉著社會性生命來展現靈性生命，人們就不用為死後的世界操心了。

7《教規》（*The Didache*），《基督教早期文獻選集》（*The Church of the Second Century*）（謝扶雅譯，香港：基督教文藝，1976），263。

8《教規》（*The Didache*），266。

PART 2

在世之日

Reflections on
Life and Death

我對生命的體認是：每一個人的出生都不是自己的選擇，「生命」在本質上是一種「賞賜」；我們的生命是被賜予的。死亡，對絕大部分的人而言，也不是自己的選擇。它不隨我們的意思，不能被排拒於門外，它在我們不能預期的時刻臨到我們。所以，死亡是生命的一部分，是必然會發生的事。

人生當中我們唯一能確定的事，就是人的身體會死，終須一死。所以，有哲學家說「人是向死的存在」；有修道院的修士是以彼此提醒「記得你終有一死」來作為相互請安的用語。

在身體的生、死兩個「事件」之間，就是我們的在世之日，我們的人生。在人生的過程中，我們常經歷各種「生之痛」——諸如病痛、失落、苦難、年老等所帶來的痛苦——生理的、心理的、精神的痛苦。我們無法盡數明白為什麼人會遭逢這些事，如：為什麼有些人出生就因為有某些基因而罹病？為什麼我們存活在台灣此一自然和社會環境中？

我們體察人生有些「奧秘」。我們經驗到人有自主性，可以選擇、作決定。可是，我們同時也經驗人生有許多限制，我們無法操控人生。對許多事，我們無能為力，無法改變。我們也體察生命有社會性或群體的關聯性，我們個人的生命和他人的生命、群體密切關聯。如：司機是否喝酒上路、用心注意路況等作為，深深影響乘客的安全；企業經營者是否具有社會良心，注意工廠廢棄物的處置和工業汙水的處理等等，在在影響工廠鄰近住家居民的健康與安全；國家涉入戰爭，人民的生命受到影響等。

總之，從人的內在而言，我們經驗聖徒保羅在新約聖經〈羅馬書〉7章19節所描述的人生困境：「我所願意的善，我偏不去做；我所不願意的惡，我反而去做。」外在，我們也經驗「謀事在人，成事在天」、「天有不測風雲，人有旦夕禍福」這類俗語所說的真理。總之，人生在世，實在「無常」，人在世之日有苦難，不能稱心如意。

我們知道我們的身體會死，但是不知道死何時臨到我們。人們面對這種不確定性的態度不盡相同。這跟我們如何了解和詮釋生命與死亡有關。我們的詮釋會影響我們在人生各種際遇中作不同的抉擇。譬如說，是命運天注定嗎？若是，是否生死有命，對於世事就逆來順受，接受人生的一切？或是我們以為人定勝天？

有人以為生命沒有靈性，所以只關心肉體的存活。有人以為人不應該只是存活，而是在有生之年有意識地活，甚至是活出人的尊嚴與意義。也就是說，如果我們體認人的生命除了生物性的生命，還有社會性的生命，更有靈性的生命，那麼我們在世之日的生活可能會有所不同。我們認知身體的生命會死亡，但它不是絕對的價值。

人生最重要的不是持續肉體的生命，而是在有限、無法全由人掌控的在世之日，如何超越有限之身體的生命，實現生命的意義，創造生命的價值，使我們跟生命之根源——終極實體——上帝的關係合宜、結合，即成就社會性生命和靈性生命。我們應當把我們內在感受到的超越的生命向度，那渴望與外在超越的向度有所關聯的生命力展現出來。這樣，在身體的死亡臨到時，我們可以坦然無懼地面對、接受。這樣，或生，或死，我們都無遺憾。

我認為基督宗教信仰雖肯定生物性生命的重要性，以及它的意義，但它同時認為生物性生命不是絕對的價值。生命——整體的生命——要向生命的主上帝負責。當人跟生命的根源——上帝——建立合宜的關係時，我們會體認我們被賦予生命的意義，就是愛與關懷。愛上帝，愛上帝所愛的鄰人，關懷社群的生活，使生命的意義和價值長存。愛勝過死亡。當我們真實地去愛，也勇敢地被愛時，我們就是實實在在地活，有意義地活，活出生命的尊嚴與價值。

這一部分，我將探討人生大概都會遭逢的一些情境，如病痛、失落、苦難、年老等，甚至是臨終的情境，思索我們如何面對，好讓我們「雖然外在的軀體漸漸衰敗，內在的生命卻日日更新」，並於在世之日，活出生命的意義和價值。

第五章

跨越病痛

有誰沒生過病？

我過世的太太是因罹患癌症病逝。從第一次住院開刀到病逝，她在兩年四個月的日子裡，經歷三次開刀、十六次化學治療，以及無數次的門診——婦產科、疼痛科，甚至急診。因為陪伴她，醫院成為我那些日子中生活的一部分。

有一次，我經過醫院一樓大廳時，有位白髮老先生走近我，低聲對我說：「年輕人，對不起，我沒來過醫院，你能不能告訴我，現在我該怎麼做，要到哪裡去？」我看了他遞給我的紙張，他似乎剛掛完號，應該上二樓門診候診。我指了手扶梯的方向，告訴他上二樓左轉就是了。他一再向我致謝，臨走又說：「耽擱你真不好意思！我沒來過醫院，什麼都不懂。」

那時我五十歲，他竟然叫我「年輕人」！不過，看他的樣子，應該是八十上下的人。

這樣年紀的人叫我「年輕人」也沒什麼不可。只是一個八十歲的人從沒來過醫院，這倒真令我感到意外。或許，他說的「沒來過醫院」是指他沒來成大醫院看過病吧。若他從未因生病到成大醫院，也沒到成大醫院探望生病住院的親友，那就真的太不可思議了。不生病，健康，真好！可是，有多少人一生中從未生病過？

根據國民健康署公布的二〇一三年國民健康訪問調查報告，台灣未滿十二歲、自覺健康狀況為「好」者，有八〇．四%；但是這些人在接受調查訪問之前，過去一個月有三九%看過西醫門診，五．五%看過中醫門診。換句話說，過去一個月，未滿十二歲者，有四四．五%生病看過醫生。

十二至六十四歲、自覺健康狀況為「好」者，有五四．一%；但是過去一個月內，這些人有三三．八%看過西醫門診，十一．五%看過中醫門診。換句話說，十二至六十四歲者，過去一個月有四五．三%生病看過醫生。六十五歲以上、自覺健康狀況為「好」者，只有二八．四%。但是過去一個月內有五二．三%看過西醫門診，八．〇%看過中醫門診；換句話說，六十五歲以上者，過去一個月有六〇．三%生病看過醫生。

這樣看來，隨著年齡的增加，自覺健康的人愈來愈少，看病的次數則是愈來愈多。這些資料只是一個年度某一個月的統計數字而已，倘若問卷調查稍做修改，如「過去一年曾經去過醫院、診所就診」，甚至是「過去三年曾經去過醫院、診所看診」，那統計數字的比率一定會更高吧。

古人說，人一生必然會經歷生、老、病、死等階段。其實，人罹病不一定是在年老之後；嬰孩會生病，青少年會生病，壯年人、老人也都會生病。醫院有老人科門診，也有小兒科門診。我們不免要再問：有誰沒生過病？有多少人從未生過病？

了解病痛

人的疾病，有身體方面的各種疾病，也有心理、精神方面，或是心靈層面的病症。關於身體的疾病，對於一些輕微的疾病，我們自己應該或多或少都有些體認，如感冒、咳嗽、腸胃不好拉肚子、香港腳、牙齒痛等。至於諸如高血壓、糖尿病、各種癌症等這樣的病症，我們不一定親身體認，但也很可能從親友的生活中認知這類的疾病。至於心理、精神，或是心靈層面的疾病，常見的有諸如憂鬱症、思覺失調症、妄想症、焦慮症等。

人生病有很多種原因。有些疾病是先天的，或是遺傳基因所致，有些疾病則是後天的因素。

我妹妹的龍鳳雙胞胎孫子中的男嬰，出生後幾天就被醫護直昇機送到鄰近的醫學院教學醫院開刀，因為主治醫師發現嬰孩心臟瓣膜功能異常，情況危急。這是一種出生就有的疾病。人們常見的色盲，或是引發輕度智能發展遲緩的唐氏症等，都是遺傳性疾病。癲癇，既有遺傳因素，也有後天的——諸如發燒、睡眠不足、喝酒、代謝異常等因素而發病。

疾病的後天因素很多，有個人的因素，也有他人或環境的因素，甚至是這些因素混雜在一起造成的，或是我們無法完全明白其所以然的原因。

關於疾病的個人後天因素，曾因提出「生活習慣病」之名稱，而有「近代日本預防醫學之父」美譽的日野原重明（Shigeaki Hinohara, 1911-2017）教授，在《快樂的15個習慣》一書中，說明他之所以提議將被稱為「成人病」的疾病，改為「生活習慣病」的原因。他說，有些疾病被稱為「成人病」是因為人們認為它們是成年之後較容易罹患的疾病，然而，諸如高血壓、心臟病、肝病、糖尿病等疾病，其引發疾病的主要原因是不良的生活習慣。人們忽視營養均衡，或是高鹽、高糖的飲食習慣，還有飲酒過量、抽煙的習慣，甚至運動不足的習慣，都是致病的原因[1]。

換句話說，疾病跟個人的生活習慣息息相關。其實，生活習慣所致的疾病，也不一定要到成年之後才出現。沒有養成用心勤洗手之衛生習慣的孩童，常常感染腸胃的疾病就是一個實例。我們常說的積勞成疾，其實也是生活習慣病。人長期工作過度勞累，休息不夠，同時忽略或忍受身體的一些小病痛，沒有及時就醫，以致勞瘁而病情嚴重。

關於疾病的他人因素，以人為的空氣、水、土壤汙染對人體之傷害最為普遍。我們可以舉一九七〇年代在桃園設廠的美國無線電公司（簡稱 RCA）所製造的毒害為例來說明。RCA 營運期間，長期傾倒有機溶劑等有毒廢料於廠區內自挖的水井中，導致廠區的土壤及地下水遭受嚴重汙染，造成被蒙蔽的許多員工罹患各種癌症。這一汙染傷害事件要到一九九〇年代才被舉發，有關賠償的訴訟持續至二〇二〇年仍未完全解決。諸如RCA這樣的業者，只顧賺錢，缺乏良心與公德，他們所造成的工業汙染帶給他人疾病。

疾病的他人因素也包括當代交通網絡和經濟發展的模式所造成的頻繁人口流動與接觸。二〇二〇年的新型冠狀病毒病（COVID-19）在全球的擴散，就是一個明顯的例子。新型冠狀病毒病的疫情隨著旅遊、商務等生活模式所帶來的人口流動，擴散到全世界各地。與外界較為隔離，比較沒有疫情；避開各種集會，就減少群聚感染的機率。

至於疾病的環境因素，台灣西南沿海地區居民的烏腳病是一著名的案例。嘉義布袋和台南學甲、北門等沿海地區，一九五〇年代起，許多住民罹患俗稱「烏腳病」的疾病。它是一種四肢末梢血管阻塞的疾病，病情嚴重時腳趾發黑、潰爛，甚至壞死。它帶來的劇烈疼痛，常讓病患有生不如死的感覺。經過長期的臨床醫學研究發現，烏腳病可能是前述提及的這些地區，井水含有一種稱為砷的化學物質，以致飲用含有高量砷之井水的居民，罹患烏腳病。布袋、學甲、北門等沿海地區的烏腳病患，在自來水普及後逐漸消失。

疾病的環境因素也包括諸如類似地球暖化等現象的衝擊。就以台灣夏季的傳染病登革熱為例來說明。蚊蟲的繁殖跟溫度有關，溫度升高，蚊蟲的繁殖率也提高。由於地球暖化現象日趨嚴重，不但蚊蟲的滋生增多，也讓原先只在較為炎熱的南部地區流行的登革熱，

1 日野原重明，《快樂的15個習慣》（高雪芳譯，台北：天下，2009），36-41。

慢慢地擴散至中北部。

有些疾病，人類至今所知甚少。如致死率高、源起於非洲的伊波拉病毒（Ebolavirus）的出血症，科學家對這一病毒雖然已經有些了解，但也只能揣測它的原宿主是果蝠。至於果蝠又如何帶有此病毒，我們也茫然無知。其他如十四世紀在歐洲爆發，將近有一半歐洲人口死亡的瘟疫「黑死病」，也是令當時的人們束手無策。黑死病的病原體是否如一般所說的已經滅絕，也沒人敢十足地確定。

有關心理或精神疾病，即使可能是很多人都知道的憂鬱症，原因也很複雜。至於諸如多重性格或分裂性格的病症，或思覺失調症等，其病因就見仁見智，顯得莫衷一是了。多重性格或解離性身分疾病，有人認為它跟病人童年身心的創傷有關；思覺失調症則可能是病人腦部功能失調，也跟病人承受的壓力相關。

聖經對病痛的看法

聖經對於病痛肇因的見解，雖不否認人為和環境的因素，卻跟古代許多民族一樣，是從宗教信仰層面來解釋疾病。

人是具理性、有思想的存有。人憑理性建立知識，發展科學，進而改善人類生活，這是必然，也是正確的事。但，人也是具靈性、宗教性的存有，人藉著心靈的活動探索宗教真理，也是必然和正常的事。真理有很多層次、面向。理性所探討的與自然界相關事物的真理，和人藉由感性、靈性、宗教所探索的關於整體生命的真理，有重疊之處，也有不同的領域。

人以理性的方式所探討的真理，也不全等同於宗教真理，或涵蓋宗教真理。宗教信仰需要理性，但不全然倚靠理性。宗教信仰超越理性，但不是反理性。理性促使人不陷入迷信或狂悖、錯謬的宗教，宗教填補理性探索的限制，也使根據理性所建立的科學不絕對化自己，讓科學變成另一種宗教或信仰。人以理性的態度面對人生，也以感性和心靈來接受宗教信仰，兩者並不對立。遭逢病痛，人們跨越那不能給予完全令人滿意之答案的理性，從信仰的層面來解釋病痛，是很自然的事。

舊約聖經中有本書是記錄一位傳道者對人生的觀察與默想，他探究人生的一個發現是，人生在世無法避免的事之一，就是病痛（參看傳道書 5:17）。

舊約聖經中有關疾病的記事，有時只是敘述人們罹患疾病，並未提及罹病的原因。如〈創世記〉48章1節，有人稟告約瑟說：「你的父親病了。」但是這段敘事的上下文並未提及約瑟的父親雅各的病因。又如終生一心一意忠於上帝的猶大王亞撒（阿撒），在年老的時候也罹患腳疾而瘸腿（列王紀上 15:9-24）。

此外，〈列王紀下〉記載，一生戰功彪炳、獲得國王器重的敘利亞軍隊統帥乃縵（納阿曼）罹患痲瘋病（5:1）、得到上帝重用又有大能行無數神蹟的先知以利沙（依撒伯爾）

得到絕症（13:14），也都沒說他們為什麼生病。這顯明一件事，即有些聖經書卷的作者認為，生病是人生的日常。

不過，舊約聖經中很多書卷的作者認為，人罹患疾病跟上帝有關；疾病是因為上帝要施行某一作為，或是上帝要懲罰世人（個人或群體）的罪行。譬如說，〈出埃及記〉（出谷紀）4章6至7節記述，上帝為要讓摩西（梅瑟）相信上帝的大能，讓摩西的手罹患痲瘋，也隨即醫治他，讓他復原。4章11節記載上帝向他所呼召的摩西這樣說：「誰給人口才？誰使人耳聾口啞？誰使人看見？誰使人瞎眼？是我——上主。」流亡異鄉被帶去服事巴比倫王的但以理（達尼爾），因看見一個來自上帝的異象受到驚駭，又因為不解異象的含意而煩悶、精疲力竭，以致生病（但以理書7至8章）。

上帝通過摩西告訴以色列人民，他們若做正事，遵守上帝頒布的律例，就不會受到疾病的懲罰（出埃及記15:26; 23:25）。〈申命記〉最後幾章敘述上帝給摩西的最後指示，其中有這麼一段話：「惟有我是上帝……我使人死，也使人活；我打傷人，也醫治人。」(32:39)〈申命記〉的作者也清楚地宣告，以色列人民若遵行上帝頒布的誡命，就能夠無災無病（申命記7:12-15），若是違反上帝的誡命，上帝必會讓他們罹患各種疾病，甚至得瘟疫（申命記28:20-61）。

人因罪行罹病的記事，在聖經中不勝枚舉。如摩西的姊姊美莉安（米黎盎）罹患痲瘋病是因為上帝對於美莉安批評摩西之罪的懲罰（看民數記／戶籍紀12章）、猶大王約蘭罹患嚴重的腸病是離棄上帝所受的懲罰（歷代志下 21:12-19）、猶大王烏西雅（烏齊雅）得痲瘋病是因為上主降災給他（列王紀下 15:5）[2]。先知以利沙的僕人基哈西（革哈齊）因貪婪之罪，以利沙詛咒他得痲瘋病（列王紀下 5:20-27）。

先知也認為疾病與罪有關連。先知以賽亞在他指責以色列人的信息中暗示，以色列人身體的疾病、創傷，跟其靈性——與上帝的關係——相關連。先知這樣責備以色列人：「你們為什麼一再背叛呢？你們所受的責罰還不夠嗎？以色列呀，你們頭破血流，你們的心，你們的頭腦都有毛病。從頭到腳，體無完膚，渾身青腫，都是潰爛的傷痕。沒有人幫你們洗滌，包紮，也沒有人替你們擦藥。」（以賽亞書 1:5-6）

在論及上帝子民將來的榮耀時，先知以賽亞這樣提到上帝的應許：「住在我們國土上的人不再有病痛之苦，城內居民的罪也都蒙寬赦。」（以賽亞書 33:24）住在耶路撒冷城的上帝子民，因為罪得赦免，所以不會再有病痛之苦。

〈詩篇〉的作者對疾病和罪之關連性，也跟舊約聖經中律法書、先知書的一些作者持有類似的見解，如詩人這樣宣告上帝的作為：「他赦免你一切的罪孽，醫治你一切的疾病。」（詩篇 103:3）詩人把「罪得赦免」和「病得醫治」連結在一起，亦即疾病和罪是相關連的。

2 根據〈歷代志下〉26章16至19節的記述，烏西雅是因為驕傲冒犯上主而受懲罰。

不過，另有舊約聖經記事指出，人生病是他人犯罪的連帶結果，如以色列王大衛的孩子害重病死亡，其實是上帝要懲罰大衛藉其王位權勢侵犯部屬妻子這一罪行（撒母耳／撒慕爾記下 12:15）。還有，以色列大衛王朝末年，有七萬人死於瘟疫。根據〈撒母耳記下〉二十四章和〈歷代志上〉二十一章的記述，這流行病的出現是因為大衛王調查全國人口的舉動冒犯上帝。

換句話說，遭受瘟疫而死的以色列人，並非或全非因為自己的罪行，而是大衛王忤逆上帝的受害者。以色列聯合王國分裂後，北以色列國第一位國王耶羅波安（雅洛貝罕）的兒子亞比雅（阿彼雅）害病死亡，是因為他父親犯罪背叛上帝（列王紀上 14:1-17）。

然而，舊約聖經中的智慧文學〈約伯記〉對疾病、苦難，則另有獨特的見解：疾病有時是魔鬼的作為（約伯記 2:7）。這種見解也出現在新約聖經的福音書中。

新約聖經對疾病的記事，有些和舊約聖經相似。很多關於疾病的記事，只是敘述人罹患疾病，如福音書記載耶穌在各地傳道時，也常常治好民間罹患各種疾病的人，又如西門彼得（西滿伯多祿）的岳母發高燒（馬可福音 1:30）、一個女人患了血崩長達十二年之久（馬可福音 5:25）、馬耳他島的一位酋長部百流（頗理約）的父親患熱病和痢疾等，這些記事都未提及病因。

跟使徒保羅（保祿）同工傳揚福音的提摩太（弟茂德）有胃病（提摩太前書 5:23），另一位保羅的同工特羅非摩（特洛斐摩）害病，被留在米利都（米肋托）這城市（提摩太後書 4:20），經文也沒記述病因。看來新約聖經的作者也認為，人生病是司空見慣的事，不足為奇。

新約聖經也有些記事，認為人生病跟上帝或罪有關連。如耶穌所愛的朋友拉撒路害重病，耶穌說拉撒路的病是「要榮耀上帝，並且使上帝的兒子因此得榮耀」（約翰福音 11:1-4）。同樣，在治好一位生來失明的人的事件上，耶穌回答他的門徒的問話時這麼說：「他失明跟他自己或他父母的罪都沒有關係，而是要在他身上彰顯上帝的作為。」（約翰福音 9:1-5）

但是，在耶穌醫治一個癱瘓病人的記事裡，耶穌先說「你的罪蒙赦免了」，再治好這位癱瘓病人（馬可福音 2:1-12；馬太福音 9:2-8；路加福音 5:17-26）；在畢士大（貝特匝達）池邊治好一個病了三十六年不能行走的人之後，耶穌告訴他：「你已經完全好了，不可再犯罪，免得招來更大的禍患。」耶穌似乎暗示，這人的病跟罪有關（約翰福音 5:1-14）。

不過，新約聖經中有些書卷也提到有些疾病是魔鬼、邪靈的作為，如有人因被鬼附身，以致又瞎又啞（馬太福音 12:22），或是患癲癇病（馬太福音 17:14-18），或是變得神智不清，會大吼大叫、拿石頭擊打自己（馬可福音 5:1-5）。又如〈使徒行傳〉（宗徒大事錄）也提到一些被耶穌治好的人，是受魔鬼控制的人（使徒行傳 10:38）。

綜合來說，聖經不同書卷的作者從信仰的角度來理解人的疾病，因個人的體認不盡相同，觀點也就不完全一樣。聖經的記事顯示一個事實：人會生病，人生就是如此。大部分作者認為病痛跟上帝的作為相關連，也有作者認為病痛是魔鬼或邪靈的作為。不過，有一點需要特別指明，那就是耶穌雖然赦免人的罪、治好人的病，但他否定一切病痛都是來自罪之報應的見解。對於病痛，我們需要信仰的解釋和幫助，但不能輕率地以上帝之名斷定病痛之因。

病痛對人的影響

有人說「十病九痛」，有時疾病帶來的疼痛令人難以忍受。病痛不只是影響個人身體的生命，也影響一個人的心理，以及他的社會性生命，甚至靈性的生命。

我們先說病痛對一個人的身體、心理狀況的影響。小病或許不會，大病常常讓人因而失去健康，進而影響人的工作。人若因病痛暫停、甚至失去工作，那病痛的影響就更深遠了。這種影響不只是物質生活的面向，也包括心理、精神生活的面向。譬如說，病人可能因為生病而失業，經濟狀況變差，以及社會生活減縮、弱化，而有愁煩、憂鬱、沮喪等情緒反應。

罹患心理或精神方面疾病的病人，其社會性生命也經常受限，甚至受創。病人，無論病痛是肉體的，或是心理和精神方面的，都可能因為病情嚴重或久病不癒，而自怨自艾，或怨天尤人。當然，病人也可能因為病痛，轉而熱心於宗教信仰。總之，病痛會影響一個人的社會性生命和靈性生命。

其次，我們談一個人生病跟家人的關係。我在醫院照顧我過世太太的期間，跟我太太同一病房內隔壁床的病人，剛好跟來探訪她的家人在言談中起了爭執。床與床間有布幔隔開，但隔不了聲音，她們的爭執，我們聽得很清楚。病人說生病是她自己的事，不用別人操心，不用別人管！家人說，生病不是病人自己一個人的事，家人免不了會操心，關心也不是管。

她們你來我往地各說各話。沒想到，忽然間我聽到一句：「不然我們請隔壁床杜老師評評理！」接著，啪啦一聲，布幔拉開了，探訪者說：「杜老師，你說說看，我妹妹說她生病是她自己的事……」其實，病人怎麼會不知道生病不只是她自己的事？我想，她只是臥病在床一段時間，很多事需要他人代勞，有時不免煩躁，甚至覺得虧欠，或承受一些無形的壓力，因而有點自暴自棄。

病人說生病是自己的事，是一種無法抒發之情緒的反映或託辭。再說，不要說像是癌症這樣的重病，即使是小病住院，儘管可以聘請專業看護照顧，病人家裡的雜事、公司的大小事等，也都得勞動親人或朋友代為處理。病人若是家庭經濟的支柱，或是在公司裡擔任重要職務，那影響可能就更大了。病痛影響人的人際關係、家庭生活，還有公共生活。

疾病對人的影響也絕不限於個人、家庭，和病人的公共生活。看看二〇二〇年新型冠狀病毒病疫情在全球大流行所衍生的現象，我們就知道疾病的影響有多廣闊深遠。就以航空業為例，為防止新型冠狀病毒病疫情的擴散，多數國家都有某種程度的出入境管制，許多機場空無一人。飛航班機驟減，旅行、觀光、遊覽車業等也隨之受挫，飯店、民宿業也因而陷入所謂的寒冬時期，精品百貨、餐飲業當然也受到波及。

然而疫情的影響絕不只是這些，整體經濟活動的減緩，讓一些工廠停工或產能降低，有些企業甚至裁員來求生存。還有，運動賽事沒了，二〇二〇東京奧運延後舉辦，各地的職業球賽——棒球、足球、籃球、網球賽都停了。進出音樂廳和電影院的人也減少了。學校也停課，或採線上學習。大型宗教活動受限制，甚至連教會的禮拜和聚會的型態也改變了。整個世界的政治、經濟的運作，以及世人的生活，都因為新型冠狀病毒病疫情正在改變中。

面對病痛

既然人在世之日會生病，生病對個人的身心、家庭生活和公共生活又都有些負面的影響，我們就當思考如何面對病痛。有時我們覺得醫師似乎只關心我們的「病」，卻忽略我們的「痛」；而我們也常常只注意「痛」，而忽略「病」。其實，病與痛常常是相關連的。

◆傾聽病痛的訴說

首先，我們要體認一件事，就是病痛其實是我們的身心向我們說話。所以，當我們有病痛時，要學習傾聽我們的身心想訴說什麼。我們之所以會有病痛，就是我們必然走向死亡的身體出現不健全、不完整的徵兆。我們若不傾聽病痛向我們說的話，我們會加速走向死亡。

要傾聽病痛！病痛正針對我們的作息說些什麼？病痛是不是在告訴我們必須調整我們的生活節奏？病痛想要告訴我們什麼？我們的飲食、生活習慣等等有什麼問題？我們要體認一件事，使我們得醫治、健康的是源起於病痛。所以，要傾聽病痛的訴說。我們的生物性生命出現一些徵兆時，我們也要注意我們的社會性生命和靈性生命是否健全。

◆保全、珍惜生命

病痛提醒我們，要保全、珍惜生命。這雖是老生常談，卻是顛撲不破的道理。存活是人想要達成人生理想或目標的基本條件，所以要保全生命、珍惜生命。保全、珍惜生命的方法之一，套用一句當前正夯的用語，我們需要「超前部署」。面對病痛，保全、珍惜生命的超前部署就是保健和預防，諸如注意自己飲食的衛生和營養的均衡，居住和工作環境之整潔、衛生的維護等。借用前述提及的近代日本預防醫學之父日野原重明教授的觀點，就是要養成跟健康相關的良好生活作息與習慣。

因應新型冠狀病毒病疫情推出的「防疫新生活」也可以作為我們的參考，如勤洗手、必要時保持社交距離等。除了預防保健，保全、珍惜生命的另一方面，就是遇到病痛時要就醫接受治療，或服藥，或開刀手術，或接受化學治療、放射線治療等。這些都是我們知道的事，所以我只是再一次提醒，不想多談。我想談談面對病痛的幾個心態。

◆不要過度忍受病痛

我認為，面對病痛，不要過度忍耐。我們的社會和文化把容忍當成美德，我們讚賞凡事忍受的人。然而，人們不該忍受病痛，絕不要過度忍受病痛。隱瞞、忍受病痛，就會拖延就醫，這也常常讓可以早期治好的疾病，病情惡化變成重病，或是讓療程延長，或成為充滿痛苦的疾病，甚至造成不可挽回的後果。

很多癌症病人在開刀後發現，癌細胞已經擴散。這些病人通常都是很會忍耐的人，平常少許出血或是小痛，都忍受下來，沒就醫。一旦無法再忍才去看醫師，情況經常是有點慢了。譬如說，忍受胃痛，可能會讓它變成胃潰瘍，再忍受下去，可能就轉變成胃癌了。我過世的太太就是一個活生生的例子。她是一個很會忍受痛苦的女性，在被檢查出癌症第三期之前，我幾乎不曾聽她特別提到身體的疼痛。

我有一位朋友是在大型醫院任職的精神科醫師，有一天在院內的一個會議中，坐在一位眼科醫師的身旁。這位眼科醫師注意到我這位朋友常常用手在眼睛前揮，就問我朋友：

「眼睛不舒服嗎？」我朋友說：「有點累，眼睛前面好像有小東西在飛。」這眼科醫師似乎警覺到什麼，隨即問我朋友：「這情形多久了？」我朋友說：「有一陣子了，因為忙，想說忍受一下，還沒去掛號看診。」那位眼科醫師在會議後隨即把我朋友拉去做檢查，結果正是眼科醫師所擔心的視網膜剝離。

我的朋友以為自己可能有飛蚊症，卻忽略那是視網膜剝離的前兆。雖然眼科醫師隨後做了必要的手術，但我朋友的眼睛再也沒有恢復之前的視力。在某些情況下，忍受或許是美德，但病痛這件事，我們不要忍受。寧可被人認為大驚小怪，也不要因為過度忍受，延遲就醫，而讓身心的疾病造成不可挽回的傷害。

◆勇敢地請醫師、親人告知實情

根據報導顯示，有三成的癌末病人並不清楚自己的病情。不過，有九成的民眾表示，倘若自己罹患癌症，希望醫師和家屬據實以告。其實，根據醫療法規，醫師有義務告訴病人實情。然而，很多時候，親人因擔心病人承受不了，不敢立即告訴病人病情，甚至懇請醫師隱瞞，不跟病人說實話；病人若已經年老，親人更會如此。

我們若懷疑自己罹患重病，一定要勇敢地請醫師和親人告訴我們實情。唯有知道疾病的真實情況，我們才能決定如何面對疾病和如何治療，如，要開刀？或做非侵入性的治療？甚至放棄治療？知道自己的病情，也幫助我們思考該如何規劃人生，如治療需要多久？是向職場請假或提早退休？癒後的情況大概會怎樣？要如何安排癒後的生活？諸如這類的事，唯有知道疾病的實情，才能決定。

◆痊癒，急也急不來

病痛不要忍，但是痊癒這事，我們不能急；急，也急不來。疾病，無論是生理或心理方面之疾病，要痊癒都需要時間。病痛的治療一般可分藥物治療和手術開刀治療。隨著醫藥知識和科技的進步，配合各種醫療器材，大型醫院有各種新的治療方式，如放射線治療、基因治療，其他還有物理、心理治療；甚至還有自然療法、食療等等。

然而，無論是哪一種治療方式，痊癒需要時間。藥物不是所謂的仙丹，手術開刀的縫合線或外傷用的藥膏更不是三秒膠；藥物治療需要讓藥物發生作用，手術開刀也需要時間讓受創的組織修復和傷口復原。

病痛之痊癒有時是欲速則不達。我們或許聽過，甚至自己也經驗到，就是傷口縫線尚未癒合就開始做劇烈運動，導致傷口綻開的實例。因此，我們要學習以平靜的心情來等待病痛的痊癒。前面提到要傾聽病痛的訴說，以平靜的心情接受治療、等待痊癒的時間，這也是再一次傾聽病痛之聲音的時刻。若是可能，想辦法讓自己保持愉快的心情，古希伯來的智者這樣說：「喜樂如良藥使人健康；憂愁如惡疾致人死亡。」（箴言 17:22）這話是可信的。

◆醫師與偏方

生病，就醫接受治療看似理所當然，但它有時是病人一種抉擇的難題。譬如說，是要看西醫呢？或是漢醫？這可能還不會有什麼太大的困難，需要開刀的，漢醫大概也都會轉介到西醫才是。難題常常是在接受治療的過程中，很多親友出於關心、好意，可能介紹你吃什麼保健食品，服用民間傳說的偏方。這時候，病人要想：要聽誰的建議？要選哪種醫師？要吃偏方與否？該不該買，或買哪些健康食品來吃？

二〇二〇年四月七日的《臺灣時報》有這麼一則新聞報導：

一名六十歲張媽媽患有B肝，聽聞喝坊間宮廟所調配的草藥，能有效預防武漢肺炎病毒，在連續喝三週後，出現黃疸、腹水等症狀，赴醫緊急透過保肝劑治療後，才撿回一命。醫師表示，防疫期間勿聽信來路不明的偏方，避免讓身體受到不可逆的傷害。

亞洲大學附屬醫院肝膽胃腸科主治醫師張家熙表示，武漢肺炎疫情不斷升溫，近來有一位婦人，因鄰居盛傳某宮廟所調配的獨家中草藥相當有效，吃了能增強免疫力，預防新型冠狀病毒，因此大家紛紛團購神奇草藥，但該婦人因肝功能不佳，一連喝三週後，出現黃疸、腹水而被送到急診室。

張家熙表示，來路不明的偏方草藥往往具有肝毒性，若當B型肝炎患者陷入保肝迷思，誤食偏方草藥，致使肝臟劇烈發炎，就容易造成肝硬化，當出現黃疸、腹水、下肢水腫、消化道出血、意識混亂或昏迷等症狀時，往往已進入肝硬化晚期，若未及時治療，恐有致命危險。張家熙指出，B型肝炎患者當肝臟一旦發炎、壞死，產生纖維化、肝硬化後，會大幅提升日後罹患肝癌的機率。

二〇一七年十一月十五日，台灣很多傳播媒體都報導一則有關一位李姓婦人的女兒控訴保健食品直銷商的新聞。這位女兒說，她母親一年來花費至少一百萬購買超過八百罐的保健食品，不料她母親卻在十月因藥物急性酸中毒，併發敗血症和器官衰竭等症狀而死亡。她質疑她母親是吃了這些保健食品才喪命。雖然李姓婦女的死因和保健食品間的關連，需要專業的判斷，但一般人憑常識也可以知道，一年花費百萬購買保健食品真的是太多了。即使金錢不是問題，一個人的身體一年能服用多少保健食品？

有關偏方或保健食品的服用，我們應該要明白自己的體質和身體的狀況，並請教主治醫師的意見，同時也要非常謹慎地作抉擇。親友的盛意很難推辭，但我們不能以自己的健康做賭注。

我過世的太太生病時，朋友熱心介紹她尿療法（喝自己的尿）治病，也寄了十幾本尿療法的書籍給她閱讀。由於我太太那時正接受化學治療，即使不一定排斥，也暫時沒考慮採用尿療法。不料，這位推介尿療法的朋友得知後竟然非常生氣，責罵我太太，說她不夠朋友，也不會體認、領受朋友的心意等等。我太太因而覺得很不好意思，過意不去，甚至因而決定在化療後要喝尿治病。

每個人可以有他自己對偏方的觀點，但，生病的人絕不能因為對介紹偏方或保健食品的親友感到不好意思，而接受某一偏方，或購買、服用某些保健食品。我們身體的健康不該被「不好意思」給毀了；有關偏方，要非常謹慎，我們不能以生命做賭注。

還有，我們不但早就處於一個資訊爆炸的世代，現在更是一個很快取得不同資訊的時代。藉著網際網路、智慧型手機，我們想知道什麼，幾乎總是會有人提供答案——不同的答案。有人說，網路資訊不只「氾濫成災」，其中假信息一大堆，讓人無所適從。有關如何保健或面對病痛的資訊，我們要謹慎篩選。

舉例來說，家中有老人，有人line你「避免嗆到，老人喝水要用吸管」，另外有人也line你「老人喝水絕不可用吸管，因為用吸管喝水要用力，反而容易嗆到」。這種事例，你一定親身體驗過，也不勝枚舉，所以，不要太輕易相信所謂的google「大神」。身心的健康，還是請教醫師為先。

其實，身體生病時，大部分的人都會慎選醫師。不過，對於靈性生命的困擾，我們一樣用心謹慎嗎？身體上的醫師影響我們的生命、生活甚大，靈性生命的指導者對我們存活的意義影響更大——關係到永遠的生命。我們選對了心靈、靈性生命的指導者或「醫師」嗎？有關靈性生命，我們信從的是可能引導人走入歧途的偏方嗎？

◆體認生物性生命不是絕對的價值

我們要重視養生、珍惜生命，但也要體認，身體的生命不是絕對的價值。身心的病痛有時會惡化到無法再用醫藥減緩、抒解的情況，這時候病痛對人的影響已經不再只是身體的面向而已。譬如說，病人不能自由行動，外出受到限制，跟他人的接觸、交往減少了，那病人的社會性生命的活動就弱化了；若是病人是長年臥病在床，其情況會更嚴重。

社會性生命弱化的現象，讓身體的病痛影響人的心理、精神生活這一事實，更為明顯。前面提到的愁煩、憂鬱、沮喪，或是自怨自艾，或怨天尤人的情緒，可能一一出現，或是更為失控。這種身體和社會性生命的現象，也牽連到一個人的靈性生命。一個人的靈性生命有可能因為身體的病痛、社會性生命的弱化，或更衰退——不再相信上帝或神明，喪失信仰；或是更體認身體生命的軟弱、有限，進而明白信仰的真諦。

很多人對現代醫藥有一種錯覺，誤以為我們可以藉著醫藥免除身體一切的病痛，現代人誤以為我們可以藉著日新月異的醫藥科技的操控，超越肉體的死亡。也因為如此，面對病痛的最終結局——死亡——時，本來是可以很平和地死亡的人生，卻因為醫藥的過度介入，使人身體的死亡過程經歷太多不必要的痛苦、惶恐。我們要認清一件事，病痛與死亡不是醫學的失敗。身體的生命很貴重，我們要珍惜生命；但是，身體的生命不是絕對的價值。我們在世之日有比生物性生命更為遠大的價值。

古代華人求三不朽——立德、立功、立言，認為這是比肉體的生命更為重要，可以流芳百世的事。因此，我們面對病痛時不要只是思想身體的生命，也要同時思想我們的社會性生命，還有靈性生命。我們可以藉著身體的存活來成就什麼比身體的生命更有意義的事？初代教會的使徒保羅在寫給腓立比教會的書信中，這樣說明他對生死的見解：「無論生死，用整個的我來榮耀基督。」（腓立比書 2:20）保羅認為身體的生命，或生或死，是要榮耀基督，是要宣揚耶穌基督的救恩和活出上帝國的價值。

我們要關注生物性生命的健康，更要重視靈性生命的健康。天主教聖經〈德訓篇〉30 章15節這樣說：「健康和強壯的體格，尤其靈魂在正義的聖德上，所享的健康，比一切黃金更有價值；健全的身體比無數的財富更好。」

◆關心親友的病痛

我們要面對自己的病痛，也得面對別人（特別是親友）的病痛。前面已經提過，生病不只是個人的事。病痛的人需要親友的關心。病人見到探望者，通常會感受到自己與病痛對抗的路上有人陪伴，受安慰。探望、照顧生病的親友是一種仁慈的作為。初代教會甚至教導信徒說「看望病人，不可怠慢」（德訓篇 7:39）。

耶穌在論及世界末日審判的敘事中，指出那些在日常生活中去探望、照顧害病的人，特別是看顧卑微、貧弱病人的人，得以承受永恆的生命（參看馬太福音 25:31-46）。我在教會牧會時，常有機會到醫院探望生病的會友，主要是去陪伴他們，為他們禱告。我也曾遇到與我會友同病房的病人，即使不是基督徒，也請我為他禱告；我也樂意為他們代禱。

然而，我們探望病人千萬不能成為病人的負擔，不要讓病人強顏歡笑來接待我們，或不斷重複地跟來探訪的親友解釋病情。面對別人的病痛，探望病人，我們要為病人著想，設身處地去想病人的需要，而不是自以為是地做什麼。千萬要記得，病人不需要探病的人給予有關健康的「告誡」，探病的重點也不在於「指導」病人如何服藥等來恢復健康。探病是關係的表達，讓生病的親友體會，疾病並未隔離彼此的關係。

◆從病痛思想社會實況與責任

面對別人的病痛，我們也可以從疾病的他人因素、環境因素，來思考我們的社會實況與責任，諸如我們的社會實況是否存有使人致病的因素？我們當如何參與社會改革和生態維護等，為建立一個有利眾人健康的生活環境，善盡我們的社會責任，好讓疾病減少，同胞更健康。此外，我們自己和親友大概都曾從健保制度獲得助益，我們也應當思想，對於人民如何妥善使用，以及政府如何實施台灣這一被許多國家讚許的健保制度，我們有什麼社會責任？

病毒和疾病都沒有國界，生病也絕不會只是病人個人的事。我們的生命、生活，都跟別人息息相關。面對病痛，我們更要體認個人的不足和軟弱，也誠實、勇敢地承認自己的需要，同時以感激的心接受別人的關愛和照顧。有一天，若是別人需要，我們也當盡力體貼病人的感受，關愛、照顧需要的人，那就是人們不幸罹病中之大幸。沒有人願意生病，我們絕不可排斥或歧視病人，特別是罹患精神疾病的人。

求上帝醫治

既然人們也從信仰的層面來理解疾病等各種人生的問題，人在生病時禱告上帝，懇求上帝的醫治是很自然的一件事。舊約聖經〈歷代志下〉16章12節提到南猶大國的國王亞撒（阿撒）年老時的狀況，作者以隱含負面評價的口吻這樣敘述：「亞撒作王的第三十九年，因患了嚴重的腳病而瘸腿；即使在那時候，他也沒有祈求上主的幫助，只去求問醫生。」這顯示聖經的作者認為，生病要去看醫生，也該求上帝醫治；生病不求上帝的幫助是缺乏信仰的一種現象[3]。

〈列王紀下〉20章1至7節記載，一生信靠、忠於上主的猶大國王希西家害病幾乎死去時，曾流淚向上主禱告。上主聽到他的禱告，看見他的眼淚，就醫治他，給他多活十五年。新約聖經〈雅各書〉5章13至16節也有求上帝醫治的教導：「你們當中有遭遇痛苦

3 亞撒王也是〈歷代志下〉這一書卷作者筆下，除了被暗殺、戰死沙場、被擄的國王之外，極少數不被以「與他祖先同睡」的描述來敘述其逝世的國王。

的嗎？他應該禱告；有喜樂的嗎？他應該歌頌；有害病的嗎？他應該請教會的長老替他禱告，奉主的名替他抹油。這禱告若是出於信心，就能夠治好病人；主會恢復他的健康，病人所犯的罪會得到赦免。所以，你們要互相認罪，彼此代禱，使你們得醫治。義人的禱告有很大的功效。」

不過，我們怎麼理解上帝的醫治？我們以怎樣的心態懇求上帝醫治？

新約聖經中的福音書記載，耶穌在世上時，「周遊各市鎮鄉村，在各會堂裡教導人，宣講天國的福音，並治好民間的各種疾病」（馬太福音 9:35）；他甚至給使徒醫治疾病的能力和權柄（馬可福音 6:7-12；馬太福音 10:1；路加福音 9:1）。因此，有人生病時會期待類似的醫治經驗，一種直接來自上帝、立即的醫治。

然而，這種醫治今日並不常見，它是出於上帝極大的憐憫和恩典，人不能強求。耶穌在世時也沒有只是治好人的疾病。再說，經歷這種醫治的人若再次生病，即便他再一次懇求上帝這樣的醫治，也不一定會得到類似的醫治。或是說，這種醫治的期待總有一天會落空，因為人有一天終究會死。

除了耶穌有治病的能力，新約聖經〈哥林多前書〉12章9、28、30這三節經文提到上帝賜給一些人有治病能力的恩賜。不過，治病能力的靈恩並不普遍；〈羅馬書〉12章6至8節也提及聖靈的恩賜，但未提及治病能力的恩賜。〈哥林多前書〉12章30節特別指出，教會中有靈恩的人也「不都能治病」。今日教會中也有一些人宣稱擁有醫治的靈恩，有些教會也舉辦「神醫特會」，邀請這些宣稱有治病靈恩的人為人治病。

不過，神醫在教會中也常引起議論。第一，這些宣稱有治病靈恩的人，在施行神醫的過程中，有時會指責一些前來接受神醫的人缺乏信心。宣稱有治病靈恩的人常認為人們之所以沒有得醫治，是因為他們信心不足。這些被指缺乏信心的人，常常在期待神醫的過程中受到雙重的傷害。他們期待肉體的疾病得醫治卻沒能實現，這已經夠受傷了，他們的心靈又因被指責缺乏信心——被上帝拒絕——而更加受傷。

第二，有些具有治病靈恩的人，由於過分強調神醫，常常有意無意地傳遞一種信息，就是基督徒生病去看醫師、服藥，沒有祈求神醫，是缺乏信心的表現。第三，神醫宣稱治癒的疾病常常跟人的心理、精神狀態有關。我不曾聽過神醫治好一般所說外傷的病痛，也沒聽過神醫為類似失智症這種病人祈禱康復。

我看過一篇禁食祈禱病得醫治的見證。有位姊妹罹患糖尿病，前往祈禱院參加禁食禱告會，牧師為她禱告。在祈禱院兩三天的時間，她覺得沒服藥，精神和體力也都很好，自信禱告治好了她的病，也作見證稱頌上帝。她回家後，因宣稱病已得醫治，不再定期服藥。家人雖一再力勸，她仍執意不聽。沒多久，她的病況急速惡化，就在從祈禱院回家個多月後病逝。令人難過的是，她那篇見證病得醫治的文章被一再轉傳。類似的見證其實傳達不正確的信仰態度，誤導人們對疾病治療的態度。神醫確實存在，然而在一個醫藥相當普遍，甚至進步的社會裡，今日教會中真正的神醫非常罕見。

信心是人跟上帝的關係，外人不能也不該隨意斷定或批評。新約聖經〈希伯來書〉記述一些有著不平凡信心的人，但他們在世上並未得著上帝所給的應許。把人生病未得著醫治（無論是神醫，或是一般的醫療）歸咎於缺乏信心，是輕率且不合宜的判斷與指控。其實，世人的身體終究有一天要衰敗、死亡。求助神醫的人總有一天要經驗神醫的靈恩也是無濟於事。所以，雖然聖經記載有人從聖靈領受治病能力的恩賜，我們必須非常謹慎地解說有關神醫的事，否則既可能誤解基督宗教信仰，又對痊癒產生不切實際的幻想。

有些人懇求上帝醫治他們的疾病，但他們也會去就醫看診。他們認為，基督徒生病時求上帝醫治，這是一種很自然的信仰表現，就如人生病時很自然會去看醫師一樣。這些人認為，醫師是上帝賜給人類的祝福之一，生病去醫院讓醫師診療，和求上帝醫治，這兩者間並沒有衝突、矛盾。

懇求上帝醫治，是懇求上帝藉著醫師的診斷和服用藥物，使疾病痊癒。這就如被稱為初代教會的「教會經典」，或是被古代教父稱為「諸德智訓」的〈德訓篇〉所說的：「應尊敬醫生，因為他是非有不可的，也是上主造的。治療原是來自至高者……醫生用藥材治病，減少人的痛苦；藥劑師用藥材配製香甜的合劑，和治療疾病的膏藥。他的工作沒有止境，直到醫好了世上的人。」（38:1-8）

教會在台灣的宣教從起初就設立醫院、診所來從事醫治的工作。台灣各地有不少醫院是基督教和天主教設立的，如基督教會的馬偕醫院（台北、竹圍、新竹、台東）、彰化基督教醫院（員林、鹿港、二林、雲林、南投）、新樓醫院（台南、麻豆）、埔里基督教醫院、嘉義基督教醫院、恆春基督教醫院、基督教門諾會醫院（花蓮）、台東基督教醫院，以及天主教會的耕莘醫院（台北）、聖保祿醫院（桃園）、若瑟醫院（雲林）、聖馬爾定醫院（嘉義）、羅東聖母醫院（宜蘭）等。教會醫院裡面也設有院牧部或全人關懷部，關心病人的身心，為病人的痊癒向上帝禱告。由此可見，教會認為人生病應該就醫，也要祈求上帝的醫治；因為上帝是醫治的上帝，一切的醫治都來自上帝。

生病懇求上帝的醫治還有一種含意，就是在相信上帝是醫治的上帝、上帝藉由醫師和藥物醫治人的同時，向上帝告白，我們的生命需要上帝，懇求上帝賜給我們寧靜的心、就醫服藥的智慧，以及有耐心和勇氣來面對病痛可能帶來的影響。懇求上帝的醫治，不只是身體層面的醫治，也包含心靈的醫治。懇求上帝讓我們遭逢病痛時，雖然肉體的生命有疼痛，但不要因此而讓自己的社會性生命和靈性生命受到損傷。

懇求上帝的醫治是一種祈禱；祈禱是跟上帝交談。懇求上帝醫治的祈禱，是在跟上帝的交談中，嘗試明白病痛和生命的意義，進而省思個人的生活作息、人生觀等。初代教會的使徒保羅在他寫給哥林多教會的書信中，曾經這樣敘述他的病痛：

為了使我不至於因得到許多奇特的啟示而趾高氣揚，有一種病痛像刺糾纏在我身上，如同撒但的使者刺痛我，使我不敢驕傲。為了這件事，我曾經三次祈求主把這刺移去，他卻回答我：「你只要有我的恩典就夠了；因為我的能力在你軟弱的時候顯得最剛強。」因此，我特別喜歡誇耀我的軟弱，好使我覺得基督的能力在保護著我。為了基督的緣故，我樂意忍受軟弱、侮慢、困苦、艱難，和迫害；因為我什麼時候軟弱，什麼時候就剛強。（哥林多後書 7:7-10）

很顯然，保羅在病痛中也祈求上帝的醫治，但是他的祈求是跟上帝交談，並從中明白病痛的意義和獲得生命的動力。身體的病痛讓保羅靈性的生命更為堅強。

病痛中，求醫是理性，求上帝醫治是信仰；兩者並不衝突。求醫也要求上帝，求上帝也要求醫。或求醫，或求上帝，都不應該違背理性。真正的理性包含信仰，真正的信仰不反理性。有關信仰與理性有一段話，我忘了它的出處，卻是深富意義的一段話：「你若不相信神蹟，你就不是一個理智的人。」理性是一種美德；希臘哲學認為人應該有四項美德，其中一項就是理智。面對病痛，我們更需要理性，千萬不能「病急亂投醫」，也不能任憑宗教神棍指使。

祈禱，親近上帝，這些事不要等到生病才做。聖經說：「你們親近上帝，上帝就親近你們。」（雅各書 4:8）。平常就維持跟上帝合宜的關係，遭逢病痛，無論病情怎樣，可以平靜、安寧地就醫與面對。病痛中向上帝祈禱，是一種信靠與交託，把生命——無論生死——安心地把自己放在生命的主上帝手中。

小結

有人說，把病痛交給醫師，把生命交給上帝，把調養交給自己。這種說法很順口，似乎也很有道理。不過，我個人認為病痛、生命、調養等是相互關連的；醫師、上帝、自己的作為也不能全然劃分。

人怎樣調養身體，跟他從醫師理解疾病有關；人如何接受醫師有關疾病的治療方法，跟他對上帝所賜生命的信仰與理解也有關連。上帝的作為常常是經由醫師臨到人身上，也跟人如何回應上帝有關。所以，生病要去看醫師，遵照醫師的建議自己調養身體，同時祈求上帝施恩憐憫，讓我們的生命——生物性（身體的）生命、社會性生命、靈性生命——都得醫治。

第六章

走出失落

你曾丟掉、遺失過東西嗎？丟掉、遺失的東西若找不到，或無法找回來，你有什麼感覺？如果失落的不是物品，而是人，或是諸如關係等無形的事物，你感覺怎樣？當人們經驗到原屬於自己的事物不見了，或是體認到我們失去原屬於自己生命中的一部分，無論是人或關係時，經常會有隨著失落的事實而來的情緒，最為常見的情緒反應是悲傷、憤怒，和沮喪。

此刻，你若暫時闔上書頁，閉上你的眼睛，回想一下你人生中一些失落的經驗，你感覺如何？還是難過哀傷嗎？還是生氣嗎？或是參雜著內疚、沮喪？或是你也有如同古希伯來人的傳道者的體認：「凡事都有定期，天下每一事務都有定期……尋找有時，失落有時……」（傳道書 3:5）

失落源自日常生活的一些事件或意外，無論它們是小，或是大。在世之日，有誰未曾失落什麼？我們如何面對生命中之失落？我們所經歷的失落，跟我們的生物性生命有多少關連？它如何影響我們的社會性生命和靈性生命？

失落的類別

失落，一般來說，有具體的，也有無形、抽象的。具體的失落，如人身體之外物品方面的失落，或是身體器官的失落。無形、抽象的失落，如名譽、形象、關係等等的失落。其實，具體與無形、抽象的失落之間，有時難以界定，彼此之間也常有關連性。

身外物品的失落，這是一種擁有的失落。最常發生的，大概就是遺失鑰匙、錢包、手機、戒子等這類的小東西。稍微大一點的東西，大概是遺失筆電，再大一點的東西，就是機車、汽車被偷不見了。

錢包丟掉不只是損失金錢，因為放在錢包中的金融卡、各種證件也隨著不見，所以它所造成的失落，可能會超越物質的層面。人若遺失金融卡、證件，會擔心被盜刷、盜用；一旦被盜刷、盜用，那失落的層面就會隨著接踵而來的各種問題展開。遺失戒指，看似丟失東西，但戒指常常帶有紀念性，也就是說，遺失戒指，失落的不只是一個戒指，而是戒指所包含的記憶或象徵意義。

若遺失手機、筆電，問題可能也不小，因為手機、筆電存放的資料一旦失落，造成的不便、損失，絕非只限於物質的層面。遺失汽、機車，除了損失金錢，至少也是短時間內出入的不便，甚至也可能因時間的耽擱，造成一些機會的流失；若是車上放有文件，那失落的層面也會隨著文件的重要性和使用之急迫性而擴大。

身體部位的失落，如因病造成眼睛失明或切除身上的某一器官，或是因意外導致身體構造的損傷等。身體部位的失落，看似具體的失落，但其失落感絕不停止在可見的具體事物上。譬如說，女性因乳癌切除乳房，除了身體部位的失落，可能也帶來婦女象徵的失落感。

又譬如說，因病痛或意外造成的身障，也絕不只是部分肢體的殘缺，也常常是一種失能，有無數跟此一失能相關的種種失落——失去某些工作或交友等機會、自尊心等等，譬如說，斷肢對一個運動選手而言，他所失落的絕不只是身體的一部分，他的理想可能隨之斷滅。綜合地說，身體部位的失落看似外在的失落，卻也是失能，以及某些內在的失落，這都可能弱化一個人的社會性生命，也影響他的靈性生命。

除了具體的失落，人還有無形或抽象的失落，如名譽、形象、資格、關係等的失落，這種失落其實也可以說是很具體；名譽、形象這看似無形的事物，對失落它們的人而言，其衝擊卻是非常具體的。名譽、形象受損或被毀，人格可能受到羞辱，人際關係疏遠，工作也可能因而丟失，接著經濟會受影響。入學考試落榜或運動比賽中輸球等，可說是一種資格的失落。這種失落有時關係重大，對一個人的前途影響深遠。

關係的失落，如親人、朋友過世。就某一方面來說，這也是具體的失落，因為親人、朋友不再存活在這世上，我們再也不能看見他們的身影、擁抱他們的身體。可是親人、朋友過世所帶來的失落，比較是情感、關係面向的失落。親人、朋友過世，我們失去愛的對象，也失去被愛的感覺。失戀、離婚也屬於這種失落。失戀、離婚的對象並未消失，但情感不見了，關係斷離了。

一般來說，情感、關係的失落對人的影響非常深遠。關係的失落對現代人的衝擊，從人們隨時注意他們在群組的留言是否被「已讀」、非常在乎是否被 line 的群組給刪除等地方即可看出。失落群組，對現代人而言，是傷痛、令人悲哀的大事。

有些失落，如內在於人的性情或價值的失落，人們或許自己未曾覺察。在世之日，人可能因為不同的境遇和經歷，讓原先內在於自己內心的性情或原則、價值，在無形中慢慢地失落了。譬如說，正直的原則失落了，善良、溫柔的個性失落了，慈悲、憐憫的心懷失落了，公義、和平的價值喪失了，某種志向、理想失落了。這類的失落，自己或許未曾察覺，周遭的親朋好友、同事，可能都會注意到。這類的失落有時也是某種生命的失落。

不過，我們也要謹記，有些失落的類別很難如此界定區分。外在、具體、擁有的失落，也可能帶出內在、無形的失落。其實，我們也可以把失落的類別區分為「原初的失落」與「衍生的失落」，因為無論是具體或無形的失落，都可納入原初的失落，或是衍生的失落。如眼睛失明可以是原初的失落，因失明未能藉著閱讀獲得新知，這是衍生的失落。又如失業是原初的失落，因失業失去經濟能力和一些人際關係則是衍生的失落；喪偶是原初的失落，因喪偶覺得人生失去意義，這是衍生的失落。

衍生的失落可能不斷地衍生，所以會有更多的失落，造成的創傷和悲痛就更繁多和嚴重。譬如說，因眼睛失明的人，可能也失落正常求學的管道，進而失落尋求較好工作的機會等等。手機遺失也是一個原初的失落帶出許多衍生的失落的顯著例子。遺失手機的人，不只遺失手機，同時也失落許多資訊，以及因為這些資訊失落而衍生的問題。有人說，現代人手機失落了，安全感也失落了，焦慮的樣子就像是整個人失了魂。

我們還可以把失落區分為「預期的失落」與「非預期的失落」。譬如說，因畢業與同學各奔前程、因結婚跟父母分開居住、因年老體力衰退等，對大部分的人來說，經歷這類的失落是人生必經的路程。所以，因畢業、結婚、年老等而有失落感，是可預期的。

那，什麼是非預期的失落？非預期就是意外，不在我們的規劃裡面。令人難以面對和適應的失落，大部分都是非預期、意外的失落。譬如說，你沒想到你會把手機遺落在超商的櫃臺。

我在神學院任教時，有位同事在暑假期間帶學生到一些教會參訪。有一天，從甲教會到乙教會途中路經一間超商時，有同學要求停車進去買點東西，於是一大群人也跟著進去。就這樣，時間有點耽擱。為了趕在預定時間到達行程中安排的乙教會，師生離開超商時有點匆促，車子離開超商有一段路了，我同事才發現她的錢包好像遺留在超商櫃臺。很遺憾的是，他們折回去超商時，錢包不見了。超商店員說他沒注意到是否有錢包遺留在櫃臺，也沒有人來告訴他撿到錢包。

類似的情形，我們大概也都有過，我們可以想像，我同事和同學接下來的教會參訪行程是如何受到耽擱和影響了。

其他諸如颱風帶來風災與水災，農民即將收成的農作物受創，這是非預期的失落。新聞報導經常提及的，車輛行駛高速公路時，受到突如其來的追撞，車輛翻覆，也是非預期的失落。二〇二一年四月二日花蓮大清水隧道口前，太魯閣號火車撞上掉落在鐵軌上的工程車的車禍，造成四十八人死亡、兩百多人受傷，這個令人悲痛的意外所造成的失落，就是非預期的失落。非預期、意外的失落，會衍生很多的失落。

一個失落的故事

其實，人生各種不同的失落之間，常存有密切的關連。或許我們在 You Tube 看過一個取名為「毀於一『蛋』」的短片。影片中的兩位男士一起用餐，其中一位用筷子夾起滷蛋時沒夾好，蛋掉到桌上。另一位似乎本能地想用手抓住在桌上滾動的蛋，沒想到因用力過大，折疊桌面一邊翹起來，桌上所有的菜盤全都掉到地上。想拿回一個失落的蛋，卻演變成失落一桌子的菜餚。

在尚未探討人們如何面對失落時，我要先以《命運交錯》（*Changing Lanes*）這部影片來解說失落的故事。這部好萊塢影片的故事，道出諸多失落間之相關性，也讓我們思考面對失落時的各種反應。這部影片於二〇〇二年上映時，曾榮獲全美首週票房冠軍。《命運交錯》的故事是講述兩個人在交通繁忙的紐約市開車發生擦撞車禍，引發一連串事件的故事。

片中有兩位同樣都是開車要前往法庭的人物，一位是還在參加匿名戒酒會的聚會，剛獲銀行批准購屋貸款，滿心期待可以跟家人同住，決心振作重新開始新生活的保險業務經紀人杜威，他要趕著在約定時間前到達法庭參加聽證會，希望爭取他對兒子的共同監護權，甚至挽回婚姻。另一位是精明的年輕律師蓋文，他也是趕著要到法庭，為他的律師事務所確保一個慈善基金會財產的管理權。類似蓋文追撞杜威這樣的交通事故，在繁忙的都市裡是常有的事，但是那天蓋文為了自己趕時間，以輕率的態度處理事故，完全不顧同樣也是趕時間的杜威因車子損毀所帶來的困境，甚至不願讓杜威搭便車，逕行離去。

就這樣，一個事故不斷地衍生許多事故。被丟在車禍現場淋雨的杜威趕到法院進入法庭時，法官已經做出判決，他因而喪失他對孩子的監護權，甚至也失去他太太的諒解。蓋文雖然及時趕到法院，卻發現他要上呈法庭的證明文件不見了。他沒覺察到他把文件遺落在車禍現場，因而無法完成他受託交辦的事。

故事繼續發展。蓋文離開法庭開車回事務所的途中，竟然看見杜威在人行道上。他欣喜於自己的幸運，完全沒注意到杜威任憑雨水打在自己身上，臉上失望、傷心的神情。蓋文只考慮到自己的處境，為了取回失落的文件，說他願意給杜威錢買一部車。這下，杜威給惹毛了。他告訴蓋文，他不在乎錢，他要的是那失落的早上，那失落的二十分鐘，他想要回的是給法官判決而失落的孩子監護權。他要不回他的早上，要不回失落的二十分鐘；失落的早上、二十分鐘，毀了杜威的一片苦心。

蓋文被杜威甩掉之後，回到事務所跟他的同事訴苦，他的同事給他一個可以取回失落文件的建議，就是花錢請駭客駭入杜威的銀行帳戶，讓杜威因信用破產而屈服，這樣他就不得不交回文件了。蓋文因失落而來的焦慮、憤怒，使他以報復、脅迫的方式對待杜威。此時，杜威也因為沮喪、生氣而走進酒吧，點了威士忌——違逆戒酒的誓約。誠如杜威的朋友在電話中告訴杜威的：「生氣把你帶去不該去的地方。」杜威進了酒吧，蓋文走進駭客的工作室。

因失落而來的生氣、報復在《命運交錯》中一再重複。杜威得知帳戶被駭、信用破產後，威脅要撕碎蓋文的重要文件，並破壞蓋文的轎車，讓蓋文在公路上輪胎掉落而拋錨來洩恨。蓋文也在憤怒中決定報復，他一方面到杜威孩子的學校，謊稱杜威會到學校鬧事，另一方面在杜威的電話中留言，謊報杜威的孩子在學校出事，要他趕到學校，以致杜威趕到學校後再度失控，被學校報警處理而被監禁在警局；這也導致杜威的太太對杜威徹底絕望，發誓絕不讓他再靠近她和孩子們。

《命運交錯》的故事最後，有了出人意料的轉折，就如同它的英文片名「轉換車道」（Changing Lanes）所隱藏的含意，杜威想起了匿名戒酒會的禱詞，重新整理他的情緒，改變行走的路徑，決定把蓋文遺落的文件帶到蓋文的辦公室，為自己當天的作為道歉。蓋文也承認自己的非理性與過錯，也為杜威帳戶的問題，親自到銀行向承辦人員解釋，同時也到杜威太太的住處陳明當天種種事故的緣由，讓杜威的太太得以釋懷並回心轉意，接納丈夫。

不過，這是電影故事。人生中的諸多失落，沒有這種結局。

從聖經敘事和神學看失落

聖經中有很多有關失落的敘事，不過，聖經有關失落的敘事，常常跟人擁有的慾望與作為相關連。

聖經第一卷經書〈創世記〉中有兩個創造的故事。在第二個創造的敘事裡，上帝把他所創造的人安置在伊甸園裡面，要人耕耘和管理伊甸園。上帝也吩咐他所造的人說：「園子裡任何果樹的果子你都可以吃，只有那棵能使人辨別善惡的樹所結的果子你絕對不可吃；你吃了，當天一定死亡。」（創世記 2:16-17）

在接下去的敘事中，被造的女人和蛇有一段對話，蛇認為人吃那被禁吃之果樹的果子不會死，於是那女人「看見那棵樹的果子好看好吃，又能得智慧，就很羨慕。她摘下果子，自己吃了，又給她丈夫吃；她丈夫也吃了」。那女人羨慕，想擁有辨別善惡的能力，結果是〈創世記〉第三章後半所敘述的，人被趕出伊甸園，失落了享受生命樹果子的機會，人失落了跟上帝合宜的關係，人失落了生命。

〈創世記〉還有一個值得一提的有關失落的敘事。以色列人的始祖亞伯拉罕年老時，不孕的妻子從上帝的應許得到一個兒子，取名以撒（依撒格）。以撒的妻子也不孕，以撒為妻子不孕祈求上帝，上帝賜給以撒兩個兒子——雙胞胎，哥哥是以掃（厄撒烏），弟弟是雅各（雅各伯）。聖經這樣敘述：

有一天，雅各在煮紅豆湯，以掃打獵回來，肚子餓了，對雅各說：「我餓得要死，給我一些紅豆湯吧！」雅各回答：「你把長子的名分讓給我，我就給你紅豆湯。」以掃說：「好啦！好啦！我快死了，長子的名分有什麼用呢？」雅各回答：「你得先向我發誓，把長子的名分讓給我。」以掃就發誓，把長子的名分讓給雅各。於是雅各拿些麵包和紅豆湯給以掃，以掃吃了喝了就起來走開。以掃竟這樣輕看了長子的名分。（創世記25:29-34）

在以色列的文化、社會裡，長子的名分具有特權，如在繼承父親的產業上，他可以多得一份。以掃為了獲得一碗紅豆湯，竟然把他長子的名分讓給弟弟雅各。換句話說，以掃為了擁有一碗紅豆湯，為了眼前肉體的一點飽足，失落原本屬於他的長子的名分與特權：失落原屬於他之社會性生命的內涵。

聖經〈約伯記〉的中心人物約伯的遭遇，也是典型的非預期、意外的失落；他在一夕之間喪失他所有的兒女和財產（約伯的故事會在下一章討論）。聖經中有關擁有與失落的敘事，是否促使我們思想：我們想擁有什麼？什麼是可以失落的？譬如說，我們會想要為享受滿桌酒肉而爭吵，失落內在的平安（參看箴言 17:1）？為擁有財富而失落信譽（參看箴言 22:1）？正常的情況下，應該沒有人願意失落什麼。人們期待擁有，而非失落。也因為期待擁有，所以遭逢失落，特別是意外而引起的失落，就會悲傷、憤怒、沮喪。一般來說，人們最期待擁有幸福，或是說，不願意失落幸福。

第四、五世紀曾任北非基督教會主教，也是神學家的奧古斯丁，在論述人的至善時，提出一個關於擁有幸福的見解[1]。他說：根據理性，人們都期待過幸福的日子，這是毋庸置疑的。但是，為什麼有些人未能擁有幸福？他認為這是出於下列情境：人沒得到他所喜愛的，無論那是什麼；或是人雖得到他所愛的，但那卻是有害的；或是人所得到的，儘管全然是好的，卻不是他所喜愛的。奧古斯丁這樣解說：人們尋求他無法獲得的，是一種

1 本段有關奧古斯丁的論述，取自 Waldo Beach & H. Richard Niebuhr, ed., *Christian Ethics* (New York: Ronald, 1973), 110-112。

折磨、痛苦，不會幸福；人得到的並非自己所意欲、喜愛的，會覺得受騙了，也不會幸福；人們尋求不值得追求的，是不健康，心靈有病，不可能幸福。

關於這一點，我們可以這樣解說。有時，人們好像得到自己所喜愛的，但，它其實是不值得追求的，因為它對人有害。譬如說，人追求毒品，也拿到毒品，結果呢？吸毒讓人耗盡金錢、敗壞身體，甚至會為了毒品做違法或傷天害理的事。追求有害、沒價值的，當然不會幸福。追求至善，既是人的喜愛，又同時擁有，這人就有幸福。意欲並擁有至善，才能享受；不能享受至善，也不會幸福。

因此，奧古斯丁認為，我們必須探究人的至善是什麼。他說，至善，不能比自己低劣。追求比自己低劣的，會讓自己成為較為低劣者。人們必然追求最好的；若這最好的，又是可以努力獲得的，在未獲得這至善之前，人不會幸福。這種最好的，若是會失落，就會帶來恐懼，就不可能帶來幸福，也不會是至善。這樣說來，屬於身體的，不會是至善，因為屬於身體的必會失落。所以，至善，必然是屬於心靈或精神的。人們的心靈或精神所追求的，可以獲得，又是最好、不會失落的，不在於他人身上，而是上帝。至善、美好的生活是跟上帝的關係——合宜、正確的關係。

奧古斯丁的論述雖然是一種神學見解，卻是值得我們深思的神學見解：我們願意為擁有至善、真正的幸福付出什麼嗎？或是說，我們願意為至善的根源上帝，跟上帝建立合宜的關係而有所失落嗎？耶穌這樣向世人提問：「一個人就是贏得了全世界，卻賠上了自己的生命，有什麼益處呢？沒有！他能夠拿什麼去換回自己的生命呢？」（馬太福音16:26）這是一個我們必須用心思索與回應的問題。

面對失落

《命運交錯》這部影片的故事再一次讓我們體認「人生無常」、「世事難料」、「天有不測風雲，人有旦夕禍福」等俗語的真諦。無常的人生中有一件必然的事，就是人一生中會經歷不同形式的失落，而且有很多失落是不可預測的。人生既然必定會遭逢各種失落，有所失落時，我們當如何面對失落，特別是意外造成的失落？

◆失落的第一個反應：積極尋回

面對失落的第一個反應是想要尋回，這是很正常，也應該是正確的反應。《命運交錯》故事中的蓋文就是一個實例；他渴望可以找回失落的文件。能夠尋回所失落的，是值得慶幸的事。

新約聖經〈路加福音〉記述一個耶穌所說有關失落的比喻：假如一個女人有十個銀幣，失掉了一個，怎麼辦呢？她一定點起燈來，打掃房子，到處仔細尋找，直到找著為止。一旦找著了，她就邀請朋友和鄰居來，對她們說：「來跟我一起慶祝吧，我那遺失的銀幣已經找著了！」（15:8-9）這雖然是一個有關上帝用心尋回罪人的比喻，卻實實在在指出人們面對失落時，積極尋回的心態和行動。人若不想尋回所失落的，表示人們不在乎其所失落的，對擁有的人而言，那可能不具什麼意義或價值。

◆失落的第二個反應：悲傷

失落的，若不能尋回，悲傷難過是一種反應。即使是預期不能尋回的失落，也會帶給人一些情緒的反應，更何況諸如車禍造成的死傷這種非預期、突然臨到的失落，其悲傷痛苦當然會更為巨大、深沉。

預期的失落所帶來的感傷、悲痛比較容易適應。非預期的失落是人生在世之日最難面對的情境之一，因為其衍生的失落常常無法數算。即使原初的失落可能看來不算什麼，其衍生的失落可能超出人們的想像。非預期的失落帶給人的傷痛、悲哀與憤怒，經常難以撫慰或消除，若是產生沮喪、憂鬱，其影響就更為長久深遠。

因失落而引發的反應，非常複雜。譬如說，有人會有生理方面的反應，如呼吸急促、口乾、全身無力、胸悶等生理現象。較為平常的情緒反應包括哀傷、生氣、焦慮、自責、思念等，甚至有不相信、思緒混亂的情景，嚴重些會有失眠、厭食、社交退縮等現象。有些失落讓人產生敵對神明、上帝的情緒。

大部分有關失落與悲傷的探討是集中在人際關係的失落，特別是死亡所帶來的失落與悲傷。關係的失落之所以會引發悲傷，是因為有失落感者跟失落的對象之間有某種依附關係。依附關係的緊密維繫帶給人安全感、滿足感、幸福感。因此，這種帶給人安全感、滿足感、幸福感的關係一旦失落，就有前述種種的情緒反應。

有關關係之失落引起的悲傷，有些人有種迷思，認為悲傷是無能的表現，是被失落擊垮、失敗才有的情景；堅強的人不該因失落而悲傷。有些人則認為，人們毋須掛慮悲傷；過一段時間，悲傷就會消失。時間或許會削弱失落的衝擊，令人淡忘失落的哀傷，然而，這種事情不會自動發生。

其實，人因有所失落而悲痛哀傷是很自然的現象。悲傷無所謂對錯。《命運交錯》中的杜威因遲到，被法庭判決失落他對兒子的監護權，步出法庭在街道上任憑雨水打在他身上，正是悲傷自然湧現的表現。〈創世記〉37章34至35節記載，當雅各聽到約瑟被野獸吃掉的消息後，「悲傷得撕裂了外衣，披上麻布，為兒子哀傷了好些時候。他的兒女們都來安慰他，可是他不受安慰。他說：『我就是下陰間，仍要為我兒悲傷！』他繼續為兒子約瑟哀傷」。

悲傷無關人的堅強與軟弱，也絕不是失敗的人才會有的心情。因關係的失落而哀傷，是正常的反應。我個人認為，要人以平常心看待失落和悲傷，有點近乎無情。我們不必隱藏或壓抑自己的悲痛與傷心，也要容許與接納他人表述因失落而來的哀傷、憤怒、愧疚、焦慮、無助等各種情緒。不過，不要獨自一人承擔哀傷；悲痛、傷心的時候，要尋求協助——親朋好友或是專業人士的支持和協助。

令人有些遺憾的是，我們社會崇尚容忍的美德，讓成年人不敢表達自己的哀傷。歐美影片中人物常有的，去看精神科醫師或心理諮商師的情節，在我們的現實生活中比較少見。然而，我們不要害怕談論自己的失落與悲傷。敘述失落與悲傷，無論是向人傾訴，或是在自己的日記中記述，都是宣洩情緒的一種方式，具有療癒的功效。

若是踏入心理諮商這一步對你而言有點難，先跟熟識的牧師或神父談談，應該有所助益。在失落的悲痛、哀傷中，我們需要禱告；牧師或神父的代禱會帶給我們安慰和走出悲傷的力量。耶穌曾對世人發出這樣的邀請：「來吧，所有勞苦、背負重擔的人都到我這裡來！我要使你們得安息。」（馬太福音 11:28）失落的悲痛與哀傷是心靈上的一種重擔，我們可以、也應該尋求信仰的慰藉。

◆失落的第三個反應：憤怒、報復

前述《命運交錯》故事中的兩位主角在面對失落時，就有憤怒與報復的反應。事實上，這種情緒也是很多人面對失落時常有的一種反應。失落會引發生氣、發怒，常常是因為人們認為「不合常理」、「不該如此」；自己不應該遭遇這種失落，或是別人不該讓他遭逢這種失落。隨著憤怒而來的，就是報復。人們面對失落時採取報復的行動，有時是發洩因失落而來的傷感，有時是認為報復具有補償的作用。

以憤怒和報復來面對失落的問題在於「於事無補」，甚至可能衍生更多的失落。憤怒或許可以發洩失落造成的情緒，但是讓報復隨著憤怒而發，就可能因衍生的失落造成傷害。我們或許看過這樣的影片或是聽過類似的故事，就是一家人一起用早餐，讀小學的孩子不小心把餐盤掉到地上，食物弄髒了急著要搭交通車去上班的爸爸的褲子。孩子的爸爸因為換褲子，以致無法趕上公司的交通車，憤怒地摑了孩子一大巴掌，作為孩子弄破碗盤的懲罰——一種報復。孩子跌坐在碎掉的破盤子上，手流血了。孩子的媽媽看見兒子受傷，忍不住罵了先生幾句。先生在憤怒中口不擇言地回嘴說：「就是你當媽媽的沒管好孩子，他才會沒端好碗盤……」

我們可以想像，這一連串的事件，原初的失落只是盤子、食物，但憤怒和報復使其衍生更多的失落，其後果也難以評估。就如《命運交錯》影片中杜威的朋友所說的一句話：「生氣把你帶到不該去的地方。」憤怒讓人順著錯誤的車道前進。所以，憤怒、報復，不是好的處理失落的方式。

面對失落時，人們難免生氣、發怒，但是要學習以正向的方式來表達自己因失落而有的怒氣。正向的方式其實就是轉向、改變車道，不讓憤怒的情緒帶著自己往前走，而是轉向。如同《命運交錯》影片中的主角，在轉換思路、心情的車道時，他獲得前進的路徑。失落的二十分鐘無法尋回，人生卻可以不因二十分鐘的失落而全然毀壞。

◆失落的第四個反應：自責與沮喪

人常因有所失落而情緒低落，進而內疚、自責。譬如說，開車帶家人出遊，遭遇死亡車禍，事後自責：「我要是不求太太與我一起旅遊，太太就不會遇難了。」查明或自我反省為什麼會造成失落是必要的，但不要過分自責。失落的肇因常常繁多又複雜，環境或外在因素絕非個人可以完全掌控。所以，我們可以檢討失落的因素，但不要一味自責。我們可以把失落當作前車之鑑，學會亡羊補牢就對了。過度內疚自責，使人畏縮卻步，缺乏動力向前走。

失落也常常帶給人沮喪。入學考試未能上榜或是工作面試未被錄用這類的失落，可能讓人灰心喪志。陷入沮喪的人除了傷感，往往缺乏活力，也不能好好地思想。沮喪使人懷疑平日所持守的一些信念，甚至覺得日子沒有意義。人難免沮喪，但絕不能沉溺在沮喪之中。就如同經歷悲傷時一樣，我們要尋求協助。古希伯來的一位詩人曾經在舊約聖經的〈詩篇〉中寫下他因流亡異鄉，不再能夠到聖殿敬拜上帝的失落感，在哀傷、沮喪中向上帝哭訴，尋求上帝慰藉和幫助的心情。他這樣訴說：

上帝啊，我渴慕你，
像鹿渴慕清涼的溪水。
永生的上帝啊，我渴望你；

我幾時可以到你面前朝拜呢？
我日夜哀哭，以眼淚為飲食；
仇敵不斷地問我：你的上帝在哪裡？

我懷念往日時光，無限悲傷湧上心頭：
當時，我跟群眾同往上帝的殿宇，
帶領著歡樂的朝聖者，
一路歡呼頌讚上帝。
我為什麼這樣悲傷？
我為什麼這樣沮喪？
我要仰望上帝，還要再頌讚他；
他是拯救我的上帝。

在流亡中，我心悲痛，
因此我想念上帝。
他使憂傷的浪濤淹沒我，
騷亂如洪水向我怒吼，

像黑門山、米薩嶺的瀑布
滾滾沖向約旦河。
白天，願上主顯示永恆的愛；
夜間，我要頌讚祈禱賜我生命的上帝。

我對保護我的上帝說：
你為什麼忘了我？
我為什麼得遭受仇敵的迫害？
為什麼不斷受苦？
他們的凌辱把我壓碎了；
他們不斷地問我：你的上帝在哪裡？

我為什麼這樣悲傷？
我為什麼這樣沮喪？
我要仰望上帝，還要再頌讚他；
他是拯救我的上帝。（詩篇 42:1-11）

想從失落引發的沮喪中走出來，除了尋求親友、心理諮商專家等的協助，尋求信仰的慰藉與幫助是很重要又有助益的。這位詩人儘管因失落而悲傷、沮喪，甚至質疑上帝的看顧，卻仍然信靠上帝，尋求上帝的拯救和幫助。

◆沉著接受，勇敢前進

《命運交錯》中的杜威，在影片一開始的匿名戒酒會的聚會中，曾經跟著大夥兒誦唸一般禱文，也在影片末段沉思該如何面對失落所帶來的困境時，再一次誦唸同一禱詞。這一禱詞出自神學家，也是曾任美國紐約協和神學院（Union Theological Seminary）教授的尼布爾（Reinhold Niebuhr）。它被匿名戒酒會接納採用，作為聚會結束時的共同禱詞。這一禱詞這樣說：

> 上帝啊，求你賜我平靜沉著來接受我不能改變的事實，
> 賜我勇氣去改變我可以改變的現狀，
> 又賜我智慧得以區分這兩者之別[2]。

2 原文為God, grant me the serenity to accept the things I cannot change, courage to change the things I can, and the wisdom to distinguish the one from the other. 尼布爾的這一禱詞有不同版本，文字不完全一致。本書作者採用這一版本是因為這是作者最早接觸和記憶的版本。中文譯文則是作者自譯。

很多失落，我們只能沉著、平靜地接受。這聽來似乎有點殘酷，卻是人生的現實。人因失落而悲傷、憤怒、沮喪時，要記得一件事，那就是日子還是要過。想在經歷失落的日子裡繼續向前走，就必須學習正向的面對。尼布爾的禱詞是一個非常正向的祈求。這禱詞會被匿名戒酒會接納不是沒有道理的。正如匿名戒酒會用來療癒的十二步驟的第一步驟所說的：「我們承認我們無力對付酒精，以致生活變得不可收拾。」我們必須學習沉著、平靜接受不能改變的事實，即使那可能是令人痛徹心扉的失落。

然而，我們不只是接受事實，也要有勇氣去改變我們可以改變的現狀，唯有如此，我們才能往前邁進。在沉著、平靜接受事實和以勇氣改變現狀之間，我們需要智慧。想要改變不能改變的事實，除了精疲力竭，終局只是枉然。沒有勇氣改變可以改變的現狀，就會錯失突破、向前邁進的時機。什麼是我們不能改變的，什麼是我們可以改變的，這需要智慧來洞察、辨別。尼布爾的禱詞指出，這種沉著平靜、勇氣、智慧，都不是我們可以全然擁有的。我們需要上帝的恩惠和賞賜。

其實，我們不一定要在遭逢失落時才使用這一禱詞。我就讀神學院時，偶然在教會書房發現印有尼布爾這一禱詞的小卡片，深受激勵，就買了好幾張，其中一張就放在我的皮夾裡。這一禱詞也成為我平日常用的禱詞，陪伴我度過人生許許多多的波折與困境。我深深期待，它也可以成為很多人在世之日面對各項困境時的禱詞。

我五十歲那一年經歷人生最大的失落——太太因癌症過世。起初，我幾乎每週都買花去太太的墳墓小坐片刻。有很多話想說，卻也不知道如何訴說。其實，我知道過世的太太並不在墓園，思念也不一定要去墓園，可是，我就是去了；失落感與懷念讓我想去墓園。

太太過世的那一年，我向任教的神學院請假，曾經到斯里蘭卡、英國、美國、加拿大、日本、香港、紐西蘭等地，或開會，或參加研討會，或短期的研究、工作，也有旅遊。每個地方，短者四、五天，也有長達一兩個月。在各地的生活中，我的失落感沒有減弱，反而增強。在這期間，信仰與尼布爾的禱文成為我走下去的力量。歷經十五年，我沒有忘記，但能夠昇華思念，也獲得另一份真愛。我再婚，重享愛情與婚姻生活。

◆轉化情緒與動能

失落讓我們產生一些從長期來看是負面的情緒，所以我們要儘量不讓悲傷、憤怒、沮喪等情緒一直宰制我們。也就是說，我們要設法轉化情緒。前面所提到的沉著、平靜接受失落，是轉化情緒的一個步驟。接著我們需要勇氣和智慧來轉化，甚至是從失落中學習或獲得，讓失落帶出正向的動能。

我們台灣有一個很好的例子。二〇一六年台北市內湖區發生一件隨機殺人的事件，受害者的小名叫小燈泡。小燈泡的媽媽王婉諭親眼目睹女兒被殺，其失落感和哀傷可想而知。這位後來被稱作「小燈泡媽媽」的王女士，在其女兒受害的審判事件中，因體認現有司法機制的缺失，再一次經歷失落感和悲痛。不過，小燈泡媽媽沒有被失落的負面情緒一直帶著走，而是轉化失落的情緒和動能，轉而投入臺灣的司法改革。

此外，在各項運動賽事中獲得殊榮的好手，大概都有這種轉化失落的情緒與動能的故事。舉例來說，當今男性世界職業網球三巨頭——拉斐爾．納達爾（Rafael Nadal Parera）、諾瓦克．喬科維奇（Novak Djokovic），或是羅傑．費德勒（Roger Federer），有哪一位高手不曾在比賽中輸過球？他們之所以至今各自擁有大滿貫賽事的冠軍頭銜，就是他們不曾被失落擊垮，而是能夠轉化失落的情緒和動能，才能從失落中再次站起。閱讀一些名人的傳記，可以幫助我們獲得轉化失落的情緒並帶出正向動能的途徑。

求助與求救

遭遇意外與失落的事件，一定要求助與求救。無論是什麼原因造成的意外與失落，總是要學習求助和求救。求助、求救可以降低或減少失落的衝擊。關係到公共安全或生命的意外與失落，第一時間求助、求救的對象是緊急救難單位，號碼是一一九（手機也可撥一一二）。

遭逢意外造成的失落，特別是親友死亡造成的哀傷與失落感，我們要勇敢地求助與求救。失落帶給我們的衝擊，不一定要單獨面對，也無須一個人承受。求助與求救不是弱者的表現，而是面對與存活下去的勇氣。除了親人好友，我們要勇敢地尋求精神科或心理醫師，還有心理輔導專家、社工師等的協助。人生的旅途總是需要陪伴者，在失落的情境中，專家是很好的陪伴者。

我們要祈求上帝，讓我們絕不失落仁慈與盼望。面對生命中的各種失落，要提醒自己，也求上帝幫助，絕不要失落仁慈與盼望。無論如何，總要持守仁慈與盼望。仁慈就是愛，因為「愛是聯繫一切德行的關鍵」（歌羅西書 3:14）。持守盼望，就有機會開展新生活。初代教會的使徒保羅論到以色列民族的信心之父亞伯拉罕時這樣說：「在沒有盼望的時候，亞伯拉罕仍然盼望。」（羅馬書 4:18）他認為「由於盼望，我們得救」（羅馬書 8:24）。

小結

我們在世之日，有些失落是我們無法預期或掌控的。但是，若在擁有與失落之間，可以有所選擇時，我們的抉擇是什麼？我們是否追求短暫的擁有，或是在企圖擁有終究會失落的事物時，失落一些具有永恆價值，諸如正直、公義、善良、純真、憐憫等等這樣的美善？甚至失落了跟生命之主——上帝——的關係？

我們要謹記：身體的生命和身體所擁有的，包括社會性生命，有一天必然要失落，靈性的生命卻是永存的。在各種失落中，仍然懷抱盼望來生活。

第七章 戰勝苦難

俗語說：「人生如苦海。」古希伯來人的一位傳道者這樣說：「各樣事務都有時機和過程，但人有苦難重壓在身。」（傳道書8:6）新約聖經〈約翰福音〉16章33節也記載耶穌曾經這樣說：「在世上，你們有苦難。」人生的經驗指出這是個充滿苦難的世界，每一大的新聞報導也提醒我們這一事實。人，在世之日，有苦難；這毋庸置疑，也無可爭辯。

苦難有不同的形式，有的是跟人身體相關，有的是跟心靈面向關連。其實，很多苦難既是身體的，也是心靈的；身心是密切相關連的。

難以忍受的痛苦

想到苦難，很多人可能會隨即想到民間受佛家思想影響而有的一些「苦」的概念，如病苦（罹患疾病時的種種痛苦）、老苦（年老體弱時的種種痛苦）、死苦（臨終時的種種痛苦）、怨憎會苦（跟怨恨、憎惡的人見面或共事的種種痛苦）、求不得苦（欲求不遂的種種痛苦）、愛別離苦（跟相愛的人別離的種種痛苦）等等。這些確實是人生中的一些苦難。不過，我們也都知道，苦難絕不只是這幾種。

其實，很多人不會把前述的這些苦全都當作人生的苦難。這些苦痛基本上可說是人生的日常。偶而生病，是有點不舒服、不方便，但不會是什麼大不了的事；會把小疾當作苦難的人應該不多。不得不在某些場合跟不喜歡或有嫌隙的人碰面，心裡面是會有些不自在、不愉快，但也不會把它當作難以承受的苦難。慾望難以滿足、跟所愛的人分離等，這也都是常人的生活經驗，古人不是說「天下不如意事，十常八九」嗎？因此，一般所說的苦難，大多是指猝然臨到，或長期折磨，令人難以忍受之重大事件、意外所帶給人們身心的傷害與痛苦。

苦難的肇因

有哪些事件可能造成前述人們難以忍受的苦難？一般說來，苦難的肇因有三類，即重病、天災，和人禍。

罹患重大疾病或是嚴重慢性疾病的人，常常會覺得疾病是一種苦難。以嚴重的慢性疾病為例，在漫長的治療過程中，常常令人有磨難痛苦的感受。有些癌症患者，由於癌細胞擴散，病情復發，經歷不只一次的開刀，化學治療更是一個療程接續一個療程，這種病患若是覺得人生是折磨、苦難，一點也不為過。

若有親友罹患重病，我們一定會從他們的言談中，感受到他們的生命所透露的苦難。重大疾病有時對人們的身體造成不可回復的傷殘，也在心靈上烙下不可消除的創傷，這也是許多身心障礙者的苦難。此外，我們若是閱聽一些有關特殊或罕見疾病病人生活的報導，大概也都會被他們長期跟疾病奮鬥或共處的苦難所震撼。

天災常常帶給人們苦難。地震、颱風、水災等是最為常見的天災。九二一大地震的震央在南投縣，南投縣政府暨南投縣建設發展基金會在大地震一週年時，發行一本紀念冊《大割裂：哭泣的心臟——九二一南投大地震》。在紀念冊中，當時的南投縣長彭百顯寫下這麼一段文字：

九二一大地震世紀浩劫，帶來南投無情的災難，路毀、橋斷、屋倒、樓坍、親人傷亡。南投子民承擔了台灣大地割裂的苦難，二、三十萬南投受殃民眾，頓時成為全台空前災難的主角。曾經我們哀痛欲絕、驚懼哀號，曾經我們流離失所、生計無依……[1]

1 彭百顯，〈重建大地，心，不再哭泣〉，鄭素卿主編，《大割裂：哭泣的心臟——九二一南投大地震》（南投：南投縣建設發展基金會，2000），無頁碼。

這就是人們在凌晨的睡夢中被突如其來的天搖地動震醒所遭逢之苦難的敘述。其實，我們都知道，承受九二一大地震帶來之苦難的，不只是南投子民。台灣全國各地很多人在九二一一夜之間，失去親人、家產；九二一是台灣人民共同的苦難。

二〇〇四年十二月聖誕節過後，南亞因大地震引發海嘯，造成印尼、斯里蘭卡、印度等許多國家三十多萬人罹難。隔年夏天，我受總部辦公室位於英國倫敦的世界傳道會（Council for World Mission, CWM）邀請，前往印度考察教會事工，期間曾造訪一個受海嘯侵襲的村莊。我發現，倖存的村民在沙灘上，以單薄的塑膠布搭建棚子來遮雨過夜。陪同前往的南印度教會的代表坦承，弱小的教會對於南亞海嘯災民的救助和被毀村莊的重建，幾乎無能為力。

佇立在漂流物雜亂堆放的沙灘，聆聽翻譯者轉述村民的心聲，我想像海嘯侵襲那天早上村民的驚慌逃難的呼喊，感同身受海嘯帶給印度村民的苦難。人民的苦難也是教會的苦難，教會與受苦的人民一起受苦。

講到颱風、水災帶來的苦難，我要再提二〇〇九年八月莫拉克颱風帶來的豪雨和土石流。對於一夜之間被土石淹沒的小林村村民的親人來說，那是難以忘懷的苦難。位於昔日小林村部落南側的小林村紀念公園，園區中有一「苦路」，兩側刻有四百六十二位罹難者的姓名。「苦路」原是基督教會用來紀念耶穌在世最後一天，背著十字架走向各各他山（哥耳哥達）受難的情景；小林村紀念公園中苦路兩旁的人名，像是在向那些前往紀念公園憑弔的人們，訴說小林村村民遭逢家園毀滅、天倫夢碎的苦難。

相對於天災，人禍帶給人的苦難，最難忍受。帶給人們苦難的人禍種類甚多，最常見的是車禍，特別是酒駕肇事所造成的禍害。譬如說，飯後在住家附近馬路人行道上散步的夫妻，妻子被喝得醉醺醺、無法控制方向盤的駕駛開車撞飛身亡。對於倖存的丈夫而言，愛妻前一刻好端端地跟他並肩行走談心，下一秒被醉漢撞死，這意外絕對是他難以承受的苦難。

當然，人禍不只是人們不負責任而釀成的交通事故，喪心病狂的隨機殺人、擄人勒索撕票、恐怖攻擊等，都是很多人們苦難的肇因。令人痛徹心扉、影響深遠的苦難，要以專制獨裁政權的禍害為最。諸如納粹政權對猶太人的屠殺，或是南非白人政權對有色人種之壓制與暴行帶來的苦難，不是單一或少數的個人，而是整個民族，或是多數人的苦難。政治迫害所帶給人的苦難，絕不只是受監禁或受處死之政治犯的苦難而已，也是其家屬的苦難。另外，即使是所謂的民主國家，不義之社會結構和偏私的政策，也常常造成弱勢者或社會邊緣人的苦難。

帶給人苦難的，除了重病、天災，和人禍，有些人在其人生旅程中經歷某種或一些特殊的境遇，諸如年幼失怙喪母、年老時喪失子女等，這種境遇也是人生苦難的肇因。還有一種不幸，就是人因為自己的過錯給自己帶來一些苦難。

為什麼？

除了因為自己的作為招致苦難，人們遭逢苦難，常有的一個反應是問「為什麼」：為什麼這種事情會臨到我？為什麼世上會有這種事情？更甚的是，這種「為什麼」的疑問，好像白問，因為得不到答案。

其實，人們不是不能忍受痛苦。婦女忍受懷孕的苦楚和生產的陣痛就是一個實例。曾有婦產科醫師這樣說，產婦在懷孕和生產的過程中忍受的痛苦難以描述和形容；因而有些產婦在產後會脫口說出「絕不會再生第二個了」。可是，其中很多婦女還是又懷孕、生產。那絕不是性的歡愉的後果，而是出於愛，以及養育子女的盼望。這些婦女為愛、為養育子女的盼望，甘願忍受懷孕和生產的痛苦。

又譬如台灣人民大多閱聽過的海軍陸戰隊養成蛙人的兩棲偵搜專長班；學員要成為合格的兩棲蛙人，必須經過嚴格的磨練。根據報導，學員在結訓前必須通過一個為期一週的綜合考驗，也就是一般所說的「克難週」。參訓的學員從凌晨被鞭炮聲驚醒開始，經歷有如地獄般折磨的課程，其中包括全副武裝的行軍、海上長泳等非常艱苦的考驗。最後一個課程就是號稱「天堂路」的關卡，身穿游泳短褲的學員，要在一條長約五十公尺，用稜角尖銳的咾咕石鋪成的路面，以匍匐或翻滾的方式前進，而且還要做出長官指定的各種戰技動作；所有通過「天堂路」的學員無不遍體鱗傷。

為什麼這些學員願意忍受這種痛苦艱難的磨練？他們為了成為蛙人這一崇高的目的，為了擁有陸戰隊蛙人的榮譽。換句話說，為了愛，為了子女，為了某一崇高的目的或榮譽等等，人們願意忍受苦難。

因此，苦難之所以是苦難，是因為人們覺得其所經歷的痛苦事件「沒有道理」，在其痛苦的經歷中，看不見或找不到價值和意義。苦難之所以是苦難，常常是人們在經歷令其身心悲痛悽苦的事件，從心底哀號求問「為什麼」時，自己沒有答案，上蒼似乎也無動於衷。沒有天理，沒有價值，沒有意義，沒有盼望，因為虛空，所以苦難。苦難與不幸連結在一起。

天理何在

無論是個人或是群體，遭逢苦難時會從心底湧現出一種念頭，就是「天理何在」；特別是在「為什麼」的求問毫無回應、沒有答案時，這種感受更為明顯。

苦難是人們覺得不該發生、不該讓他們承受的事。一個不願罹病的老父獨力負擔家計，利用課餘打工賺錢補貼家用的孝子，卻在下班回家的路上，給喝得酩酊大醉，把車子開上人行道毫不自覺的駕駛撞死。這種事不該發生，孝子和其家人不該承受這種後果。其實不用說孝子的家人，閱聽這一報導的社會大眾，也不禁要問：「天理何在？」、「這世界實在不公平！」為什麼好人會遇上這種悲慘的壞事？

美國猶太教拉比[2]哈洛德．庫希納（Harold kushner）在一九八一年寫了一本名為《當好人遇上壞事》（*When Bad Things Happen to Good People*）的書[3]，曾連續好幾個月名列《紐約時報》（*New York Times*）暢銷書榜冠軍。庫希納之所以會寫這一本書，主要是因為他的兒子亞倫罹患早衰症並於十四歲死亡給他的衝擊；亞倫從八個月大開始，體重就不再增加，同時開始掉髮，在三歲時被診斷罹患早衰症。庫希納在引言〈為什麼我會寫這本書？〉中這樣說：

> 縱然我說服得了自己，痛失愛子是我渾然不察的怠忽職守或驕傲所招來的報應，但亞倫憑什麼要遭受這樣的重創？他不過是個天真無辜的孩子，正值快樂、好交際的三歲稚齡！為什麼他要終其一生每天承受身心的痛苦煎熬？為什麼他無論走到哪裡，都得忍受別人異樣的眼光和指指點點？為什麼他註定要要活受罪，且只能活到青春期，眼看著其他青少年開始與異性約會，而他卻永遠領略不到結婚和為人父母的滋味？這一切實在沒有道理[4]。

「沒有道理」的人生經歷，讓人們感受苦難。庫希納在其書中列舉很多事例，指出這世界有很多人因為苦難而從內心發出「天理何在」的哀嘆。這些人被生命中經歷的苦難所困惑：「為什麼好人會遇上壞事？」人們不都是說「善有善報，惡有惡報」嗎？為什麼好人平白無故受苦受罪？

近代人類社會最令人悲痛的苦難之一，就是德國希特勒納粹對於猶太人的屠殺暴行。一九八六年諾貝爾和平獎得主埃利・維瑟爾（Elie Wiesel）在《夜》（*La Nuit*）這本書中，描述他在納粹集中營親身經歷的苦難[5]。維瑟爾從一九四一、一九四二年他所居住的匈牙利小鎮城外的錫蓋特猶太人社區談起。社區裡的猶太教堂的執事莫舍被匈牙利警察認定他是外國猶太人，將他關在專門運送牲畜的火車車廂，像沙丁魚擠成一團運走。

數個月之後，莫舍回到社區告訴人們他們的遭遇：被送至波蘭，由德國蓋世太保接管，從火車轉搭卡車，開向加里西森林。他們被迫下車挖坑洞，之後，他們被逼走近坑洞。蓋世太保在那裡射殺他們；嬰兒甚至被拋到空中當掃射的標靶。莫舍挨家挨戶跟人述說自己的經歷，但沒有人相信莫舍所說的——德國納粹對猶太人的作為。社區的人不是以

2 rabbi，其職務類似基督宗教的牧師或神父。

3 這本書至少有兩本漢譯本。《當好人遇上壞事》（楊淑智譯，台北：張老師文化，2006）；《善有惡報》（張桂越譯，台北：道聲，1989）。

4 哈洛德・庫希納（Harold S. Kushner），《當好人遇上壞事》（*When Bad Things Happen to Good People*）（楊淑智譯，台北：張老師文化，2006），27-28。

5 埃利・維瑟爾（Elie Wiesel），《夜》（*La Nuit*）（陳蓁美譯，台北：左岸，2006）。本書有關維瑟爾之經歷的敘述，即取自這書。

為莫舍想像力太過豐富，就是認為他瘋了。

接著，維瑟爾一步一步引導讀者，經歷那時年方十四歲的他的苦難，從社區猶太會堂被關閉、猶太人被命令要配戴黃色星星臂章（人們的反應是「黃色星星？那又怎樣？不會要人命……」）、被禁止進入餐廳、旅行，然後被限制生活在猶太人特區。儘管有鐵絲網重重包圍，人們也沒特別憂慮。再來是被迫撤離猶太特區，也就是被流放。他們被送入戰後惡名昭彰、位於波蘭波克瑙（Birkenau）的奧許維茲（Auschwize）集中營。

他們被從車廂趕下車時，所有隨身的貴重物品全被迫捨棄，他們排隊前進時，有虛弱的老人跌倒在地，在旁的納粹禁衛隊隨即扣下手槍的扳機。他們被命令走向冒出熊熊烈火的溝渠，維瑟爾親眼目睹靠近火焰溝渠的卡車，從車上卸下的竟是小孩和嬰兒，他們被烈火吞噬。他全身顫抖，有人（包括他的父親）開始唸讚美上帝的禱文。維瑟爾說，他生平第一次心中湧起叛逆之心，他為什麼要讚美上帝的名？萬物之主、萬能的主在此時刻為何不發一言？他覺得沒有感謝讚美主上帝的理由。

就在維瑟爾差幾步就進入焚人的火坑前，隊伍被命令轉向一間木造的棚子。他們被持著棍棒揮打的人斥喝要脫光衣服，被剪光頭髮、沖水，然後工作。維瑟爾發現囚禁他們的集中營的鐵絲網有個牌子，上面寫「工作就是自由」。沒有工作能力的猶太人早就消失了。幾個星期之後，維瑟爾被送至布納（Buna）集中營。在那裡，他目睹被控叛變的三名囚犯——其中之一是位小男孩——被處絞死，當那位小男孩的脖子被套在絞架的活結裡時，有人在維瑟爾的背後問：「慈悲的上帝到哪兒去了？他在哪裡？」在禁衛隊的指示下，囚犯站立的椅子給踢倒了。維瑟爾說，小男孩因為太輕了，沒有立即死亡。維瑟爾等囚犯被迫看著小男孩在絞架上，掙扎於陰陽兩界之間，殘活半個多鐘頭。那位曾經在維瑟爾背後問話的人又問：「天啊，上帝到底在哪？」維瑟爾說：「我心底有個聲音回答他：『他在哪裡？就在這裡，吊在這個絞架上……』」維瑟爾的上帝死在集中營的絞架上。沒有道理、沒有意義、沒有價值的苦難讓人們認為上帝死了。

苦難衝擊人的社會性生命，也影響人的靈性生命。

聖經中的苦難

聖經的故事就是上帝的故事，也是世人的故事——墮落、罪過、趨善避惡、喜樂、苦難等各式各樣的故事。聖經的作者如何解說苦難？

◆苦難是因為人類的罪

有關群體或民族的苦難，聖經在第一卷經書〈創世記〉就指出，人類的苦難是因為人的罪。人類之所以被趕出伊甸園，不能在裡面享受跟上帝同在的關係與生命，且要汗流滿面、辛勞工作才得飽足，就是人背逆上帝的命令受到的懲罰；苦難是人類的命運。

以色列人脫離埃及為奴之地之後，未能隨即進入上帝應許的迦南地（客納罕），而是在西奈半島的曠野漂泊流浪四十年，經歷各種苦難，就是因為他們不信上帝的權能可以勝過迦南地的住民，又抱怨上帝帶他們出埃及等等的罪過。苦難是因為人的罪過這種見解，一再出現在以色列史家和先知的言論中。〈士師記〉（民長紀）這一書卷不斷重複一個主題，就是以色列人民離棄上帝，因而陷入外族統治的苦難；當以色列人民因受欺壓而哀求上帝的憐憫時，上帝差派士師拯救他們。

以色列民族的聯合王國在公元前九三一年分裂成兩個國家，即北以色列國和南猶大國。北以色列國在公元前七二二年被亞述帝國所滅，南猶大國則於公元前五八七年被巴比倫帝國滅亡，國中的菁英不是被處死，就是被擄到巴比倫作奴隸。自認是上帝選民的以色列民族為什麼會經歷亡國、人民被流放，離鄉背井的苦難？

無論是〈列王紀〉、〈歷代志〉這兩書卷的作者，或是那些年代擔任上帝代言人的先知，都認為這是以色列人背逆上帝，沒有信守他們與上帝所立的盟約，沒有遵行上帝頒布的誡命所受到的報應。大約在公元前第五世紀後半或公元前第四世紀初，從流亡之地巴比倫歸回耶路撒冷的祭司以斯拉（厄斯德拉）的禱告，也充分顯示以色列人經歷苦難是因為他們犯罪，受上帝懲罰這種神學見解（參看以斯拉記第九章）。

不只是以色列民族的苦難是上帝的懲罰，外族人也不例外。在〈出埃及記〉這一書卷，在摩西要求埃及法老讓以色列人離開埃及的過程中，埃及人經歷許許多多的苦難，包括所有埃及人的長子和頭胎的牲畜一夕之間死亡的苦難，都是出於上帝懲罰埃及法老的作為。〈以賽亞書〉12至24章更是敘述上帝要帶給巴比倫、摩押、古實（雇士）等許多國家之人民各種苦難，〈以賽亞書〉這樣敘述上帝的話：「我造光明，也造黑暗；我降福，也降禍。我——上主做了這一切事。」（45:7）

屬於以色列民族之智慧文學的〈約伯記〉，記述經歷苦難的約伯和朋友之間的對話。約伯的朋友以利戶（厄里烏）認為人若被苦難的繩索纏住，是他的過犯、狂妄自大（參看約伯記 36:8-9）。

此外，初代教會的使徒保羅在他寫給加拉太（迦拉達）教會的書信中這樣說：「你們不要自欺，也不要欺騙上帝。一個人種什麼，就收什麼。」（6:7）保羅在這裡可能引述兩句當時流行的成語，藉此指出（或至少暗示）一種生活的定律，即人們活在一種類似「種瓜得瓜，種豆得豆」的報應自然律之下，而這一自然律是出於上帝訂定的原則。人們遭逢苦難，要思想是否自己做了什麼而引來上帝的審判和懲罰。〈啟示錄〉這書卷也提到推雅推喇（提雅提辣）教會的一些信徒若不悔改，就會有苦難從上帝臨到他們（2:20-23）。

因此，聖經有些書卷的作者認為，引起苦難的疾病、天災、人禍等，其根源是罪過的刑罰或報應，都是上帝的作為；因為上帝是賞善罰惡的上帝。人的苦難跟上帝的作為密切關連。

◆苦難是敵對上帝之魔鬼、邪惡力量的作為

我們在第五章提到病痛時，提到無論新舊約聖經，有些書卷的作者認為病痛是出於魔鬼、邪靈的作為。對很多人來說，有些病痛是苦難，所以苦難是敵對上帝之魔鬼、邪惡力量的作為。

〈約伯記〉這一書卷所敘述的令人難以理解的故事，就是一個實例。故事的大要是這樣子：上帝的眾子，或是說天上的神子們——服事上帝的超自然存在——侍立在上帝面前，撒但——上帝的敵對者——也在其中。撒但說他漫遊地上人間，這裡走走，那裡走走。上帝問撒但是否注意到約伯——上帝的僕人、一個正直的好人，撒但回答上帝，約伯敬畏上帝是因為上帝保護他、賜福給他；倘若約伯失去他的所有，他就會咒罵上帝。

上帝不以為然，並告訴撒但，約伯所有的一切都在撒但手中。接著約伯遭遇苦難：他飼養的牲畜，還有牧人，在同一天被從南方和北方來的，靠劫掠為生的人搶光和殺死。他的子女在家裡聚餐歡樂時，屋子被從曠野颳來的暴風吹倒，約伯的兒女全被壓死。

不過，約伯雖然遭遇不幸的災難，也撕裂衣服、剃掉頭髮來表示哀傷，他卻仍然稱頌上帝，沒有犯罪。之後，撒但又擊打約伯，讓約伯從頭到腳長毒瘡。約伯的妻子大概受不了，對他說：「你到現在還持守你的忠誠嗎？為什麼不咒罵上帝，然後去死？」約伯的反應是罵他的妻子是愚頑的女人，簡直胡說。很顯然，根據〈約伯記〉第一、二章的敘事，約伯遭逢苦難是因為撒但的作為。

新約聖經也有書卷作者認為苦難是出於魔鬼的作為。除了第五章的例子，〈馬太福音〉、〈馬可福音〉、〈路加福音〉都記述一個被鬼或邪靈逮住、傷害的孩子。他常常因為邪靈的襲擊突然大喊大叫，出現癲癇、口吐白沫的情形。這孩子受苦，他的父親也受苦。所以作父親的來求耶穌救救他的兒子。〈路加福音〉還記述一個女人因被撒但捆綁，駝背十八年之久；她一定承受了許多苦難。〈啟示錄〉也提到示每拿（斯米納）教會的苦難是出於魔鬼的作為（2:10）。

很顯然，有些聖經書卷的作者有時認為，撒但、魔鬼、邪靈等存在帶給人苦難。

◆苦難是上帝引導、考驗和成就美事的一種途徑

中國儒家思想家孟子曾經這樣說：「故天將降大任於斯人也，必先苦其心志，勞其筋骨，餓其體膚，空乏其身，行拂亂其所為，所以動心忍性，曾益其所不能。人恒過，然後能改；困於心，衡於慮，而後作；徵於色，發於聲，而後喻。入則無法家拂士，出則無敵國外患者，國恒亡。然後知生於憂患而死於安樂也。」

上天藉苦難來磨練人的心志，使其得以承受重責大任，這種見解也出現在聖經中。聖經有一些書卷的作者認為，苦難是人學習與成長的契機。人生中的苦難是上帝對人的考驗，生命中的勞苦、艱難、困厄、橫逆等等，都是上帝為了成就上帝美善和偉大的計畫。約瑟的一生就是這種神學見解的實例。

約瑟是以色列民族的歷史，也是〈創世記〉這一書卷中的重要人物之一。約瑟的一生，從人的觀點來說，充滿了苦難。約瑟年輕時被嫉妒他得蒙父親寵愛的兄長陷害，雖逃過一死，還是未能全身而退。兄長起初想殺他，後來把他丟在曠野的枯井，大概想餓死他。後來兄長把他從枯井拉出來，不是要救他，而是為了把他賣給路過的以實瑪利人（依市瑪耳人）的駱駝商隊。以實瑪利人把約瑟帶到埃及，也把他賣給埃及法老的侍衛長波提乏（普提法爾）。

為人正直、深得主人信任重用的約瑟，卻遭主人妻子的構陷，而被關進王室的監獄。在監獄中的約瑟如何看待他人生的苦難？我們不得而知。倒是後來約瑟因為替同為囚犯的官員解夢，不但有機會從獄中得釋放，又為法老解夢而得權位，受命替法老治理國家。在約瑟管理埃及的糧政時，他的兄長因饑荒缺糧，從迦南地來埃及購糧。在這過程中，約瑟認出他的兄長，並與他們相認。他的兄長後來為昔日的惡行道歉時，約瑟這樣說：

你們不要為這件事焦急自責。上帝為了保存大家的性命，親自差我先到這裡來……為要保存你們和你們的後代，上帝差我先到這裡來，用這方法解救你們。這樣看來，差我來的是上帝，不是你們。

你們本來想害我，但是上帝卻化惡為善，為的是要保存許多人的性命；由於從前所發生的事，今天才有這許多人活著。（創世記 45:5-8; 50:20）

約瑟回顧他的生命旅程，認為他命途多舛，經歷諸多苦難，是上帝要重用他，要拯救因饑荒受苦的人民（包括他的兄長）的途徑。

又，上帝為要使先知耶利米（耶肋米亞）在艱困的時代傳達上帝懲罰猶大的信息，也讓耶利米經歷許多苦難，耶利米甚至因而埋怨上帝和求死（參看耶利米書20:14-18）。

在前面曾經提及的約伯故事裡，他的友人來探望約伯時，曾經告訴約伯，人生本來就會遭遇患難；苦難是上帝的管教，是要讓世人離開罪過，遠離禍患（參看約伯記5:7, 17; 36:15）。約伯朋友的觀點是，苦難對約伯是好事，是祝福。這種神學也出現在〈詩篇〉裡面。有些〈詩篇〉的作者認為，上帝讓以色列人經歷苦難，是要讓他們學會親近、哀求上帝，而獲得拯救（參看詩篇107篇）。苦難是獲得拯救的管道。

新約聖經不少經文顯示類似的見解。譬如說，〈約翰福音〉9章1至7節敘述耶穌治好一個生下來就失明的人的事蹟。故事中，耶穌的門徒問他：「老師，這個人生來就失明，是誰的罪造成的？是他自己的罪或是他父母的罪呢？」耶穌的回答是：「他失明跟他自己或他父母的罪都沒有關係，而是要在他身上彰顯上帝的作為。」很顯然，〈約翰福音〉作者筆下之耶穌的見解是，這位天生失明的人所經歷的苦難，是要成就更美好的事——彰顯上帝的憐憫和大能。

〈羅馬書〉的作者保羅這樣解說苦難：「在患難中，我們仍然喜樂；因為我們知道患難培養忍耐，忍耐蒙上帝嘉許，上帝的嘉許帶來盼望。」（5:3-4）保羅向羅馬教會的信徒說：你們既然是上帝的兒女，就享有上帝為他的子民所預備的福澤，也要跟基督同享上帝所為他保留的。因此，基督徒若願意分擔基督的苦難，也要分享基督的榮耀（參看羅馬書8:17）。很明顯，保羅認為，苦難是分享基督榮耀這件美事的「必要」。這也印證他在小亞細亞傳道時為堅固信徒之信仰所說的話：信徒要經歷許多苦難才能成為上帝國的子民（使徒行傳14:22）。

保羅在寫給哥林多教會的一封書信中，提及他經歷的苦難：坐牢、受鞭打、被人用石頭打過；他數次遭遇海難，在傳道旅行中，經歷過洪水的危險、盜賊的危險，還有來自猶太人和外族人的危險，又有都市裡的危險、荒野間的危險、海洋上的危險，和假弟兄姊妹所造成的危險。他為了傳福音的工作，忍受飢渴，缺乏食物，沒有住處，衣不蔽體（哥林多後書11:23-29）。藉著保羅忍受的苦難，上帝美善的旨意得以成就，基督的福音在猶太人之外的族群傳開。

〈希伯來書〉的作者對於因基督信仰受迫害之信徒的勸勉，也顯示了這種神學觀點。他提到有些有信心的人，經歷忍受戲弄、鞭打、捆綁、囚禁，甚至被石頭擊斃、被鋸子鋸斷、被刀劍殺死。這些信徒的生命有著不平凡的經歷，他們的生命有窮困、迫害和虐待。他們在世上的日子，就像難民一樣在荒野和山嶺間流浪，在山洞和地穴裡棲身。他們在世之日甚至也沒有領受到上帝所應許的，但他們因相信上帝所要給他們的更為美好的安排，忍受苦難（希伯來書11:36-40）。

耶穌受苦至死，是苦難要成就美善之事的最佳事例。耶穌的一生經歷無數的苦難，最後甚至被羅馬政權以叛亂的罪名釘死在十字架上。耶穌應驗先知在舊約聖經〈以賽亞書〉52至53章所描述的受苦的僕人的意象，他受苦是為要成就上帝對世人的救贖。

◆苦難是一項奧秘

聖經中許多書卷都提到類似「遵行上帝誡命，事事蒙福；違背誡命，必受詛咒」的神學觀點（參看申命記27至28章和詩篇第一篇）。然而，人生的經驗並不全然如此。前面曾提及的約伯是個正直的好人，可是他卻經歷家產被搶被毀、子女慘死，還有身體病痛和被友人誤解的苦難。

〈約伯記〉的作者，在前兩章把正直的好人——敬畏上帝、不做壞事的約伯——的苦難，歸咎於撒但的攻擊。接著，藉著約伯的友人指出約伯的苦難是他的罪，也可能是對約伯有益處的考驗與磨練。約伯一方面認為他的愁苦、悲痛是出於上帝（參看約伯記27:2），他的苦難是出於他不能與之對話、辯駁的上帝對他的折磨。但，另一方面，他不明白為什麼會遭逢苦難。

約伯認為，上帝完全忽視他的埋怨、申訴，一直不予回應，甚至躲藏，無法尋見。約伯這樣回答批評他的朋友：

我到今天仍然反抗上帝，口出怨言，
他沉重的責罰使我呻吟不已。
但願我知道哪裡去尋找他，
知道怎樣找到他的住處。
我要向他陳述案情，
為我自己申訴。
我要知道他的判斷，
要明白他答覆我的話。
上帝會用他的大權能跟我爭辯嗎？
不，他一定垂聽我的申訴。
我誠實，我可以跟他理論；
他會作成定案，宣判我無罪。

可是，我向東找尋，上帝不在那裡；
我向西找尋，也找不到他。
上帝在南工作，我看不見他；
他在北做事，我也見不到他。（約伯記 23:2-9）

然而，無論把苦難之因推給上帝或撒但，也只能就世人的苦難給予一些或部分的解釋，不能滿足所有的人對於苦難的疑問。所以，追根究柢，苦難其實是一項奧秘；聖經也透露這一個見解。舊約聖經〈傳道書〉的作者觀察、思想人生之後，這樣說：

世上還有一件空虛的事：多少時候，義人遭受邪惡人應受的懲罰；邪惡人反而得到義人應得的報償。我說，這也是空虛……當我追求智慧，想探究世上所發生的事，我知道，人儘管日夜思索，也不能明白上帝的作為。他無論怎樣嘗試，想知道在太陽底下所發生的事，也找不到答案。聰明人自以為知道，其實並不知道。（傳道書 8:14-17）

世人對於世上發生的許多事常常不知其所以然。換句話說，世人不明白為什麼會有苦難；苦難對於很多世人來說，真的是項奧秘。舊約也有〈詩篇〉描述人經歷苦難帶來的挫折與喪志。詩人這樣說：

我看見惡人享平安。他們的力氣強壯，他們死的時候也沒有疼痛。他們不像別人受苦，也不像別人遭災。所以，驕傲如鏈子戴在他們項上，殘暴像衣裳覆蓋在他們身上。他們的眼睛因體胖而凸出，他們的內心放任不羈。他們譏笑人，憑惡意說欺壓人的話。他們說話自高；他們的口褻瀆上天，他們的舌毀謗全地……他們說：「上帝怎能曉得？

> 至高者哪會知道呢？」看哪，這就是惡人，他們常享安逸，財寶增多。我實在徒然潔淨了我的心，徒然洗手表明我的無辜，因為我終日遭災難，每日早晨受懲治……我思索要明白這事，眼看實係為難。（詩篇 73:3-16）

詩人的經驗讓他覺得他謹慎自制、不犯罪的生活，都是徒然，沒有意義。作為一個有信仰的人，詩人只好承認這是奧秘，難以了解。

世人一直想從聖經（上帝）獲得一個有關苦難緣由的標準，或令人滿意的答案。約伯就曾經這樣做過。他不斷地質問上帝，但是上帝給他的不是答案，而是一連串的問題；約伯無言以對，最後只好跟上帝告白說：「我知道，你萬事都能做；你的計劃不能攔阻。誰無知使你的旨意隱藏呢？因此我說的，我不明白；這些事太奇妙，是我不知道的。」（約伯記 42:2-3）

約伯承認，苦難隱含世人無法理解的奧秘。這也是舊約時代先知的生命經驗：「上主說：我的意念不是你們的意念；我的道路不是你們的道路。正如天高過地，我的道路高過你們的道路；我的意念高過你們的意念。」（以賽亞書 55:8-9）新約時代的使徒保羅在〈羅馬書〉也有類似的感嘆：「上帝的恩典多麼豐富！他的智慧和知識多麼深奧！誰能解釋他的決斷？誰能探測他的道路？」（11:33）

聖經中有關苦難的敘事讓我們體認，苦難其實有合理的苦難，也有悲劇性的苦難，甚至是救贖性的苦難，還有我們難以理解的苦難。換句話說，苦難有不同的類別和層次，我們不能把所有的苦難混為一談。

面對苦難

如何面對苦難，和如何了解苦難相關。在我們的人生閱歷或經驗中，有些苦難真的是人犯錯的後果；可是我們也清楚知道，有些人是無辜的。死於納粹集中營毒氣室和火坑的男女老幼，特別是孩童，如何是這些人犯錯的後果，而非納粹的惡行？

從凡人的經驗來說，這世界的苦難無從解釋：有些人罹患先天性的疾病，病痛、苦難是隨著出生而來；有些人不明不白地感染難以治癒的病毒或細菌，病痛、苦難毫無預警地臨到。此外，有些人是因為行善才招致苦難，闖入火災現場救人而被燒燙傷，導致傷殘。義人和無辜的人也受到苦難的侵襲，讓苦難一直是人的困擾。

◆「為什麼苦難臨到我」和「當遭遇苦難時」的提問

倘若苦難的肇因有我們無法參透的奧秘，我們如何面對苦難，可能會比探討苦難的緣由更有意義。

前面曾經提及的猶太教拉比庫希納，在面對自己和信徒所經歷的諸多苦難之後，所寫的書取名《當好人遇上壞事》。他的書名之所以不是「為什麼好人遇上壞事」，而是「當好人遇上壞事」，是因為苦難含有奧秘的元素。一直詢問「為什麼」，不但得不到令人滿意的答案，對身處苦難中的人似乎也沒有多大助益。所以，「當好人遇上壞事」的提問是較有正面意義的提問，把心意往「當面對苦難時」的方向來思想，亦即提問：「事情已經發生了，現在我該怎麼做？」

這不是說我們感受到苦難時不能問「為什麼」，而是提問「為什麼」時，不要對苦難妄自下斷語。人若認定所有的苦難都來自上帝的懲罰，要不是過分自責內疚，甚至為一些芝麻小事或無關緊要的事定自己罪，就是讓上帝成為一個任性、獨斷、毫無慈愛與憐憫的上帝，或是會以為沒有上帝、上帝已死。認定一切苦難都是撒但、惡魔的攻擊，又讓上帝成為無能懦弱的上帝。

以為苦難背後有上帝美好的旨意，有時對於身陷苦難的人而言，有點無情、殘忍。然而，若沒有上帝，或上帝已死，我們又如何解釋世界和生命的來源，怎麼解釋宇宙規則的運行等等這類的問題？又怎麼解釋我們內在心靈對追尋生命意義的渴望？

◆體認我們生活世界的現實

不管我們是否相信上帝，我們應該都體認被造的世界有其秩序，自然界按著某種定律來運行。譬如說，颱風、颶風過境，好人和壞人都不能倖免。在教會中有時會聽到祈求超強颱風轉向的禱告，也為颱風真的轉向感謝上帝。然而，颱風轉向是自然界按著上帝所造世界的大氣物理的規律運行常有的現象。颱風從原先逼近台灣轉向日本，難道我們認為上帝只聽台灣人的祈禱，不眷顧日本人？

我們也該體認，人擁有自由意志。人，不是機械，不是上帝手中的傀儡；上帝不控制人心或行動。為了讓人作自己，上帝甘心限制他自己。上帝的靈會進入人心工作，感動人心，希望人能趨善避惡，但是順從或忽視上帝美善的聲音，在於有自由意志的人。世間也存有邪惡的力量，但屈服與否，世人要為自己的言行負責。

我們也得體認人是社會性的存在。人生活在一個錯綜複雜的關係網絡裡，其中有一種關係，可以稱之為「共同命運」的網絡或結構。簡單地說，它就是指人類彼此之間具有一種「相互連累受罪」和「彼此托福」的關聯性。我們的作為會影響他人的生活，他人的作為也會影響我們的生活；人們彼此的生活息息相關，這是我們生活世界的現實。

◆跟了解我們的親友傾訴，或尋求專業的協助

沒有人必須自己單獨承受苦難；遭逢苦難時，要找人傾訴與協助。傾訴不一定能夠消除我們的苦難，卻多少可以宣洩我們的鬱卒與苦情，親友的傾聽也是我們苦難中的安慰。傾聽我們訴苦的親友，有時也有能力可以在心理的安慰與扶持之外，給予我們一些實質或具體的幫助，或是分擔我們的苦難，或是消除、抒解我們的苦難。當然，我們要找的人是

能夠了解我們、有同理心，又是我們可以信賴的親友，免得我們的苦情被誤解或渲染，會在苦難中增加苦難。

在我們真的覺得無力、無助的情況下，我們可以尋找專業的協助。身心科醫師或諮商心理師的專業也可以幫助我們面對苦難。

◆親近上帝、祈求上帝

不管苦難的肇因是什麼，我們都可以親近上帝，向上帝發出哀號與祈求。〈以賽亞書〉63章9節說，在世人的苦難中，上帝與我們受苦。希伯來的詩人說，上帝的慈愛永遠長存。所以，即使受苦的人感受自己的過犯，或是質疑上帝的作為，他還是可以親近上帝、祈求上帝。

我們可以從舊約〈詩篇〉看到很好的例子。〈詩篇〉22篇作者在苦難中向上帝發出哀號說：「我的上帝，我的上帝，你為什麼離棄我？我哀號求助，你為什麼不來幫助我？」寫詩的人怎麼向上帝傾訴？「我的上帝啊，我白天呼號，你不回答；我夜間哀求，也得不到安息。」他跟上帝抱怨說：「我不再像一個人；我像一條蟲，被人藐視嘲笑。看見我的人都譏笑我，對我搖頭吐舌，說：你倚靠上主，他為什麼不來救你？上主若喜歡你，為什麼不來幫助你？」

詩人也這樣描述他的苦境：「許多敵人像公牛包圍著我；他們像巴珊凶猛的公牛圍

攻我。他們像吼叫的獅子，張口要吞吃我。我的精力消失，像潑在地上的水。我的骨頭都脫了節；我的心像蠟塊鎔化在內臟。我的喉嚨像塵土一樣枯乾，舌頭黏在牙床上……作惡的人結夥圍困我，像成群的惡狗困擾我；他們撕裂了我的手腳。我的骨頭歷歷可數；仇敵都幸災樂禍地瞧著我。」不過，詩人仍然告白說：「我要向同胞宣揚你的作為；我要在他們的聚會中歌頌你。」詩人說上帝「不忽視窮苦的人，不忘記他們的苦難；他不但不拋棄他們，反而垂聽他們的呼求」。

既抱怨上帝，又宣告上帝是憐憫、拯救的主，這兩者沒有衝突。這是沒有虛偽的信仰生活。苦難讓我們發出哀號，這是人之常情。宣告上帝是憐憫、拯救的主，是我們在那位超越與奧秘的上帝面前的信心和謙卑。這是正確的信仰態度。我們不因病痛、苦難，就不信、遠離上帝，因為上帝是我們生命的根源，他是我們在天上的父母，人不應該因為不理解父母而離家出走。我們也不自以為知道上帝的心意，或過分自責，或指責別人的罪。我們也不要替慈愛永遠長存的上帝審判別人。

上帝超越我們人的理解，信仰也包含奧秘的元素，若有人輕易地、獨斷地想要以上帝之名，從上帝的立場指責生病、受苦的人，那就很可能像舊約聖經〈約伯記〉裡面約伯的朋友，在上帝面前說些連他們自己也不清楚，甚至是違背上帝旨意的話語了。更何況，我們對生病、受苦的人又有多少認識、了解？不明就裡地指責生病、受苦的人，是不是僭越了人神的界線，或自以為義？

我們在親近上帝、跟上帝交流（包括抱怨、抗議）的對話中，體認上帝與信仰，也獲得超越苦難的能力。

◆不要把苦難個人化、私人化

人們有意無意間常把苦難個人化，好像一個人的苦難是他自己的事；人往往想要自己承擔自己的苦難。苦難有其個人的特質，但，我們絕不能把苦難個人化、私人化。前面提到人是社會性的存在，人類彼此之間具有一種「相互連累受罪」和「彼此托福」的關聯性。這種共命結構，我們可以從每天各種媒體的社會新聞看出事實。

舉例來說，幾乎每一個酒駕肇事的案例，都有無緣無故受連累、受罪的人。酒駕車禍中，被撞傷或死亡的人的家屬也受到連累，承受肇事者之罪的後果。而「彼此托福」的關係網絡，也是我們的日常。朋友見面寒暄時，有人會在回話時說：「托你的福，一切安好。」這雖是一種謙和的詞語，其背後卻常有其事實。我們人生旅途之所以順利、平安，或蒙福，常常是因為別人善行的善果。我們托別人的福而活，小事如我們雙手拿一大堆東西時，別人幫我們按電梯門的開關；大事如住宅發生大火，消防員冒著生命危險出入火場滅火救人，使很多人得以消災解厄。

所以，苦難不是一個人的私事。人們當然要為自己所做的事負責，但是，人類的生命有共有性，人與人的生活的關聯性何等密切。不要說一個人的生活和其家庭有關聯性，跟社會的關連也很密切。一個人的疏忽或妄為的後果，不只影響他自己一個人，也不是他一個人可以承擔得了的。

政府各部門的運作跟人民的福祉與安全息息相關，整體社會的發展、動盪，也影響社會中的每一個人。一個人的苦難有可能是天災、家庭或社會造成的，我們不要把苦難個人化、私人化，以致讓受苦的人獨自承擔苦難帶來的悲痛與哀傷。

二〇二一年四月二日太魯閣號四〇八車次在花蓮清水隧道口發生的災難，就是不能把苦難個人化、私人化的事例。新約時代的使徒保羅在他寫給哥林多教會的書信中，把這個道理說得很清楚：「一個肢體受苦，所有的肢體就一同受苦；一個肢體得榮耀，所有的肢體就一同快樂。」（哥林多前書 12:26）我們要認同、分擔受苦之人的苦難，與他們同受苦、同哀哭，也盼望可以一起勝過苦難。

◆陪伴苦難的人

既然不要把苦難個人化、私人化，我們要盡力設法陪伴遭逢苦難的親友。分擔親友苦難的方式很多，其中之一就是陪伴。很多人喜歡用各種言語鼓勵、勸勉陷入苦難的親友，但比較有助益的方式是陪伴。遭逢苦難的親友，不用我們多說什麼，而是陪伴。

前面曾提及的約伯，他遭逢苦難時，他的三個朋友來看他。聖經這樣敘述：「他們聽見了約伯所遭受的種種災禍，決定一同去探望他，安慰他。他們遠遠看見了約伯，卻不認得他，等認出是他，就放聲痛哭，悲傷地撕裂了自己的衣服，又向空中、向自己頭上撒灰塵。然後他們跟約伯坐在地上，七天七夜不說一句話，因為他們看見約伯的痛苦那麼深重。」（約伯記 2:11-13）我們該做的事是看見苦難，陪伴遭逢苦難的人。

◆創造意義，持守盼望

我們或許閱聽過一些人從苦難的情境中發展出特殊的才能、技藝等等，創造有意義之人生的真實、感人故事，如從小罹患腦性麻痺的畫家黃美廉的故事：一個運動神經和語言神經受到傷害，行走時四肢無法平衡，幾乎不能說話的女孩，卻因著父母親秉持基督信仰與愛心的培育，加上她自己驚人的學習毅力，終於獲得藝術博士學位，並於一九九三年獲頒台灣十大傑出青年的獎章。

國外也有類似的故事。《傷殘帶來的祝福》（*Blessing*）一書的作者簡瑪利（Mary Craig）有四個兒子，其中兩人，一個罹患赫雷口狀病（gargoylism），一個罹患蒙古症。簡瑪利在養育這兩個孩子的過程中，體會受苦生命的意義。該書的翻譯者在譯序中這樣說：「她認為他們的生存是有意義的，藉著他們的殘缺與弱智，她明白人生互相服務的真諦與人性的價值……明白人生受苦的內蘊意義，鼓勵人運用這些寶貴的受苦經驗，進入更深的和更豐富的人生領域中，體驗出人性的友善，關懷與同情。」[6]

作為母親的簡瑪利這樣體認，然而，她的這兩個兒子，若也能訴說自己的故事，他們會怎樣看待他們苦難的生命？其實，「黃美廉們」、「簡瑪利們」故事的背後，都有著說不盡的辛酸苦痛。若要人們選擇，或許絕大多數人會選擇平凡過日子，而不是所謂「傷殘、苦難帶來的祝福」。我兒子國小二年級時罹患小兒痲痺，從此跛腳走路。要我跟他說「傷殘、苦難是要帶來祝福」，坦白說，我說不出口。然而，在苦難中探詢意義，或是創造意義，雖然絕非易事，卻是值得去做的事。

人的苦難難以比較，甚至也不該比較。不過，納粹集中營的苦難，無論是對身歷其境的個人，或是猶太民族，甚至全人類，都是難以述說的大苦難。奧地利精神病學家、醫師佛蘭克（Viktor E. Frankl）是位納粹集中營的倖存者。他在《從集中營說到存在主義》（*Man's Search for Meaning*）一書中敘述他在集中營的一些日子。他也提到一些他的觀察，就是那些失去生存意志、放棄繼續活下去的毅力和信心的俘虜，很少活著走出集中營[7]。

佛蘭克說，一個人是否具有勇氣、盼望的心態，跟他是否可能免除限制、刑罰有著密切關連。他說，對於俘虜而言，哲學家尼采的話「參透『為何』，才能迎接『任何』」（He who has a why to live for can bear with almost any how.）是一句能左右其思想、感情和

6 簡瑪利（Mary Craig），《傷殘帶來的祝福》（*Blessing*）（文國偉譯，香港：基督教文藝，1982），3。

7 佛蘭克（Viktor E. Frankl），《從集中營說到存在主義》（*Man's Search for Meaning*）（譚振球譯，台中：光啟，1969，三版），20。本書有關佛蘭克的一些觀點，都是取自佛蘭克的這一著作。

行為的箴言，能產生精神治療和心理學上的效果。當一個人給予自己一個生活的「為何」——意即「目標」，他就有力量去迎接或面對他「任何」生存過程中的可怕苦難。

佛蘭克後來倡議「意義治療法」來幫助病患，協助病患尋找他們生命的意義。人在追尋意義和價值的過程中，可以引起人內在精神的奮發，進而勝過生命中的苦難。佛蘭克說，他相信「世界，算不了什麼」這句話幫助人活下去！

所以，面對苦難時，無論怎樣，我們要尋找意義，甚至是創造意義。這裡所說的尋找或創造意義，已經超越思考苦難的意義，或是為苦難找尋意義，而是為自己在苦難中的存活尋找或創造意義。換句話說，學習讓苦難成為培育自己成長的沃土，轉化人生的苦痛，成為生命積極、正面、向上的動力。就如佛蘭克自己所經歷的，為親愛的人忍受苦難，持守盼望活下去。切記，在苦難中不要放棄。我們可以抱怨，甚至抱怨上帝，但不要放棄。如同希伯來人的〈箴言〉所說的：「求生的意志使人忍受病痛；意志消沉，希望也跟著喪失。」（箴言 18:14）

〈詩篇〉27篇的作者經歷作惡者的攻擊，遭遇患難，甚至感受上帝離棄他。他怎麼面對？他禱告上帝之外，他對自己說：「要信靠上主！要堅強壯膽！要信靠上主！」（27:14）如果我們比較不同聖經版本的翻譯，我們會發現，「信靠」也可以翻譯為「等候」。換句話說，詩人是告訴自己，信靠上帝就要等候上帝；等候上帝就是信靠上帝。苦難中要堅持盼望，就要信靠，也要等候。

〈箴言〉4章23節這樣說：「所思所想要謹慎，因為生命是由思想定型的。」[8]心靈與思想的力量是巨大的，我們絕不要讓苦難攪亂我們的心，不讓苦難宰制我們。我們要堅忍相信、等候、盼望，為我們所尋獲的意義、價值而活。

簡瑪利這樣認為：「受苦的價值不在乎本身的痛苦，因為它本身（從）道德的觀點來說是中性的—受苦者可以隨著己意去使用它。就算是兩個人經歷同樣的受苦經驗，其中一個可以被它擊毀；另一個則利用它達至更高的境界。受苦的真正悲劇，就是人未能好好地利用它，而把這個機會糟蹋了。」[9]

◆致力善行，減少世人的苦難

希伯來人的〈箴言〉這樣說：「幫助別人，自己受益。」（箴言11:25）德國納粹的暴行之所以會發生，就是人們在一開始容忍納粹對猶太人的一些措施。

德國教會在二次大戰之後曾自我反省，信義宗牧師馬丁．尼莫拉等人也起草並發表〈斯圖加特悔罪書〉（The Stuttgart Confession of Guilt）表示懺悔。尼莫拉本人也曾寫過一篇懺悔文。他這樣說：

8 這段經文也譯作：你要保守你心，勝過保守一切，因為生命的泉源由心發出。

9 簡瑪利（Mary Craig），《傷殘帶來的祝福》（*Blessing*），1。

起初，納粹抓共產黨人的時候，
我沉默了，因為我不是共產黨人。
當他們抓猶太人的時候，
我沉默了，因為我不是猶太人。
當他們抓工會成員的時候，
我沉默了，因為我不是工會成員。
當他們抓天主教徒的時候，
我沉默了，因為我不是天主教徒。
最後當他們來抓我時，
再也沒有人站起來為我說話了。

很多人在體認納粹屠殺猶太人的暴行之後，覺得很難再相信上帝或「天道無親，常與善人」（上天公正，唯獨降福給善人）這種思想。上天公正？納粹暴行是上帝對猶太人犯罪的懲罰？這種見解讓慈愛、憐憫的上帝變成一個殘忍的上帝，讓上帝成為一個好像有虐待狂的上帝！也讓殘暴的納粹變成只是承接上帝給予世人之警惕任務的執行者，納粹毋須反省他們的惡行，也不用為其惡行負責任！

其實，上帝跟那些在納粹集中營裡受苦的人一同受苦。上帝也在集中營裡，他分擔集中營裡俘虜的悲痛與苦難；這世界的苦難也是上帝的苦難。因為上帝給予人自由，上帝本身也成為人類誤用、濫用自由的受害者，上帝是與世人同受苦難的上帝。只有能夠感受苦難的上帝，才能夠了解人們的悲痛與苦難；無法與世人同受苦的上帝也不能夠愛世人。這樣，人類被受苦的上帝召喚來參與、分擔這世上的苦難，並且在上帝救贖的工作上，跟上帝同工。受苦的上帝嘗試喚醒世人的良心，成為他安慰和救贖苦難的同工[10]。

納粹的暴行只是世上諸多苦難的一個事例。世人的苦難跟人們的個人生活、家庭生活，還有社會、政治、經濟、生態環境等等密切關聯。苦難不是一個人說「我做的事我負責」可以解決的。因為人類社會有相互連累受罪、彼此托福的共命關係網絡，一個社會中作惡的人多，受連累與承受惡果之苦的人就比較多；反之，一個社會中行善的人多，托福與承受善果的人就比較多。就此而言，古人說「勿以惡小而為之，勿以善小而不為」，是

10 有關上帝在世人的苦難中的神學解說，請參閱莫特曼（Jurgen Moltmann），《俗世中的上帝》（*Der Gott im Projekt der Welt: Beitrage zur offentlichen Relevanz der Theologie*）（曾念粵譯，台北：雅歌，1999）。

很有道理的。

由於苦難的一些肇因也跟政治體制、社會結構的運作相關，善行絕不只是個人行善，更包含參與一個公義、和平、安全之社會的建構。如民主體制的建構可以免除獨裁政權帶給人的苦難；健全之醫療保險政策的建構，可以減輕貧困家庭的苦難；道路工程和車輛安全性之確實檢驗，可以減少交通事故造成的苦難。所以，面對苦難時，我們被召喚要在世之日致力行善，也為共同建立一個人們可以參與、人類可以持續發展、眾人可以享有公義、和平、安全的社會而努力，並致力於維護受造界的完整。唯有這樣，世人的苦難才會減少。

小結

人在世之日有苦難是不爭的事實。宗教並不否認苦難，也不認為信徒不會遭逢苦難，而是應許救苦救難。我們要學習分辨苦難有不同的類別和層次，有些苦難是合理的苦難，有些則是悲劇性的苦難，有些則是具有救贖性的苦難，甚至是我們無法理解的奧秘。分辨苦難的類別和層次，才不會把所有的苦難混為一談，才不會不是只怪罪別人或上帝，就是只怪罪自己。

猶太人在那全然令人絕望的納粹集中營裡，即使是走向死亡的火坑或毒氣室，他們仍然向上帝祈禱。為什麼？上帝不是苦難的源頭！苦難不會勝過上帝的慈愛、憐憫與拯救！用基督徒的信仰來說，那就是如同新約使徒保羅所說的：

誰能夠使我們跟基督的愛隔絕呢？是患難嗎？困苦嗎？迫害嗎？飢餓嗎？貧窮嗎？危險嗎？刀劍嗎？……在這一切事情上面，我們靠著愛我們的主已經獲得完全的勝利！因為我確信，什麼都不能夠使我們跟上帝的愛隔絕。不管是死，是活；是天使，是靈界的掌權者；是現在，是將來；是高天，是深淵；在整個被造的宇宙中，沒有任何事物能夠把我們跟上帝藉著我們的主基督耶穌所給我們的愛隔絕起來。（羅馬書 8:35-39）

但願我們面對苦難時，都可以存有這樣的信念。我們不一定要理解苦難的肇因，重要的是，在我們就生命中的苦難探詢、質問上帝的過程中，我們經驗到上帝的真實，體認我們與上帝的關係。我們在這世上的一切終將過去，我們跟上帝的關係永不斷絕。

耶穌說：「在世上，你們有苦難；但是你們要勇敢，我已經勝過了世界！」（約翰福音 16:33）我們可以藉著堅強的靈性生命來勝過苦難，並且不讓苦難完全宰制我們的生物性生命和社會性生命。

第八章 安然年老

人在世之日的生命是一個漸進的週期。若是沒有意外早逝，人生是從嬰幼期成長為兒童期，再轉入青年期、成人期，然後就進入中年期，最後邁入老年期。所以年老是人生的一個過程。沒有人可以青春永駐，也沒有人可以長生不老。年幼時沒有夭折，安然度過壯年、中年，年老終究會臨到。

幾歲算是年老

雖然年老是人生的一個過程，但幾歲算是年老？二〇二〇年，高雄有一餐廳在其優待客人的辦法中，稱五十歲以上為銀髮族——老人。雖是優待辦法，卻也受到網友批判；網友認為這種說法讓人不悅。然而，台灣童謠《老鼠愛吃紅龜粿》的歌詞是怎麼說的？「隔壁老人做五十一歲，送我一個大的紅龜粿……」一九六〇年代之前的台灣，五十一歲已經是老人了，還做生日、送紅龜粿給親朋好友、左鄰右舍呢！二次大戰結束初期（即一九五〇年代初期），台灣人的平均壽命才四十九歲，難怪五十一歲已經被稱為老人，還有資格做壽！

根據世界衛生組織的定義，六十五歲以上的人是為老年人。老年人口佔總人口數七％，就是高齡化社會；佔一四％，就是高齡社會。台灣在一九九三年進入高齡化社會，二〇一八年邁入高齡社會。根據政府公布的資料，二〇一九年國人的平均壽命將近八十一歲。符合資格可以請領老人年金的國人，也必須是年滿六十五歲。

所以，我們可以這樣說，以目前台灣的國民健康情形來說，至少要六十五歲才算年老。不過，以我參加的教會為例，每年重陽節的敬老活動中，只有年滿八十歲的人才有「老人」禮金！

年老的現象

年老既然是一種過程，六十五歲的「法定」老人，只是讓政府所屬機構或單位在行政上有所依據，避免不必要的爭端而已。有人不到六十五歲，就有年老或老化的現象，當然也有人過了六十五歲，還沒有明顯的老化跡象。

什麼是年老的現象？我們可以大致上從身體和心智兩方面來解說。

◆身體方面

一般說來，人老化的時候，身體會有些變化，較為明顯的是下列這些現象：

聽力減退：人年老的一個現象是聽力減退。老人生活上的困擾之一就是聽力減退，常聽不清楚人們在說什麼。老人重聽，自己覺得不便，周遭的人也會覺得困擾；因為聽不清楚，常常雞同鴨講、無法溝通，或是斷章取義。

我父親八十多歲時聽力才明顯減退，裝助聽器解決一部分的問題，也增加一些問題。因為他有時還會騎機車出門，若戴著助聽器，可能沒有隨時調整音量和音質，街道上汽機車的喇叭聲讓他受不了。所以他會不戴助聽器就出門，結果是他雖然外出，卻很難跟人溝通，因為他聽不清楚別人說些什麼。我們兄弟姊妹勸他把助聽器帶在身上，必要時可以戴上，他又因為覺得麻煩不便而不帶（我們懷疑，父親是覺得跟人交談時再戴上助聽器，有點不好意思）。

我父親九十八歲時住進安養院，由於重聽，我們兄弟姊妹去探望他都只能跟他「筆談」，就是在預備好的筆記本上寫字（家父眼力還好，戴老花眼鏡都能清楚知道我們寫什麼——想說什麼），跟父親交談（這樣子的交談也有一個好處，就是其他兄弟姊妹去探望父親時，知道誰去探望父親、跟父親說了些什麼）。

還有一個實例，過去將近十年的時間，我每個月一次參加《現代台語聖經》的翻譯工作坊。這個小組的成員大部分是退休的傳道人，換句話說，大多是老年人。主持翻譯工作坊的組長一直都坐在負責資料輸入的同工旁邊，以便溝通。不久前，我曾因事請假幾次沒參加工作坊，再次參加時發現，主持人和負責資料輸入的同工互換位置了。我覺得納悶，隨口問說：「座位調整了嗎？」得到的答案是主持人的左耳重聽趨於嚴重，坐在他左邊負責資料輸入的同工說的話，他聽不清楚，以致有時造成該輸入的資料沒輸入，該刪除的沒刪除，為減少困擾，他們兩人就調換座位了。

視力減弱：人年老的另一個現象，是因為白內障、眼球水晶體調節機能退化造成的老花眼等因素而視力減弱。老人因為視力減弱，又沒配戴或不喜歡帶老花眼鏡出門，生活上就出現一些不便，如到餐廳吃飯，看不清楚菜單，不知如何點菜。

我有位年長的朋友曾經有過類似的經驗。有一次，他應邀到一個較為偏遠的教會去講道，不料客運車中途拋錨。他想跟那位事先約好、要到車站接他的牧師聯繫，請牧師不用依原訂時間到車站接他。那時的手機，不是現在的智慧型手機，他手機中也沒有那位牧師的電話。他雖然帶有教會總會出版的教會一覽表，但是上面教會名稱、電話號碼的字體都很小，他完全無法辨識。老花眼鏡又放在架上的行李箱內，不方便取用。後來，他請公車上一位穿著學生制服的同學幫他，才順利聯繫到那位牧師。

腳力變差：就如俗語所說的「人老腳先知」，腳力會告訴我們「自己開始變老了」。腳力變差最為明顯的現象就是走路慢、不能走遠路、上下樓梯關節酸痛等。這是由於人變老的過程中，肌肉質量下降，膝關節、髖關節等退化所致。

我前面提到我參加的現代台語聖經翻譯工作坊，每次為期三天，所以中、晚餐都是走路到工作室附近的餐廳用餐。最近這幾年，外出用餐的次數減少了，叫便當的次數增多了。原因就是有些同工腳力愈來愈差了，到餐廳的路程變成一種負擔。有些人年紀漸大之後，不再住一般所說的透天厝，改住進有電梯的大樓，原因就是因為老人腳力變差，覺得上下樓梯吃力、不方便。有些仍住透天厝的家庭，則在樓梯加裝升降椅，解決老人上下樓梯的困擾。

人老化時身體方面的變化，除了前述的三項，一般說來，體力都會變差，還有諸如頭髮變白、頻尿、失眠等現象，以及出現心臟血管方面的疾病。容我再用我們現代台語聖經翻譯小組的成員為例來述說。由於工作坊的時間是三天，有幾位外地來的同工就住在教會租為工作室的其他房間過夜。同工早晨起床後的對話內容常是：「昨夜又沒睡好！」、「昨夜起來上廁所三次！」吃飽飯後常見的舉止就是拿出裝有各色各樣、大小不一藥丸的藥盒吃藥，有人每次吞吃的藥丸將近十粒之多。

我曾在鳳林鎮（台灣的長壽鄉鎮之一）的阿美族部落工作。鳳林鎮衛生所曾推出「長者親善——敬老得福，敬禾得穀」的活動，鼓勵商家在賣場設置一些椅子，給來商店購物的老人，必要時有張椅子可以坐一坐，休息一下。這就是體貼老人體力較差的親善作為；這些貼有「長者親善」標章的商家，也獲得部落族裡老人的好感與肯定。

◆心智方面

記憶力減退：人年老在心智方面的第一個變化是記憶力減退。我想這是很多人的經驗。老人常常會問家人類似的問題：「我的眼鏡呢？」、「我的外套怎麼不見了！」不過，老人學的專家告訴我們，老人的記憶力減退一般是指「短期記憶」；在「長期記憶」方面，其退化並未如同短期記憶那麼明顯。老人常常把剛剛說過的事忘了，卻記得很多以前的事情。

學習能力弱化：俗語說：「老狗學不了新把戲。」這雖然是一句帶有戲謔、甚至是諷刺意味的俗語，卻也有幾分真實性。由於記憶力減退，老人的學習能力也相對弱化。再加上體力也減退，專注的時間也無法持久，學習的效果也不好。我們或許在網路上看過署名「八耐舜子」臉書上的〈老爸初學電腦〉的對話。這有點搞笑，倒也說出一些老人學習方面的困境。年長的老爸初學電腦，但每次都記不住兒子教的。這次又搞不定電腦，打電話給兒子，就有了如下的對話：

老爸：我找不到「D槽」。

兒子：請打開「我的電腦」。

老爸：你的電腦我怎麼打得開？

兒子：那請你打開你的電腦。

老爸：我的電腦早打開了呀！

兒子：那你的「桌面」有什麼？

老爸：我的桌面有高粱酒、花生、豆乾和滷味！

老人常因記憶力減退、學習能力弱化，在生活中鬧出笑話或出糗。現在有些社區活動中心或教會為老人開辦類似電腦課程或智慧型手機課程，就是因應現代科技產品對老人生活造成的一些困擾。

年老與孤獨

年老也常與孤獨的話題相連結。孤獨不是老化的現象，它是因為年老才有的一些境遇而產生的現象。

年老與孤獨會連結在一起，跟前述的現象相關。聽力、視力、體力、記憶力減弱等情形，讓老人的生活受到一些限制，孤獨的感受逐漸呈現。老年人也可能因為學習的困境與意願，使自己更陷入孤獨的境遇。我的老朋友中，有一位就因為過去長期深受自律神經失調的困擾，為減輕身心的壓力，沒有在年老之前學習電腦，之後也幾乎可說是不使用智慧型手機，讓他自絕於網路的世界，以致對於資訊的接收全然仰賴報紙、電視，跟友人的聯繫也只倚靠電話。這種情形不只使這位朋友跟人聯繫的機會減少了，連交談的話題也少了。即使有時朋友相聚，他也因為能參與的話題較少，神情顯得有些落寞寡歡。類似的情形都會使年老的人感受到孤獨。

有些人在尚未年老時就提早退休，但人年老了就得面對這個必然的情境，就是從職場上退休。不管是從事哪一行業，退休會影響人的生活環境和心境；其中之一就是孤獨。人從職場退休，跟往日的同事、朋友之間的聯繫頻率減少，關係通常也會逐漸淡薄，其結果就是在心境上慢慢覺得孤獨。

有家庭的人，在年老的過程中慢慢看見子女孫輩的成長，或離家讀書、就業，或是兒女成立自己的家庭，老年人就會感受到空巢帶來的一點點孤獨。若是以往親密的伴侶又比自己早走一步，或是熟年失婚，那孤獨感就更明顯了。沒有結婚或是年輕失婚，也沒有伴侶的人，雖然長年獨身，年老時也仍然會有孤獨感。

換言之，一般說來，人在老化的過程中，不只是生物性生命的活力，連社會性生命的活力也降低。

我在原住民部落中工作經驗到年老伴隨著孤獨的現象。我牧養的教會所座落的部落，由於部落和鄰近的鄉鎮缺乏工作的機會，絕大部分的中壯年人都離開部落，長年在外地工作（也因為這樣，部落也沒什麼小孩子。我到部落裡的教會工作時，部落裡的國小全校學生三十九人。第四年，小學只剩下二十人。結局就是國小裁撤，剩餘的學生併入他校上課）。所以部落中有很多獨居的老人。

教會裡有位長者，四個兒女都在都會區工作，是標準的獨居老人；由於他生性較為木訥寡言，不善交際，更讓他成為孤獨的老人。有一年的父親節，部落剛好舉行豐年節慶，兒女們相邀一起回部落。他們到車站時打電話給父親，沒人接。兒女們心想「爸爸大概到豐年節慶的場地去了」，就直接去參加節慶的活動。在慶典場地見到許多久未見面的族人，熟人聊天暢談一段時間之後，他們才注意到沒看見父親的身影，就轉回家去。開門進去之後，他們看到的是倒在廚房地板上，已經沒有生命跡象的父親。

日本放送協會（NHK）特別採訪小組於二〇一〇年出版了一本很特別的書，書名是《無緣社會》（*MUEN-SHAKAI*）[1]。書中提到日本社會有一種現象，且愈來愈嚴重，就是有些人處於「無緣」的狀態——無血緣、無地緣、無社緣。這些人最後陷入一個人孤獨地死去，無人送終的狀況，就是「無緣死」。

NHK 根據他們的調查訪問，指出日本走向一個「無緣社會」。NHK 說，根據統計，日本一年至少有三萬兩千人，「原本過著平凡生活的人，一點一點地失去與社會的聯結，一個人孤獨地活著，然後，孤獨地死去」。這本書揭露的現象絕不只是日本社會特有的，

1 NHK 特別採訪小組，《無緣社會》（*MUEN-SHAKAI*）（鄭舜瓏譯，新北市：新雨，2014）。書中提到警方或地方行政機關查不到有些孤獨死亡者的身分，有時甚至是親人拒絕認領遺體的死者。

它道出年老伴隨著孤獨的真相，是令人感慨、不勝唏噓的真相。

年老既然常與孤獨連結，老年人要一方面學習獨處，從孤獨學習獨處之美；一方面學習擴展並建立新關係。藉著獨處，來發現可以讓自己心情愉快或開朗的事，如與小動物相處、聽音樂、看小說、作畫、到山林中散步等等。其實，我們人也需要獨處，體會內在的平靜、安寧。我們可以藉獨處來自我省察，面對自己內在的卑怯、愚蠢、恐懼，也讓自己與造物主上帝相處、交談。人的社會性生命因年老弱化的同時，可以藉此增強自己的靈性生命。

聖經怎麼看年老

〈創世記〉一至十一章中的聖經人物，在世之日的歲數有的高達八、九百歲，不過這一部分的記事被稱為太古史，所以一般不會把它當作歷史事實來看待。

先知耶利米在敘述叛逆的以色列人，無論大小，全民都要遭逢上帝的烈怒時，把人民分為孩童、年輕人、夫妻、年長者、高齡的人等（耶利米書 6:11，參看 51:22），意味著人生在世之日有這五種階段。所以，聖經書卷的作者也認為年老是人生的過程之一。

〈詩篇〉的一位作者這樣說：「我們一生的年歲不過七十，健壯的可能到八十。」（詩篇 90:10）就我們今天所知道的人類歷史而言，舊約聖經的時代，不管是公元前第幾世紀，七十、八十歲應該都是高壽了。不過，在上帝應許的新天新地裡，老年人都享長壽，一百歲的算是年輕（以賽亞書 65:20）。

聖經不同書卷的作者對年老有不同的評價。一般來說，舊約聖經認為長壽是上帝施予人的恩惠（參看創世記 15:12-15; 25:8；歷代志上 29:26-28），是聽從上帝教導的人的福分（箴言 3:1-2），也是上帝特別賜給孝敬父母者的福氣（出埃及記 20:12）。新約聖經也有孝敬父母者要得著上帝賜福的教導（以弗所書 6:2-3）。

舊約聖經常把白髮與年老相提並論，同時認為老年人具有崇高的社會地位，應受敬重（利未記／肋未紀 19:32；箴言 16:31; 20:29）；白髮和年老代表智慧（約伯記 12:12; 15:10），老年人可以敘述往事，使後輩得以從回顧歷史來學習（申命記 32:7）。天主教聖經〈德訓篇〉把這種觀點說得非常清楚：「白髮老人，善於判斷；年高的人，會出主意，是多麼美好！老年人富有智慧；有榮名的人，聰明而有智謀，何其相稱！閱歷豐富，是老年人的榮冠；敬畏上主，是他們的光榮。」（德訓篇 25:6-8）

不過，從「物質面」來看，老年人就不再像社會地位那樣受到重視。以〈利未記〉有關還願和估價的條例來說，在論及人向上主許願時，二十歲到六十歲的成年人，還願要付的金額是男五十塊銀子，女三十塊銀子（男女的價值不同）；五歲到二十歲的少年，男二十塊銀子，女十塊銀子；五歲以下的孩童，男五塊銀子，女三塊銀子；六十歲以上的老人，男十五塊銀子，女十塊銀子。這種差別有可能是對老人的優待，或是因為老年人體力較差，無法藉著勞動有所收入，我們不得而知；但以後者的可能性較大。

從「職能面」來說，雖然聖經教導人要敬重老人，正直的人在年老的時候仍然可以充滿活力，顯明上帝的公正（詩篇 92:12-15），但老人的功能卻相對不被看重。以作祭司的利未人為例，他們得以在會幕裡事奉的年齡是二十歲至五十歲（民數記 4:30；歷代志上 23:24；不過，根據民數記 8:24 的記述，事奉的年齡是始於二十五歲），五十歲退休，之後他可以在會幕裏助同事，但不可自己單獨辦事（民數記 8:25-26）。

被聖經學者認為較其他福音書更重視社會邊緣人的〈路加福音〉，有幾處經文特別提到老人的服事，如1章5至23節記述年紀老邁的撒迦利亞（匝加利亞），還可以依舊按班次值班，進入聖殿執行祭司的職務。2章36至38節提及一位八十四歲的寡婦，她一直在聖殿裡敬拜上帝，禁食、禱告。她也在耶穌的父母把耶穌帶到聖殿奉獻給上帝的那天，向人宣告上帝要藉著耶穌拯救世人的信息。

舊約聖經有一篇詩篇的標題註明是「一個老年人的禱告」。作者顯然是位老年人，他除了回顧年幼時對上帝的信賴，也表明一生都倚靠上帝，特別提到他「現在老了」。這位老年人似乎擔心他年老時，上帝會丟棄他；他髮白、衰弱時，上帝會撇下他、遠離他，所以他禱告上帝的垂憐與幫助（詩篇 71:9, 12, 18）。

這種心境可能也是很多老年人的心境。或許也因為如此，在脫離埃及人的奴役之後，曾經受摩西指派，和約書亞（若蘇厄）等人前往迦南地偵察的迦勒（加肋布），在八十五歲時向約書亞要求分給他應得的土地時這樣說：「看！我已經八十五歲了。今天我仍然健壯，像當年摩西派我出去時一樣。我仍然強壯，可以打仗或做其他的事。」（約書亞記 14:10-11）迦勒不希望約書亞因為他年老，以為他不再有能力從事生產，不再能夠領受上帝的賜福。

用心閱讀聖經的人一定會發現，新約聖經對年老或老年人其實著墨不多。〈提摩太前書〉5章1至2節提到不可斥責老年人；若要勸老年人，要像勸自己的父親一樣，待年老的婦人要像待母親一樣。這一教導除了顯示老年人（無論男女）都應該受到尊重，也指出人即使年老，也會有過錯，需要傳道人的規勸。

不過，同一書卷有一處經文，顯示初代教會對年老的婦女，也有當時社會對年老婦女的一些負面見解（老婦是無知的象徵，只有老婦才會接受無稽之談）：「要棄絕那世俗的言語和老婦的無稽傳說。」（提摩太前書 4:7）另外，〈提多書〉（弟鐸書）這一書卷則指出老年人當有的生活樣式，〈提多書〉2章2至3節這樣說：「你要勸老年人，要他們嚴肅[2]，有好品格，管束自己，要有健全的信心、愛心，和耐心。你也要勸年老的婦女，要行為謹慎。不可搬弄是非，不作酒的奴隸。」

還有，聖經也有多處經文提及人因年老不再有生育能力的事，亦即老年人是失能的

2 此處的「嚴肅」也可譯作「節制」。

人，至少在某些方面是失能了。

此外，有關老人，新約聖經〈約翰福音〉8章1至12節還有一個值得一提的記事。雖然這一段經文並未出現在大部分較早和重要的新約抄本中，但教會深信它的真實性。經文敘述一個女人在行淫的時候被抓到，猶太教的經學教師和法利賽派的人把她帶到耶穌的面前。他們問耶穌：「老師，這個女人在行淫時被抓到。摩西在法律上命令我們，這樣的女人必須用石頭打死。你認為怎樣？」

這其實是一個想要加害耶穌的圈套，他們的用意是想以耶穌的回答來控訴耶穌。根據經文的敘述，耶穌起初並未說什麼，只是彎下身子，用指頭在地上寫字。可是他們不停地問，於是耶穌就直起腰來，對他們說：「你們當中誰沒有犯過罪，誰就先拿石頭打她。」說完話，耶穌又彎下身子，在地上寫字。接著，事件的發展是：「他們聽見這話，從老的開始，一個一個都走開了，只剩下耶穌一人和那仍然站在中間的女人。」

接著，「耶穌就直起腰來，問她說：『婦人，他們都到哪裡去了？沒有人留下來定你的罪嗎？』她說：『主啊，沒有。』」最後，耶穌說：「我也不定你的罪。去吧，別再犯罪。」

我要指出的是，經文敘述群眾的反應時說「從老的開始，一個一個都走開了」。經文是否暗示一件事，即老年人比年輕人更能體會人生，更有自省和具備寬恕的能力？

面對年老

年老既是人生命中的一個過程，我們在世之日要如何面對年老的事實？

◆不要想「不老」，是想怎樣「慢老」

歌星趙詠華有一首歌，曲名是《最浪漫的事》（李正帆作曲，姚若龍作詞），歌詞有一段這樣說：

我能想到最浪漫的事
就是和你一起慢慢變老
一路上收藏點點滴滴的歡笑
留到以後坐著搖椅慢慢聊

我能想到最浪漫的事
就是和你一起慢慢變老
直到我們老得哪兒也去不了
你還依然把我當成手心裡的寶

是的，不是不老，而是慢慢變老！除非早逝，沒有人不會年老。所以，我們不是想如何不老，而是思想如何慢慢變老。慢老，就是拉長老化的過程，讓視力、聽力、體力、記憶力等的衰退、弱化速度較為緩慢。

一般說來，人想拉長老化的過程，要從身體和心理兩方面來著手。前面談及病痛時，曾提到日本的日野原重明醫師有關生活習慣病的見解，即他認為老人的疾病常常是生活習慣病。那麼，想要慢老，就得養成有助於健康的生活習慣。我們可以從各種健康雜誌或相關網站，學到很多有益老人健康的食譜和保健運動項目，然而，重要的是，我們是否持之以恆地按照所知道的來飲食和運動。

有些人想要在家做運動，買了諸如跑步機之類的健身器材。一開始有新鮮感，按時做運動，可是慢慢地就鬆懶了，後來健身器材就成為擱置不用的東西，甚至蒙上一層厚厚的灰塵。換句話說，這些人並沒有讓運動變成習慣。從身體的面向來說，我們有沒有養成健康飲食和運動的習慣，要決定我們是否達成慢老的目標。

◆心態的轉換：老化不是罪過

除了身體的狀況健康與否，人老化的過程跟他的心理狀態密切關連。

西方有諺語這樣說：「小心你的思想，它不久就化成你的行動；小心你的行動，它不久就變成你的習慣；小心你的習慣，它不久就形成你的性格；小心你的性格，它不久就造成你的命運。」舊約聖經中〈箴言〉4章23節也有類似這諺語的教導：「所思所想要謹慎，因為生命是由思想定型的。」（這節經文也可譯作「你要保守你心，勝過保守一切，因為生命的泉源由心發出」）〈箴言〉和諺語都提醒我們一件事，就是要覺察我們的心態——思想、行動、習慣、性格、命運之間的關聯性。我們想要慢老，就必須轉換一些不利於慢老的觀點和心態。

年老既然是生命的一個過程，我們就當以正面的心態來面對年老的現象。首先要確立的心態是，年老、老化不是我們的罪過，我們也無須因年老感覺羞恥。對於人的老化，新聞媒體經常用一種較為負面，甚至是嘲諷、歧視的方式來報導；特別是對於一些出名的演藝人員的老化更是如此。這是對老年人非常不友善的舉止。這種報導的撰文者難道未曾意識到自己有一天也會年老？他們年老時願意被人這樣描述嗎？人年老，皮膚出現皺紋、頭髮變白、視力開始衰退、聽覺感覺吃力、體力變差、記憶力減弱等，這都是很自然的生理現象；人不必為年老的一些現象感到可恥。

台灣人日常生活中有一個帶有歧視性的詞語「老廢仔」。有時老人會說自己已經是「老廢仔」，有時人們會說某某人是「老廢仔」，兩者都有負面的含意：人年老了就沒用，如同廢物。別人怎麼想，我們管不著，我們自己要轉換「老廢仔」的心態，絕不能自認為年老就是廢物，也不稱老人家為廢物。「家有一老，如有一寶」的俗語或許言過其實，「不聽老人言，吃虧在眼前」也不見得全然真實，但老人絕不是「老廢仔」。

◆預備迎接年老

就像我們日常生活中面對一些需要處理的事務時，我們會事先準備一樣，我們也要預備面對、迎接年老。中年之後，我們的人生閱歷應該帶給自己一些生活的智慧，讓我們得以思索自己要如何面對年老——孤獨、力衰等現實。

預備迎接年老，和計畫退休生活可以一起思考。有人說，人在中年之後應該學會同時兼顧工作與生活，在老年則要更認真了解生活和生命。預備迎接年老，就是體認自己的生物性生命和社會性生命正在轉變的實況，思想如何面對自己的靈性生命，更從靈性生命的面向來充實、美化自己的老年生活。

有一些非常實際的問題也是預備迎接年老時必須思考的。諸如，我們要怎麼安排自己年老的生活？是不是該放手讓兒女自己過活，多關心自己的伴侶？特別是在鰥寡的事實臨到之前，把握時光相親相愛。若財力許可，也有機會選擇，我們要住什麼樣的房子？是必須經常上下樓梯的透天厝？或是配有電梯的大樓？要選擇寬廣、房間多的大房子？或是不必花太多時間清掃、空間夠用的小房舍？是要繼續增購家具？或是盡可能只善用當前擁有的物品？甚至是開始規劃如何割捨身邊的物品？有什麼不需要的東西，或是不再使用的物品可以捨棄？怎麼下決心放下對某些物品的執著？畢竟今生所擁有的，有一天都要放離。其實，該割捨、放離的不應該只是可見的物品，也含括心靈中的雜物！

準備迎接年老最難的事情之一，是計畫住進安養院或養護中心。很多人認為把年老的父母親送到安養院是不孝，自己也排斥住進養護中心之類的機構。可是，我們年老的過程若拉長，我們年老的時候，孩子也年老了。誰照顧老年人？我爸爸晚年都跟我最小的弟弟一家人住一起；除了重聽，行動自如，甚至自己到教會參加主日禮拜或其他聚會。

父親九十四歲那年跌倒受傷，出院後需要外籍看護照顧，改住到空間較大、距離醫院較近的二哥家；那年我二哥也七十二歲了。兩年後，因我二哥心臟開刀，二嫂帕金森氏症日趨嚴重，又膽結石開刀，臨時請爸爸改住到大姊家。沒想到半年後，邁入七十歲的大姊也輕微中風。大哥召集家人討論，即使非常不願意，爸爸在九十八歲那年還是被安排住進養護中心。家人再怎麼不情願，還是做了這樣的決定，因為爸爸老了，我們兄弟姊妹也老了；老人很難再照顧更年老的親人。我爸爸大概從未想過有一天會要住安養院，所以起初一個月，天天跟安養院的照護人員吵著要回家。

我們要等著被送進養護中心，或是自己決定在適當時期住進我們認為可以接受的安養院？這是預備迎接年老時需要思想，心理上也需要調適的一件事。

操練心靈，享受老年的生活

預備迎接年老的目的就是要讓自己慢老，讓自己可以享受老年的生活。台灣基督長老教會的老人團契通稱為「松年團契」，社會上很多屬於老人的活動常稱老人為「樂齡」。無論是松年或樂齡，這些詞語的用意都指向享受老年的生活。

初代教會的使徒保羅，在和哥林多教會信徒論及他和同工的生命時這樣說：「雖然我們外在的軀體漸漸衰敗，我們內在的生命卻日日更新。」（哥林多後書4:16）我們可以這樣解讀保羅的意思：儘管生物性生命和社會性生命的活力都要減弱，靈性生命要保持活力。內在生命的更新，可以說是一種心靈的鍛鍊。我們的身體需要鍛鍊才能健壯，同樣，心靈也需要鍛鍊。

新約聖經中，有一封以使徒保羅之名寫給年輕傳道人提摩太的書信，作者這樣說：「要為著敬虔的生活鍛鍊自己。身體的鍛鍊固然有些益處，靈性的鍛鍊在各方面對你都有益處，因為後者帶來今生和來生的盼望。」（提摩太前書4:7-8）我認為，這一勸勉可以應用在心靈鍛鍊的面向。老年人固然也需要注重身體的健康，但需要操練的，心靈甚於身體。藉由心靈的操練，我們清除心靈中有傲慢老和心靈健康的雜物，讓我們可以盡情享受老年的生活。

◆接納自己，放下過去

在年老的過程中，我們的心靈需要操練、更新的面向之一，就是「接納自己，放下過去」。一般說來，老年人要比其他年齡層的人更能體會「我們不能改變過去」這個事實與道理。老年人要操練自己去接受的，不只是身體老化的事實，還要接納自己的過去，放下過去。

然而知道是一回事，做到又是另一回事。有人說，「放下」，就像放下執著，手中的杯子若是盛滿燙人的熱水，就不要執著要拿著杯子。放手，杯子會破掉；但手不會受傷。所以，「放下」是心境的轉換。其實，要放下手中傷人的燙杯子容易，要放下心中會傷人的杯子就不是那麼容易了。我們要操練自己接納自己以往歲月的種種。不要讓自己在「過去」裡面打轉，不讓「過去」成為我們向前的纏累；要從過去走出來。無論是怎樣的過去，都要讓它成為過去。

我們要為過去所犯的過錯懺悔，為過去的失落難過；但，也要告訴自己，我們不能改變過去，要讓過去成為過去。曾經犯錯，就確實悔改，不重蹈覆轍。我們不要讓過去摧毀我們現在和未來的生活。接納自己，放下內在的歉疚，與自己和好。

初代教會有位長老寫信給他的孩子（就是基督徒社群）時這樣說：「如果我們說自己沒有罪，便是欺騙自己，真理就跟我們沒有關係。如果我們向上帝認罪，他是信實公義的，他要赦免我們的罪，洗淨我們所犯的各種過錯。」（約翰一書 1:8-9）使徒保羅對哥林多教會的信徒也有類似的勸勉：「無論誰，一旦有了基督的生命就是新造的人；舊的已經過去，新的已經來臨。」（哥林多後書 5:17）我們要操練心靈，不斷地體認一個真理：上帝既然在耶穌基督裡赦免我們了，我們也要赦免自己。向上帝認罪，把罪交給上帝的慈愛，領受上帝赦免的恩典，享受上帝所賜的新生活。

這種心靈的操練，可以藉著類似這樣的禱告來領受上帝的赦免與平安：「慈愛與信實的上帝，幫助我深信你的慈愛永遠長存。我誠實、謙卑悔罪，求你憐憫與寬恕，並賜我平安，奉救主耶穌基督的聖名祈求，阿們。」每當敵對者（包括內在的控訴）企圖以我們的過去來困擾或阻礙我們掙脫過去的束縛時，我們可以如此禱告。上帝是垂聽禱告的上帝，也是寬恕、賜新生命的上帝。

◆更新自己

想要享受老年的生活，還有一個面向需要操練，就是更新自己。除了接納自己的過去，與自己和好，我們也要更新自己，讓自己超越原有的自己。當我們回顧自己過去的生命時，我們可能也會發現一個事實，就是別人對我們的一些虧欠或傷害，我們難以釋懷。我們可以為過去所受的悲苦傷痛，表達我們的不滿與憤怒。然而虧欠或傷害我們的人是否向我們道歉，並不隨我們的心意而行。

在一個普遍講求報復的現實社會中，我們要操練自己，不是以牙還牙的報復，而是以善報惡，以善勝惡（參看羅馬書 12:20-21）。我們要操練自己，不再歸咎於自己不幸的家世，不再諉過給不良的親友，不再讓那些虧欠或傷害的陰影繼續積存在我們心中，不讓別人的過錯與傷害宰制我們的日常與未來。我們要操練自己放下的過去，不只是自己的過去，也包括別人傷害我們的過去。上帝在他的慈愛中寬恕我們的過去，我們也要寬恕別人的過去；甚至與傷害我們的人和好。其實，寬恕他人，也是寬恕自己。

我們還要操練、更新的心靈是不倚老賣老。倚老賣老的人常活在過去，而活在過去就無法更新、超越自己。我們當然可以為過去的成就或榮耀，感到欣慰並引以為傲。但，我們不能存活在過去的美景中。老年人要操練自己，不要常以為自己是不可或缺的人，看開一些「得」與「失」。

其實，年老會幫助我們體會自己對很多人與事的無知，也該體驗許多事物沒有簡單的真相，許多人與事，我們很難，也不該輕易地斷定是非好壞。身處快速變遷的社會與文化，我們必須覺察，儘管記憶力退化，甚至有學習上的障礙，我們仍然必須操練自己的心靈適應新的情境；要努力永遠保持開放、學習的心志。

老人要如何在感受視力衰退、聽覺吃力的同時，心靈的耳目卻是耳聰目明？體力下降，但精神力則上升？操練我們的心靈！藉著心靈的操練來超越受限的體能和心智，好讓我們可以享受年老的日子。

◆自制、正直、敬虔

〈提多書〉2章11至12節這樣說：「因為上帝拯救全人類的恩典已經顯明出來了。這恩典訓練我們棄絕不敬虔的行為和屬世的私慾，在世上過著自制、正直，和敬虔的生活。」提多這位初代教會的傳道人從教會的靈性導師所領受的指示是，要教導基督徒在自制、正直和敬虔的面向操練自己。

基督教改革宗大師加爾文的《基督教要義》，是一本對後代基督教會有重大且深遠影響力的神學巨作。在《基督教要義》第三卷第十章〈論如何善用今生〉裡，加爾文這樣說：「如果我們必須生活，我們就得維持生活，我們非但要注意生活所必需的事，對於增進生活愉快的事也不能忽略。但不論是對生活必需或對娛樂的事必需要有節制，必須出自清潔的心。」加爾文這段話跟他對〈提多書〉2章11至14節的解釋相關，即他在同一本書第三卷第七章〈基督徒的生活——克己〉所論述的。

加爾文認為，基督徒的生活應該注意三個特質：自制、正直、敬虔。這些生活的特質，也是整全基督徒生活的三個面向——對自己、對鄰人、對上帝等三個面向應有的表現。基督徒對自己要自我節制，對鄰人要正直、公義，對上帝要敬虔。

這一勸勉既是針對所有的基督徒，當然也包括老年人。若從前述〈提摩太前書〉5章1至2節和〈提多書〉2章2至3節兩處經文的教導來看，這三個特質確實也是老年人心靈操練的重要項目。

自制——自我節制。教會認為老年人要在自制、克己，或是管束自己的事上操練自己，亦即老年人要學習清心寡慾，安貧不貪婪。儒家思想家孔子對老人也有類似的訓誡，他說：「及其老也，血氣既衰，戒之在得。」可見自制是東西方老人必須操練的一項心靈功課。人們懂得自制，生活就比較不會被無窮的慾望所驅使，工作就不會過勞，休閒也不會變成放縱。自制幫助我們遠離貪婪，過較為簡樸的生活。自制也讓我們謙卑、不驕傲。自制的生活，對自己的身體與品格都有益處。

正直、公義。美國政治與道德哲學家羅爾斯（John Bordley Rawls）認為正義是社會制度的首要價值；蘇格蘭哲學家羅斯（William David Ross）則指出正義是世人七項自明的義務（prima facie duties）中的一項。正直、公義也是教會認定的人與人之間生活該有的特質之一。秉持正直、公義的心態讓我們跟鄰人的關係是相互尊重、和平相處。

老年人操練自己以正直、公平的心態來了解世事，就會看清一個事實，即世事常常可以從不同角度觀看，真相可能不只一個；人，也無法簡單地被區分為好人、壞人。人都有上帝的形像，也都有墮落的罪性；世上沒有一個完人，我們自己也不是義人或聖人。正直、公義幫助我們學會寬恕，寬恕自己，也寬恕別人；對人更包容，對事更客觀。正直、公平的心靈幫助我們實踐其他自明的義務：忠誠（fidelity）、補償（reparation）、感恩（gratitude）、正義（justice）、慈善（beneficence）、自我改善（self-improvement）、不傷害他人（not injuring others）。

敬虔。敬虔就是謙卑地以心靈和真誠親近上帝——我們的生命根源。敬虔就是讓上帝成為上帝。敬虔的操練就是學習凡事尊上帝的名為聖，是祈求上帝的公義、慈愛和平等價值實現在地上。操練敬虔會讓我們不跟隨世界的潮流，而是追尋上帝對這世界美善的旨意。年老時在敬虔這一件事上的操練，會幫助老人更思索生命的意義，預備自己面對生命的主。

預備接受死亡

我們每一個人的出生都不是自己的選擇，人覺察、意識到自己的存活時，出生已經是既存、不能改變的事實。死亡，對絕大部分的人而言，也不是我們自己的選擇。死亡，是生命的一部分。「人終究會死」是人類歷史千古不變的事實。老年人對這一事實應該更有警覺，所以，人年老的時候要預備面對和接受死亡。

其實，只有勇敢面對死亡時，我們才能真正地存活。古人說：「未知生，焉知死。」但是現代生死學則說：「未知死，焉知生。」認識死亡，才能好好地活。曾獲美國葛萊美獎的歌星茱蒂．柯林斯（Judy Collins）有一首名為〈玫瑰〉（The Rose）的歌曲，其中一段歌詞就道出這個真理：「害怕破碎的心，永遠學不會跳舞。害怕醒來的夢，永遠沒有機會。不願吃虧的人，不懂得付出。憂心死亡的靈魂，不懂得生活。」[3]

台灣有句諺語「孔子公都毋敢收隔暝帖」，意思是世間事無常，夜長夢多，很多事都不按我們世人的計畫實現，連孔子這樣博學的智者都不敢輕易答應未來的事。西方世界也有類似的觀念。受到基督教文化的影響，西方人在寫信跟別人約定將來的事時，常會在信末加上 D. V. 兩字。它是拉丁文 Deo volente 的縮寫，意思是「如果主上帝願意」。雖然跟人家約定某時要做什麼事，但世事無常難料，一切在於上帝。它的出處是〈雅各書〉4章13至17節。

〈雅各書〉的作者以經商為例，奉勸基督徒在規劃人生時，要謙卑，不要驕傲自大。因為沒有人曉得明天自己是否還活著。這不是說人不可以規劃人生，而是談規劃的心態。〈雅各書〉的作者要我們在規劃人生時，謹記人生無常、短暫，我們是活在上帝的恩典中。換句話說，我們要有自覺，每一天都可能是我們在世之日的最後一天。我們要預備面對死亡。

很特別的是，〈雅各書〉的作者在講完世人應當存著謙卑的心在主上帝面前生活之後，他這樣說：「所以，如果有人知道應該行善而不去行，就是犯罪。」這樣的勸勉似乎暗示，預備面對死亡最好的方式就是行善。經商讓人們增加擁有，然而世人在這世上一切的擁有，有一天要失去，何不讓需要的人分享我們的擁有？年老預備面對死亡，就是思想如何讓老年的生活，從注重「擁有」，轉變到重視「存有」的意義。

在世之日盡可能行善，就是最好的面對死亡的態度。預備面對死亡就是好好地活，不畏死。其他有關預備面對死亡的心態，以及其他更具體的事務，將於下一章敘述。

3 原文為：It's the heart afraid of breaking that never learns to dance. It's the dream afraid of waking that never takes the chance. It's the one who won't be taken who cannot seem to give. And the soul afraid of dying that never learns to live.

小結

年老不是罪，也不是羞恥的事；我們要為得以活到年老感恩。當然，年老會有些現象讓人的生活比較不方便，所以面對年老，我們要設法慢慢變老。我們要盡力使自己在生物性生命和社會性生命的活力減弱時，因聖經所啟示之生命觀點的激勵，讓我們靈性的生命益發堅強。

我們要操練我們的心靈，轉換我們的心態，接納並放下自己的過去，並且更新自己，操練自己過著自制、正直、敬虔的生活。同時，預備面對死亡。

第九章

臨終，善終

農曆過年時，很多台灣人會在住家房子的門、牆上貼「春仔」。寫有各種吉利字詞的各式福貼，可能以「五福臨門」為最普遍；這是家喻戶曉的吉祥話。可是，五福是哪五福？或許有些貼春仔的人也不曉得。

根據《書經．洪範》，五福是指長壽、富貴、康寧、好德、考終命。不過，「考終命」並非生活用語，一般都會取其意，稱為「善終」，即享天年，安詳離世，也就是好死。所以，講白一點，好死是民間認定的一種福氣。然而，華人還是對「死」字有禁忌，即使是「好死」，也不願提到「死」，就有後人把「善終」改為「多子多孫」。

毋庸置疑，在世之日的終點就是死亡，能夠善終的確也是一種福氣。一個人如何能夠善終？除了上天的賞賜、個人的修為，也需要我們臨終之前的預備。可是，誰知道何時臨終？〈傳道書〉的作者觀察世人的日子，他的結論之一是「沒有人能夠決定自己的死期」（傳道書 8:8）。即使是醫師宣告病危，也有很多人還存活一段長時間。所謂的臨終之前的預備可能嗎？

臨終——字義之外的含意

臨終，一般的理解是將死、即將死亡之前；這是臨終的字典意義。可是，當我們從人必須為臨終做預備的角度來看的話，精確地說，沒有人知道什麼日子即將死亡，什麼時刻是臨終之際。所以，換個角度來思考，臨終其實是我們在世之日的每一天，特別是中年之後，邁入年老的日子，世人應該有一種覺悟，每一天都有可能是我們在世之日的最後一天，即我們每一天都面對臨終。

做每天該做的事，是面對臨終最好的態度。十三世紀聖徒法蘭西斯（方濟各）有一次在花園中工作，有人問他：「假使當天太陽下山時，你就要死去，你準備怎麼辦？」聖法蘭西斯很鎮定地回答：「我必須先把花園清除完畢！」[1] 美國作家、教育家海倫・凱勒（Helen Keller）有句名言，意思也是如此：「把活著的每一天看作生命的最後一天。」

聖經怎麼看臨終

〈創世記〉在記述亞伯拉罕安享天年、息勞而終之前的敘事中，提到他把所有的財產都給他和元配所生的兒子以撒，但也趁自己還活著的時候，把一些財物分給其他妻妾所生的兒子。然後，打發這些兒子到東方去，叫他們遠離他的兒子以撒（創世記 25:5-6）。以撒老了，眼睛也失明時，叫他長子以掃來，對他說：「我已經老邁，離死不遠了，你帶弓箭到野外打獵，照我喜愛的口味燒好，拿來給我吃，好讓我在死以前祝福你。」（創世記 27:2-4）

以撒的另一個兒子雅各在得知他早年失蹤的兒子約瑟不但沒死，且在埃及擔任首相時這樣說：「趁我沒死以前，我一定要去看他。」（創世記 45:28）雅各將死的時候，對約瑟說：「請你把手放在我的雙腿之間[2]，發誓不把我葬在埃及。我死後，你要把我帶出埃及，葬在我祖先埋葬的地方。」（創世記 47:29-30）雅各交代他的兒子約瑟，他死後安葬的地點。

約瑟在自覺死亡臨近時，對他的兄弟們說：「我快要死了，但是上帝一定照顧你們，帶你們離開這地，到他應許給亞伯拉罕、以撒，和雅各的那片土地去。」（創世記 50:24）看來以色列民族的先人亞伯拉罕祖孫四代，都在死之前，或為子女做了一些事，或是表達一些意願，交代一些後事。

1 威廉．尼古爾斯編，《成功者的座右銘—合訂本》（周增祥譯，台中：光啟，1968），第一集 91。

2 請要發誓的人把手放在對方的雙腿之間發誓，其實是把手放在對方的生殖器上的委婉說法，其象徵性意義可能是指誓約跟生命的起源與傳承有關，意即要嚴肅的發誓，不能更改。

〈申命記〉31至33章記述上帝命令死期已近的摩西，就是帶領以色列人脫離埃及為奴之地的領袖，要他寫下一首上帝要教導以色列人的詩歌。摩西也在去世之前，向以色列人祝福道別。〈約書亞記〉（若蘇厄書）23章也記述帶領以色列人進入迦南地的領袖約書亞在年紀老邁時，召集以色列人的長老、首領、審判官和官長來，告訴他們他「死的時候到了」，要走「世人必走的路」。他並提醒他們記得上帝的信實和他在他們身上的作為，並勸勉他們要堅強，遵守摩西頒布的教導。

有關臨終，〈士師記〉有一個較為特殊的記事。士師參孫（三松）被情所困，遭到所愛女人的構陷，失去上帝所賜的力氣而被敵人擒獲。參孫受盡折磨與羞辱，在臨死之前求告上帝，賜給他力量，為雙眼被挖一事報仇。結局是他傾全力推倒綑綁他的柱子，使廟宇倒塌，壓死他的敵對者非利士人（培肋舍特人）的五個首領和群眾（士師記 16:23-30）。〈士師記〉的作者在記述這件事時如此說：「參孫死時所殺的人比活著的時候所殺的還要多。」作者想要表達的信息是什麼？上帝垂聽參孫臨終前的祈禱？參孫作士師殺敵無數，和以色列其他士師一樣，讓族人可以在敵人環繞下安居一段時間？

舊約聖經中的智慧文學裡，有很多記述個人、民族遭遇死亡威脅，或因死亡的恐懼而求告上帝拯救的詩篇，但是這些詩篇不像是人們臨終前的禱告。〈箴言〉也有篇章記述人懇求上帝，就是在他未死之前，祈求上帝成全兩件事：不撒謊，不窮也不富（箴言 30:7-8），這也不像是一般所說的人臨終前的祈禱。

對生命與死亡充滿自我省思的〈傳道書〉7章2節這樣記載：「到有喪事的家去勝過到有宴會的家；因為活著的人應該常常提醒自己，死亡在等著每一個人。」〈傳道書〉的作者勸勉世人要警覺自己是隨時面對死亡的人。又說：「要為每一年的壽命感恩。無論你活在世上多久，要記得，死是更長久的。」（傳道書 11:8）這雖不像是作者對於臨終的勸勉，但作者勸勉人要以感恩的心來度日；為每一天感恩也是一種自覺每一天都是面對臨終的態度。

屬於啟示文學的〈但以理書〉的成書背景，是猶太人正遭受殘暴的異教國王的迫害；其中有一個故事提到三個猶太人被控不拜國王的神明。王下令把這三人帶到他面前，王問他們：「你們真的不拜我的神明，不向我立的金像下拜嗎？現在，你們一聽到號角、簫、七弦琴、箏、豎琴，和所有其他樂器的聲音，就要向金像俯伏下拜；不拜的人立刻要被扔進烈火熊熊的窯裡。你們以為會有神明來救你們脫離我的手嗎？」

對這三個猶太人而言，若他們不聽從王的話，這可以說是他們面對死亡的臨終時刻。他們怎麼回答？故事這樣說：「陛下，我們不願意為自己辯護。如果我們所敬拜的上帝能救我們脫離烈火熊熊的窯和你的手，他一定會救我們。陛下啊，即使他不救我們，你要知道，我們也絕不拜你的神明，不向你立的金像下拜。」（但以理書 3:8-15）換句話說，他們三人臨終前的態度是依然堅決持守他們對上帝的信仰，不畏死。他們以深信上帝會拯救的態度來面對臨終；即或不然，他們也毫無畏懼與悔意。

新約聖經對「末日」、「主再來的日子」，或「基督再臨的日子」的論述，可以幫助我們了解聖經對臨終的見解。耶穌到世上來是傳揚上帝國——上帝主權——將要實現的福音。福音書的作者認為，上帝國已經因為耶穌降世臨到人間，但罪惡與死亡仍然存在，救恩尚未完全實現。什麼時候會實現？耶穌基督再臨的日子！

馬太、馬可、路加這三本福音書都記述人子（耶穌）要在沒人知道的時刻再臨的教導。由於人子再臨具有最後審判和救恩完全實現的含意，也就是世人要為自己的言行受審判的日子。所以人們在世之日要隨時警醒、預備迎接這日子。耶穌告訴門徒，那將要臨到的那日那時，沒人知道。它像因行程延誤，可能半夜才來到的新郎；人們要預備好足夠的燈油，好隨時點燈迎接新郎。它也像那外出遠行，把家務交給僕人管理，忽然從外地回來的主人，僕人要準備好隨時向主人交帳。它也像小偷在人們不知道的時刻破門偷竊，因此人們要警醒戒備（參看馬太福音24章、馬可福音13章、路加福音21章）。

耶穌很清楚他傳講的上帝國福音對於傳統猶太教是一大挑戰，甚至也是對羅馬政權的威脅，也就是說，耶穌很清楚他要因為傳講上帝國的福音，面對死亡。所以，耶穌在傳道末期一再地告訴他的門徒有關他要受難和將要發生的事，教導門徒當如何盡門徒的本分。耶穌甚至在他在世之日最後幾天，和門徒享用猶太宗教節期的晚餐，闡釋並賦予新的意義。其中非常重要的一件事就是他要被處死，但也要復活，並且他要再來。

基督再臨是上帝國完全實現的日子，所以，門徒要警醒，預備自己迎接那不可知的日子的臨到。耶穌要他的門徒像隨時準備好面對基督再臨的日子，也就是把每一天當作臨終來生活。

使徒保羅在寫給教會的書信中，也有關於基督再來的教導。他在寫給教會的第一封信中這樣解說主再來這件事：

弟兄姊妹們，關於這事發生的時間日期，不需要人家寫信告訴你們；因為你們自己知道，主再來的日子就像小偷在夜裡忽然來到一樣。當大家正說「一切平安無事」的時候，災禍會突然臨到，正像陣痛突然臨到快生產的女人一樣。他們一定是逃脫不了的。但是，弟兄姊妹們，你們並不生活在黑暗中；那日子不會像小偷一樣突然來到。你們都是光明的人，是屬於白晝的。我們不屬於黑夜，不生活在黑暗中。所以，我們不應該像別人那樣沉睡；我們要警醒戒備。（帖撒羅尼迦／得撒洛尼前書 5:1-6）

保羅對「主再來」，或是「基督再臨的日子」的理解是，它像產婦的陣痛，或是小偷忽然來到一樣，無人知曉它臨到的時刻。所以，世人要警醒戒備。保羅在這封書信的末了這樣做結語：「願那賜平安的上帝親自使你們全然聖潔！願他保守你們的靈、魂、體，在我們的主耶穌基督再來的時候完全無可指責！」（帖撒羅尼迦前書 5:23）很顯然，保羅也認為基督再臨的日子具有審判的含意，世人要在那一日面對生命的主，要向上帝交帳（參看羅馬書 14:12）。

警醒戒備就是要讓自己在世之日的生活，在主再來的時刻，完全無可指責。世人的生活要全然聖潔、無可指責，其實是不可能的事，保羅的意思應該是世人應當盡力朝著完美的聖善來邁進。如同他向腓立比教會信徒說的：「這不是說我已經成功，或已經完全了。我繼續奔跑，只求贏得那獎賞……弟兄姊妹們，我並不認為我已經贏得了這獎賞；我只專心一件事：就是忘記背後，全力追求前面的事。我向著目標直奔，為要得到獎賞；這獎賞就是屬天的新生命，是上帝藉著基督耶穌呼召我去領受的。」（腓立比書 3:12-14）

保羅的生活態度是不斷地向前行。〈提摩太後書〉這樣記述保羅臨終前對自己生命的回顧：「現在就是我離開人世的時刻。那值得競爭的賽跑，我已經跑過；該跑的全程，我已經跑完；該守的信仰，我已經守住。」（提摩太後書 4:6-7）保羅作為基督福音的使者，他表明他在受託的工作上，已經盡了他的全力。他面對那不可知的「主耶穌基督再來」的日子，也就是面對死亡，他的態度是盡心傳道。把每一天當作臨終，盡力做好每一天的工作。

新約聖經〈彼得前書〉也有類似的教導。〈彼得前書〉的作者勸勉已經接受基督福音的信徒，在世上所剩下的日子裡，不要被人的慾望控制，也就是不要浪費光陰，不要過淫亂、縱慾、酗酒等沒有節制的生活，要自覺自己一定「要向那位將審判活人和死人的上帝交帳」（彼得前書 4:1-6）。換句話說，這一書卷的作者也認為，既然人們在不可預知的日子要面對生命與死亡的主，就必須謹慎過每一天的日子。

所以，新約聖經因著主基督要再來的信仰，對於臨終的看法，也是強調字義之外的含意；每一天都有可能是人在世之日的最後一天。教會對於主基督要再臨的教導，也不是關注何日何時主要再來，而是，每天隨時預備好要面對主基督。我們可以這樣做一小結，即新約聖經的教導是世人要學習抱持一種心態，要為著將來的盼望，在今日以行動來預備，即把每一天都看成是臨終、最後的日子，盡心好好地活。

還有，耶穌是上帝的兒子，但，作為一個人，耶穌如何面對臨終？耶穌在十字架上死亡之前，委請他所鍾愛的門徒照顧他的母親（約翰福音 19:25-27）。

面對臨終：規劃人生最後的日子

如果我們今日要為明日的盼望採取行動，如果每一天都有可能是我們在世之日的最後一天，我們要儘早（特別是邁入老年的階段）規劃自己的身後事，包括人生最後的日子。

◆預立遺囑

我們大概都從各種新聞媒體閱聽過一些社會上的名人，特別是大企業家與世長辭後，他們的子女為遺產的分配，彼此之間打官司；訴訟甚至長達多年，還未能妥善解決。這種事情之所以會發生，經常是當事人並未在生前立下遺囑。

我們雖不一定有什麼貴重或龐大的財產，家人也可能都和諧相處，預立遺囑仍是臨終前的必要。規劃身後事的重要事項之一是預立遺囑。其實，預立遺囑已經不是什麼新的觀念，目前各級學校的生命教育大多都會提到預立遺囑（雖然有些國小學生的家長不很理解它的含意而有異議）。

一般來說，遺囑的內容主要是有關擁有物或財產（不動產與動產）的繼承、捐贈，與分配，以及告別禮拜（儀式）的事宜和安葬的方式；也有人在遺囑中載明願意捐贈可用器官。我們也可以在遺囑中寫下對生命、信仰的看法，以及對家人的期待。由於我們不能確知離世的日子，預立的遺囑通常會在每隔一段時間後，因應自己生活的實況，以及家人關係可能產生的變遷，做必要的修訂或變動。

其實，預立遺囑的過程也是省思我們對財物、家人的關係，以及對教會、社會之價值的認知。譬如說，你必須嚴肅地思想，是要把財產全都留給家人，或是也捐出一部分——甚至是全部——給教會、慈善機構，或其他從事社會公益之團體？

◆準備好時候臨到時是平和地離世

美國著名的生命倫理學家丹尼爾・卡拉漢（Daniel Callahan）在《生命中的懸夢：尋求平和死亡》（*The Troubled Dream of Life: In Search of a Peaceful Death*）一書中這樣描述

現代人的一種現象：「生命延長了，健康惡化了；病痛延長了，死亡緩慢了；壽命延長了，痴呆嚴重了。」[3]

現代人死亡的現象跟以往比較，則有下列的區別：以前，在家死；如今，在醫院死。以前，在親人圍繞中，有情感互動的氣氛下死；如今，在加護病房被隔離、孤獨地死。以前，溫順、平和地死；如今，在各種急救措施中狂暴、痛苦地死。這些事實可能也是我們很多人的體驗。

我父親一百零二歲安息。二〇一九年六月中旬，父親因肺炎住進醫院。起初還能在照護人員的協助下進食，後來因為經常嗆到，未能順利吞嚥，醫師詢問我們兄弟姊妹，是否要插鼻胃管，也就是改以灌食的方式，來提供必要的營養和藥物。由於父親在世之日從未跟我們兄弟姊妹談到他病重時，要我們採取怎樣的醫療措施。依據二〇一九年政府公告的「病人自主權利法」，父親既然沒有預立醫療決定，父親的臨床條件也未能清楚表達自己的意願時，是否插鼻胃管就由我們兄弟姊妹這些所謂的關係人來決定。

當時，我們兄弟姊妹為了是否要給父親插鼻胃管，有過激烈的爭辯。兄弟姊妹中，有人認為若不插鼻胃管，父親既不能進食，也無法服藥，等於是讓父親餓死或病死。也有人

---

3 丹尼爾．卡拉漢（Daniel Callahan），《生命中的懸夢：尋求平和死亡》（*The Troubled Dream of Life: In Search of a Peaceful Death*）（張至璋譯，台北：正中，1996）。

認為，父親的情況已經是末期病人，不應該讓父親的身心再承受插管帶來的痛苦（父親曾有自行拔除點滴針管的情形，看護人員不得不把父親的手綁起來。這種措施讓父親非常生氣又痛苦）。兄弟姊妹的出發點都是善意，卻因為各自的想法不盡相同，表達意見時又難免帶有情緒，那種場景令人難過。

我們兄弟姊妹為是否給父親插鼻胃管爭辯時，我想起母親長期臥病、臨終安息前一天的情景。那天晚上輪到我在醫院陪母親，母親把我叫到床邊，要我為她禱告。我問媽媽，有沒有什麼事需要我特別代禱的，沒想到媽媽這樣告訴我：「孩子，禱告上帝讓我死。」我直覺的反應是：「媽，我怎麼可以這樣祈禱？」可是媽媽帶著一點哀傷的眼神跟我說：「孩子，我現在沒什麼遺憾。你們都長大、相信基督，沒有不良嗜好，有正當職業，我沒什麼遺憾。我不想這樣痛苦，也讓你們痛苦。孩子，替我祈禱上帝，讓我死，我要回到天父上帝身邊。」

我確實感受到這些日子以來病痛帶給母親的折磨。我祈禱，但沒禱告上帝讓媽媽死；我祈求上帝的憐憫。隔天，我下班去醫院，準備接替大哥和妹妹看顧媽媽。一進病房，看見醫師和護理師正在實施心臟電擊急救。我真的覺得沒有必要那麼做！媽媽不該再受這種苦！所幸醫師也沒連續、多次電擊，他跟我們說：「你們媽媽的身體已經到這地步，我們就不要再讓她受苦了，你們可以接受嗎？」就這樣，媽媽卸下病痛與勞苦，走完她的一生。

爸爸是否插鼻胃管的事，最後，兄弟姊妹大家同意，由照顧父親最久最多，可能比較理解爸爸想法的小弟作決定；他決定不讓父親插鼻胃管，讓父親住進安寧病房。七月十七日轉入安寧病房，二十一日，父親就安息了。

政府公告「病人自主權利法」後，我們規劃人生最後的日子更要包括預立醫療決定了，就是「事先立下之書面意思表示，指明處於特定臨床條件時，希望接受或拒絕之維持生命治療、人工營養及流體餵養或其他與醫療照護、善終等相關意願之決定」。其實，預立醫療決定，不一定要在生病時才做。

預立醫療決定，不但讓家屬尊重我們對醫療的自主性——生命與死亡之尊嚴的看法，讓自己真的是善終——平和地離世，也免除家屬可能因我們之醫療而遭遇的一些困境及其引發的爭端。我們也可以在預立醫療決定裡註明器官捐贈的意願；我在二十多年前就簽署器官捐贈的意願書，我把器官捐贈同意卡跟我的駕照放在一起。

◆重大心願的完成

由於我們無法確知哪一天是我們在世之日的最後一天，在哪一天，或哪一時刻，我們手邊一定會有未竟之事。然而，我們若是可以在「閉上眼睛，不再醒來」前完成重大的心願，或許我們可以更平安、沒有遺憾地走完人生。希伯來的詩人就曾這樣向上帝祈求過：

「求你寬容我，讓我在去而不返之前有一點兒安樂。」（詩篇 39:13）

有些人在年老時，後悔年輕時沒有足夠的勇氣去走自己想走的路，做自己想做的事；有些人遺憾過去自己沒有在該說出心聲或見解時，適時地說出。然而，這些都已過去，也該放下，讓它們成為過去。我們放下不能回頭去做的事，但，還有什麼想做、又可以做的事嗎？這都可以列入人生最後日子的規劃裡！既然屆時必然會有未竟之事，什麼事算是我們重大的心願？

- 做什麼會讓自己所信奉、敬拜的上帝喜悅與讚賞？
- 做什麼會讓自己或是讓自己所愛、關心的人開心、滿足？
- 與親人、好友到一直想去、卻仍然沒去的地方旅遊？
- 拜訪什麼人——啟蒙的恩師、敬仰的長輩？
- 參訪某一美術館或博物館？
- 向某人表示感恩、說聲多謝？向某人致歉？
- 若是財力許可，想做些什麼？成立某種基金會來從事我們心中期待的一些事？
- 捐款給跟自己理念相同的教會或社會福利或慈善機構？

我們大概在書店看過，甚至也讀過一些名人的回憶錄；其實，回憶錄或傳記不是名人才可以寫，也不一定要長篇大論，不一定以紙本書的形式出版。我們每個人都可以有一個撰寫傳記或回憶錄的心願。我們可以在想像自己人生最後的日子即將臨到前，寫下自己對生命的體會，以及對一些世事的見解，定期在臉書、部落格，甚至 line，跟親友分享。

日本作家曾野綾子在《戒老錄：拯救自己》一書中奉勸老人，不要心中有些石塊吐完才要辭世的念頭[4]。我有同感。所以我說的另類的傳記或回憶錄，不是日記的擴充版或減縮版。抱怨、仇恨、批評人的話語，就不用再提了。我們該留下來的，不是怨恨、爭端，而是和平、慈愛、盼望。

曾野綾子記述她去參加一個友人的喪禮，發現參加喪禮的人把菊花放進棺木時，友人的兒子把亡者的日記本也放進去了。她小聲地詢問亡者的兒子，把他父親的日記燒掉好嗎？曾野綾子說亡者的兒子很安詳地回答：「留下不平、不滿的記錄，身為父親的說不定也覺得很羞恥……我也是個很軟弱的人，當我知道父親詛咒我的時候，我也恨父親。但如果能不去讀它而終結整件事情，我想，我大概只會記得父親的好處吧。」[5]

我認為，日記是寫給自己看的（我甚至懷疑有些政治人物的日記好像有意要寫給後人看，以致其中似乎參雜著一些虛偽、矯情、不真實的記事）。我們可以根據自己的日記來寫傳記、回憶錄，但可能記錄著自己的隱私、軟弱，或是一些充滿哀怨或憤恨話語的日

4 曾野綾子，《戒老錄：拯救自己》（陳正玲譯，台北：正文，1998）。
5 曾野綾子，《中年以後》（姚巧梅譯，台北：天下，1998），137-138。

記，就在死之前給燒了吧；或是交代遺囑，跟遺體一起火化吧。

◆告別的儀式與安葬

在世之日最後的日子裡還要規劃的事情之一，就是自己的告別禮拜或儀式，還有安葬的方式。

告別儀式也就是葬禮。我們的文化傳統強調「葬之以禮」、「祭之以禮」。換句話說，活人藉著告別禮儀來表示對於亡者的哀悼、敬意與孝道，也讓亡者的一生在告別儀式中受到推崇與讚譽，獲得哀榮。不過，有些葬禮顯然張大其事，講究排場甚於哀悼之情。有些告別儀式看來是在彰顯活人的財富、名望、地位、權勢，而非活人對於亡者的懷念與追悼。

現在有些人為自己舉辦所謂的「生前告別禮拜」，就是趁自己還活著的時候，辦理告別儀式。據我了解，辦生前告別儀式的人，除了想為自己一生的日子感謝上帝和親友之外，大概想要藉此機會，見見親朋好友「最後」一面，也跟他們道別，甚至聽聽親友們如何看待他的人生。通常舉辦生前告別儀式的人一旦安息，親人就不再為亡者舉行什麼告別或追思禮拜了。所以，生前告別禮拜或儀式的舉辦，是面對臨終的人的一種心願。

有關告別禮拜或儀式，我們可以進一步認真思想一件事，即，告別禮拜或儀式是為誰舉行？是為亡者或是活人？有關告別禮拜，台灣基督長老教會的《教會禮拜與聖禮典手冊》裡有兩段解說的文字。第一處這樣說：

教會的喪葬禮儀，是表明我們對生命的尊重以及期待復活的具體表現，更是我們對生命的主宰——上帝的尊崇與敬拜。同時，也幫助人瞭解在聖經的啟示裡，闡明生與死的奧秘，澄清人對死的害怕與絕望；再說，也藉此再一次提醒信徒重新反省自己的信仰和人生的方向，悔改來跟隨主[6]。

第二處這樣陳述：

告別禮拜在於表達對生命之主的敬畏，對永生的盼望和確信，也是對故人的追思與懷念，以及對遺族的安慰與同情[7]。

所以，告別禮拜是遺族為亡者之死舉行的儀式，雖然是一個讓親友追思亡者、向亡者表示哀悼與告別的儀式，它同時也是遺族和其親友——活著的人——在敬拜上帝，聆聽聖經中有關生命與死亡的見解，對永生之盼望的確信，以及期盼從上帝而來之安慰的信息。因此，告別禮拜的氛圍是活著的人——死者的親友——在敬拜上帝，象徵信徒的團契

6 台灣基督長老教會總會信仰與教制委員會編，《教會禮拜與聖禮典手冊（華語版）》（台南：台灣教會公報社，2013），164。

7 台灣基督長老教會總會信仰與教制委員會編，《教會禮拜與聖禮典手冊（華語版）》，170。

陪伴死者走向永生上帝之榮耀旅程的最後路途。我們期盼遺族和親友在經歷親人死亡之不捨與哀傷中，藉著禮拜的儀式，無論是詩歌、祈禱，以及聖經的信息等等，獲得安慰與盼望，也再次確立對上帝的信仰，並對基督福音以及生命與死亡有著更深的體認。

因此，我認為告別儀式的規劃，既非純粹是生者個人的事，也非全由遺族親友來決定。面對臨終的人可以對自己的告別儀式有些想法，卻也要尊重親人的感受。我們要思想的事應該是：怎麼樣的告別禮拜或儀式，可以表現我們的信仰、為人與處世態度，又讓我們的親友陪伴我們走向榮耀、永生的上帝，並獲得安慰與盼望？

我希望死後的告別、追思禮拜可以儘量簡單，因為我不想勞煩親友奔波。我也不會辦生前告別禮拜；禮拜的重點是上帝的話，不是人的話語。要我在所謂的自己的告別禮拜儀式中公開說些感恩的話，坦白說，我覺得有些話還是私下說比較自在。若是我年老臨終前還行動自如，我會設法於在世最後的日子裡，找時間去拜訪親友，交談中坦誠地表示或許這是最後一次見面。

我們可以用適合自己性格，也是自己喜歡的方式來跟親友道別。我們若覺得跟親友說類似「我這一生真的很感謝你」、「過去若有什麼冒犯之處，請你包容見諒」這樣的話，具有意義，就真誠、勇敢地說。其實，關係好的親友，你不說，他們也會有所感受，也會接納你。重要的是表示愛與感恩，不要留下遺憾。

不久前，我遇到一位丈夫早年過世、現在已經九十多歲的長輩，看起來仍然很健康。

她告訴我，她正在為自己製作一個短片，準備要在她自己的告別禮拜中播放。她告訴我，她好幾十年前就開始整理過去的照片，包括她小時候的照片，她求學、工作的照片，以及她當老師和學生互動與出遊的照片、她跟先生一起旅遊，還有她退休後一個人跟團到各地旅遊的照片。她要自己選擇具有代表性的照片、影片，在告別禮拜中播放，讓她的親友可以懷念她。

這位長輩的想法實在很有意思。我在教會牧會，跟過世信徒的家屬一起準備告別禮拜時，我常發現一件有點棘手的事，就是要請誰寫故人的略歷？故人的生平略歷，家屬有時也不很清楚。家父過世時一百零二歲，父執輩還存活的甚少，母親也已經過世數十年；我們作子女的要怎麼寫父親一生的略歷才不會有所遺漏？還好，爸爸生前曾接受安平文教基金會的邀請，出版一本屬於地方耆老口述歷史的書籍《漁波盪漾》。我們兄弟就根據這本書為父親做了一個年譜。這個年譜只記述生平事蹟，沒有美化或褒揚。我現在也為自己寫這樣的年譜，只是想讓子女有個了解與記憶。

至於安葬，現在越來越多人不再選擇土葬，甚至在遺體火化之後，骨灰也採樹葬或海葬，不再有墳墓、墓碑。我的選擇是，遺體火化，骨灰撒於山林間（若法令不准，就樹葬）。我們回想一下，我們認識幾代的祖先？還記得曾祖父母的墓園在哪裡嗎？多久去一次？我認為，子孫若能記念過世長輩的親情，墓園並不重要。

接受臨終前的療護和關懷

除了在睡夢中辭世，或是遭逢意外與猝死，大部分的人或許在可預期的臨終之前，可能會有一段時間是住院接受治療與照護。儘管我們可能已經看透、領悟生命的意義，也預立醫療決定，臨終前肉體的疼痛，或是心靈的一些糾結，可能也出乎我們的預料。我們必須坦承，這或許不是我們可以平靜、安然地應對的情境。所以，我們也要勇敢、謙卑地接受臨終前的安寧療護與關照。

簡單地說，安寧療護期待為臨終病人提供正確、完整之身、心、靈全人的醫療照顧，是一種提昇臨終病人與家屬生活品質的全人照顧，包括藉著宗教信仰，舒緩、抒解病人或家屬面對臨終而引發的，在生物性生命、社會性生命、靈性生命等各方面的疼痛與困苦，期待達成「生死兩相安」的結局。

現在許多大醫院都有安寧病房，也有安寧療護的團隊，協助病人，有尊嚴、平和地走完人生最後的一段路。

思想我們跟生命根源的關係

其實，我們若想平和、安詳地走完人生，我們一定要思想我們將如何面對生命的根源——上帝。唯有跟生命的主上帝復和，跟上帝建立合宜的關係，我們才有可能真正的安息。

或許我們聽過《如果明天就是下一生》這一首由張卉湄（張惠美）填詞、石青如作曲的合唱曲。其中開始的一段歌詞是這樣：

歲月在你我呼吸間流浪
當終點抵達，那些想望休息了嗎
身心在日出日落間耗轉
當無常宣判，你的心回家了嗎
周遭一幕幕演出不存在的陌生
尋尋覓覓哦，斷線珍珠怎麼接，失落的音符怎麼唱
如果明天就是下一生，你將如何度過今天
如果明天就是下一生，你將如何度過今天

如果明天是在世之日最後一天，我們要如何面對生命的主？這是我們要經常思想的一件事。

小結

「善終」是傳統華人對死亡的期盼，現代人也不例外。然而，臨終，不只有字面的意思，也有字義之外的含意。就字面意義來說，我們或許有可能在年老臥病時，察覺自己在世之日已經不多，我們必須為臨終、即將面對生命的主這件事做準備。

就臨終字義之外的含意而言，每一天都有可能是在世的最後一日，我們更需要提早準備，隨時準備。除了準備預立遺囑、醫療決定，設法完成重大的心願，安排告別的儀式等等，也安靜自己的心靈，思想我們跟生命的主的關係。臨終，生物性生命即將消失，社會性生命也將結束，但，靈性生命將要永存。唯有做好準備，我們才能真正「善終」。

第十章
信望愛的生活

前面已經說過，聖經對於生命與死亡的見解是，關心人的靈性生命和社會性生命，甚於生物性生命。雖然不多，聖經確實談到人死後的世界，但是它的觀點是，人死後之牛命的景況其實是取決於今生的日子。新約聖經主要的關心是，人的靈性生命如何呈現於在世之日的日常生活中。

那麼，聖經對於經常有病痛、失落、苦難，甚至有一天會年老、死亡的在世之日的生活，有什麼教導？若是世人必須重視靈性生命，世人在世之日的生活該有什麼特質，聖經怎麼說？答案很清楚，就是世人的生活該有信望愛的特質，世人應該致力於活出信望愛特質的生活。

新約聖經中的書信，可以說是初代教會的使徒和領導者，對處於不同情境中之基督徒的生活教導。儘管實況、處境有所差異，很多書信卻都提到信望愛的美德。以下經文就是實例：

‧信心、盼望、愛這三樣是永存的。（哥林多前書 13:13）

‧在替你們禱告的時候，我們常常感謝上帝，就是我們的主耶穌基督的父親；因為我們聽見你們對基督耶穌有信心，對所有信徒有愛心。起初，福音真道傳到你們那裡的時候，你們就聽見了這福音所帶來的盼望。這樣，你們的信心和愛心都是以那為你們保存在天上的盼望為根據的。（歌羅西書 1:3-5）

‧我們常常為你們大家感謝上帝，在禱告中不斷地提起你們，在我們的父上帝面前記念你們怎樣把所信的實行出來，怎樣以愛心辛勞工作，又怎樣堅守對我們的主耶穌基督的盼望。（帖撒羅尼迦前書 1:2-3）

‧我們要以信和愛作護胸甲穿上，以得救的盼望作頭盔戴上。（帖撒羅尼迦前書 5:8）

‧至於你們，親愛的朋友們，你們應該始終堅立在至聖的信仰上，藉著聖靈的力量禱告，常常生活在上帝的愛裡，仰望我們主耶穌基督的憐憫，好得到永恆的生命。（猶大書／猶達書 1:20-21）

‧基督是上帝在創世以前預先揀選，而在這歷史的末期為你們顯現的。藉著他，你們信了那使他從死裡復活、並賜給他榮耀的上帝；因此，你們的信心和盼望都集中於上帝。現在，因為你們順服真理，你們已經潔淨了自己，並且跟其他信徒有手足之情，從心底熱切彼此相愛。（彼得前書 1:20-22）

其實，信望愛的特質不只是基督徒該有的生活特質，它們也是一般人的生活該有的特質。美國神學家尼布爾曾經這樣說：

> 真和美的事業不可能在歷史的某一小段內充分表現出來，因此，我們需要信；偉大的工作不可能在人的一生中成就，因此，我們需要望；任何善事都不可能由個人的力量單獨完成，因此，我們需要愛[1]。

尼布爾是位基督教的神學家，但是他在這裡所說的信望愛的生活特質，也可以從一般生活經驗與智慧來理解。換句話說，信望愛的特質是普世價值，是所有世人都該有的牛活特質。

信望愛的特質，既可以從生活經驗累積的智慧來談，也可以從聖經的觀點來解說。

---

1 Reinhold Niebuhr, *The Irony of American History* (New York: Charles Scribner's Sons, 1952), 63. 中文譯文採用網路流通版，譯者不明。原文是 "Nothing that is worth doing can be achieved in our lifetime; therefore we must be saved by hope. Nothing which is true or beautiful or good makes complete sense in any immediate context of history; therefore we must be saved by faith. Nothing we do, however virtuous, can be accomplished alone; therefore we are saved by love."

信心

接下來，我會分別從生活經驗的智慧，以及聖經的觀點，來解說信心，並闡明以信心的態度在世生活的重要性。

◆生活經驗之智慧的觀點

自信。從常人的生活來說，自信是人心理健康的特徵之一。自信在怎麼作人做事方面，都是深具影響的因素。缺乏自信之性格的人，常懷疑自己的能力，容易顯得躊躇、猶豫不決，無論是與人相處，或是做事，都比較容易陷入困境。所以，有人說，缺乏自信的人不易成就大事；自信是人可以完成艱鉅工作的條件之一。

曾經一段長時間名列世界羽球女子單打第一的台灣運動員戴資穎，她的手腕上有個刺青——圖案是蛇（她爸爸的生肖），文字是「相信自己」（她爸爸對她的鼓勵）。戴資穎說，比賽場上，她每次把手舉起來呼喊時，看到刺青的文字，都感覺更有力量。這是自信帶給人向上、積極的一個明證。自信是人們過正常生活必要的條件。

自信不是自滿，也不是自以為是。自信出於對自己的認識和決心。所以，設法認識自己的優缺點是培養自信的第一步。世上沒有一個十全十美的人，每個人都有優點和缺點。用力發揮自己的長處，也盡心改善自己的短處，自信心就會湧現。想要有自信心，就不要太在乎別人的眼光，也不要一直拿自己跟他人來比較。積極、正面的思想也有助於自信心的形塑。

信任他者。除了自信，信心也包括相信、信任他者。這裡所說的「他者」，包括人、組織和其運作的機制。其實，若對他者沒有一些基本信任，我們幾乎無法在世上生活。試想，一個人若不相信身邊的人，怎麼交談、互動、一起做事？儘管俗語說「逢人只說三分話，未可全拋一片心」，社會上詐騙事件也層出不窮，人與人之間必然還是要有一些基本的信任。

我們若對他者總是抱持懷疑的態度，就會想要察驗他者的所有言談和作為，這樣，我們要怎麼過日子？舉例說，我們與人相約見面，倘若沒有信任，我們怎麼會赴約？倘若我們不信任政府的郵務體系和機制，就不會把信件投入設置於路旁的郵筒，那，我們要怎樣傳遞信件？或許有人會說，我們可以轉交民間的投遞公司或機構。可是，這也必須以我們信任該公司或機構之運作機制為前提。

再舉一個例子，無論走路或開車，我們必須對他者有些信任。儘管有人不守交通規則闖紅燈，我們還是必須相信絕大部分的行人或車輛，會在紅燈的交通號誌前停止前進，否則我們無法上街行走。

信任他者並不排除理性，反而是建立在理性和常識的基礎上。所以，信任他者不是天真無知；信任他者並不反智，它和誤信虛幻假象有別。

信任他者也包括被他者信任的含意。我們信任他者的同時，也成為他者信任的對象。我們信任他者，也被他者信任。我們要成為別人可以信任的人，或是一個組織、機構可以信賴交託職務的人。只要求他者成為可信任的對象，本身卻不能被信任，我們與他者也無法建立真正的關係。總之，我們的日常生活得以維持正常，是建立在我們與他者間的一些基本信任——互信——上面。

信念。除了自信和信任他者，我們的心中其實都有某種信念，作為我們處世待人之道的原則。這種信念，可能來自我們的宗教信仰，也有可能是源自父母的教導，或是我們的人生閱歷所形塑的。對於這些信念，我們或許自覺，或未曾意識到，卻是我們據以作人做事的人生哲學。有些人稱這些信念是天理，或是良心。這種信念其實就是我們的人生觀、價值觀的基礎，也就是我們生命的根基。

◆聖經的觀點

就如俗語「舉頭三尺有神明」所說的，很多人相信上帝或神明的存在。聖經的敘事顯明，信上帝或神明是很自然的一件事，但是以色列人被要求唯獨信仰上帝；他是創造主，是拯救主，是與世人同在的上帝。這位上帝本體的特質是靈，是獨一無二、至高的，是自我存在又自主、自由的，是無所不在、永生的上帝。

這上帝的屬性是全知、全能，他的本性是愛、神聖、公義、慈悲、憐憫、和平、信實、聖潔。信，也指信上帝是如同我們的父母親、朋友，甚至是好牧人[2]。信上帝也指服從上帝，遵行上帝的教導。換句話說，對上帝的信，要內化成生活的信念，要成為世人日常生活的倫理指引，也要外顯於待人處世的行為。信上帝的人是跟上帝有合宜關係，又在生活中顯明此種關係的人。

新約聖經中，信，通常是指信上帝；特別是指相信上帝在人類歷史中，曾多次用多種方法向世人啟示他自己的存在與本性，並於末世，藉著耶穌基督向世人彰顯和啟示他自己的上帝（參看希伯來書 1:1-3）。所以，信，也指信耶穌基督是世人的救主，相信世人藉著耶穌基督脫離罪的轄制，跟上帝和好，跟上帝維持合宜、和睦的關係，作上帝的兒女，分享上帝的本性（參看羅馬書 3:26; 5:1-11；彼得後書 1:3-4）。

信，又指相信聖靈（聖神）——上帝的靈——一直在發揮作用和能力，引導、眷顧世人的生活。人信上帝，就是人在世之日關注靈性生命的表現。在新約聖經中，強調信上帝是相信耶穌基督所宣講之上帝國的應許，就是相信人在耶穌基督裡，生命得以更新重生。相信耶穌基督的人，要獲得永生；在世之日就開始享受跟上帝同在的美善和永恆的生命。

〈希伯來書〉的作者這樣定義信：「**信心是對所盼望的事有把握，對不能看見的事能**

2 有關上帝的特質、屬性，和意象，請參看陳南州，《上帝是怎樣的上帝——我從聖經認識的上帝》（台南：公報社，2017）。

肯定。」（11:1）信，在聖經裡面，它的含意不是因為我們不能證實，不得不只好相信。信，包含理性，但超越理性。信，是結合理性與心靈的活動。世人不是憑著眼見，而是藉著堅定恆久的信，來獲得上帝所應許的一切，特別是那要在終末才會全然實現的拯救。

然而，信仰並非摒除理性，中世紀神學家安瑟倫（Anselm）就強調「信仰尋求了解」。基督徒的生活，除了信心，還要加上美德和知識（參看彼得後書1:3-8）。信，同時是一種實踐。人們對上帝的信，要在生活中呈現出來。使徒保羅在他寫給教會的書信中，之所以稱許收信的基督徒社群，就是因為他們把所信的實行出來（參看帖撒羅尼迦前書1:2-3）。

◆以信的態度在世生活

誠如尼布爾所說的：「真和美的事業不可能在歷史的某一小段內充分表現出來，因此，我們需要信。」信，不只是一種告白，而是一種生活。聖經的教導是人應當以生活來呈現自己的信。

綜合來說，聖經所說的信，是指信耶穌基督所彰顯和啟示的上帝，但是人對於上帝的信要呈現在人的自信、人跟他者之間的互信，也要成為人待人處世、作人做事之信念的根基。耶穌認為，有信心的人，什麼事都是可能的（參看馬可福音9:23）。

人在世之日，需要一種信念作為人生觀、價值觀的基礎。基督徒認為這種信念就是信上帝，也把對上帝的信，融入自信、信任他者的生活中。也就是以耶穌基督所彰顯、啟示的上帝的教導，作為我們生活之信念的根源。

以信的態度生活，讓我們跟生命的根源——上帝——有合宜的關係，這不只攸關我們的靈性生命，我們的社會性生命也會因為靈性生命的健全而豐盛。

與「信」對立的，是懷疑、信心不足、不信。懷疑不一定是錯誤的心思，錯在沒有進一步尋求解惑。懷疑可以是導引我們進入信心的敲門磚。遇有疑慮之事，要尋求擴充學識與見聞來增進自己的了解，建立信心；了解真相對去除疑慮有很大的助益。開放心胸跟有信仰的人對話交談，也有助於釐清我們心中之不信。

尼布爾說「我們需要信」的字句，若依英文字義直譯，是「我們需要藉著信來得拯救」。換句話說，我們需要「信」來脫離在世之日的各種處境。〈馬可福音〉9章14至24節記述一個為人父親的前來求助耶穌，希望耶穌治好他的兒子。他對耶穌說：「你若能做什麼，求你憐憫我們，幫助我們！」耶穌回答說：「你說『你若能』，其實有信心的人，什麼事都能！」孩子的父親立刻大聲喊：「我信，但是我的信心不夠，求你幫助我！」我們都可以學習這孩子的父親，坦承我們信心的不足或軟弱，求上帝憐憫與幫助。

盼望

盼望是人對未來的一種期待、嚮往，世人的生活脫離不了盼望。無論生活的現狀如何，人們對人生總是有些盼望。

◆生活經驗之智慧的觀點

盼望促使人離開原地，向前邁進、奔跑，或是激發人奮鬥向上。譬如說，對於知識、技藝、學位等等的盼望，促使學子認真求知學藝；盼望達成某些目標，如參加全國性的運動比賽、打破某項賽事的記錄、作職棒選手、成為國家隊的選手等等，促使運動員接受嚴格的訓練；農夫盼望農作物收成的喜樂，因而不畏酷熱嚴寒，辛苦播種耕作。

對於人間的情愛有些盼望，使人勇於談戀愛、結婚。二〇二一年二月十一日除夕夜，日本東京鐵塔秀出大紅色的光雕，並在觀景台的外圍打上銀白色的漢字「希望」。這可能不只是日本人對於農曆新年的期待，也是全球飽受新冠肺炎病毒肆虐之世人的心聲：新年帶來新希望。

盼望使之前談到的信心持之有恆，換句話說，盼望可以強化信心。天主教倫理神學家周克勤神父曾這樣說：「如果我們將信比作火苗，望對於信則負有雙重任務：一是消極地謹防冷水澆頭，一是積極地為之加油。信發展至望，等於火上加油，或獲得加油之火。」[3]這確確實實是我們生活經驗的智慧。

有人說，有生命，才有盼望；不過，有盼望，才有生命，也是事實。英國改革派猶太拉比雨果・格里恩（Hugo Gryn）小時候曾經跟他的家人被囚禁於奧許維茲集中營。他去世時的新聞報導提到他童年在集中營裡跟父親守安息日的一件事。他父親把一條細繩浸置於奶油裡，為的是要點亮安息日的蠟燭（就是禮拜五黃昏、安息日臨到前點亮的蠟燭）。他跟父親說：「爸爸，那是我們僅有的奶油呢！」他的父親這樣回答：「沒有食物我們還可以活幾個星期，我們卻無時無刻需要盼望。」[4]

對美善之遠景的盼望，使人們從平凡邁向傑出，也使人們有勇氣和力量在人生的各種困苦中堅忍，並勝過人生的難關；欠缺盼望的人，生命的活力相較弱化，比較容易放棄人生的理想或目標。盼望對於成長中的青少年而言，通常具有重大、深遠的影響。因此，心理學家勸勉父母親或是老師，要經常賦予子女或學生盼望，使他們可以抱持盼望來生活。

◆聖經的觀點

「盼望」這一字詞，在舊約聖經中，有時譯作「信靠」、「等候」。盼望與等候、信靠相關連也是我們的生活經驗；我們不會等候或盼望我們不信靠的人。上帝子民的生活是建立在他們與上帝之間的盟約，特別是以上帝在盟約中的應許為根基。所以，他們對於上帝的盼望和對上帝的信靠緊密不分。〈詩篇〉135篇的標題是「求助的禱告」。詩人這樣祈禱：

---

3 周克勤，《道德觀要義，上冊》（台北：台灣商務，1970），304。32

4 Thomas G. Long, *Preaching from Memory to Hope* (Louisville: Westminster John Knox, 2009),132。這段話的中文是本書作者的翻譯。

上主啊，我在絕望中求告你。
主啊，求你垂聽我的哀號；
求你聽我求助的呼聲。
如果你記錄我們的罪過，
誰能逃脫懲罰呢？
然而，你饒恕我們，
因此我們應該敬畏你。

我迫切等候上主的幫助；
我信靠他的話。
我仰望主，
比守夜的人等候天亮還要迫切。
是的，比守夜的人等候天亮還要迫切！

以色列啊，要信靠上主，
因為他有不變的愛；
他有豐盛的救恩。

他要拯救他的子民以色列脫離他們一切的罪惡。

詩人在絕望中求告上帝、仰望上帝，也表明他等候和信靠上帝的拯救。盼望上帝的人必然也要等候和信靠上帝。舊約中的先知認為，上帝是其子民得著拯救和祝福的根源，因此，先知的工作之一就是喚醒上帝子民在日常生活中仰望和信靠上帝。以賽亞這樣告訴受苦的以色列人民，上帝應許，等候上帝幫助的人絕不會失望（參看以賽亞書 49:23）。盼望，就要等候；等候、倚靠上帝的人，要重新得力（參看以賽亞書 40:31）。

先知耶利米這樣求告上主他的上帝：「你是以色列唯一的希望，是我們遭難時的救主。」（耶利米書 14:8）上帝是世人的盼望，世人的盼望以上帝為根基。上帝之所以是世人的盼望，乃因為上帝是信實、慈愛、公義、憐憫、恩惠的上帝（參看詩篇 103 篇）。

新約聖經認為世人之盼望的根基是從死裡復活的耶穌基督。在十字架上死，又從死裡復活的基督，破除罪對世人的轄制，使人重生。耶穌基督成為世人盼望的根源。如〈彼得前書〉的作者這樣解說：

我們要感謝我們的主耶穌基督的父上帝！由於他無限的仁慈，藉著耶穌基督從死裡復活，把新的生命賜給我們，使我們有活的盼望，來承受上帝為他的子民保留在天上的

福澤。（彼得前書 1:3）

新約聖經中對於盼望的論述，以使徒保羅為最。他既解說盼望在信仰中的重要性，也勸勉基督徒持守盼望來生活。他說：

既然我們因信得以被稱為義人[5]，就藉著我們的主耶穌基督跟上帝有了和睦的關係。藉著信，基督使我們得以活在上帝的恩典裡，因此我們歡歡喜喜地盼望著分享上帝的榮耀！不但如此，在患難中，我們仍然喜樂；因為我們知道患難培養忍耐，忍耐蒙上帝嘉許，上帝的嘉許帶來盼望。這盼望不至於落空；因為上帝藉著他賜給我們的聖靈，已把他的愛澆灌在我們心裡。（羅馬書 5:1-5）

我認為，我們現在的苦難跟將來要顯明給我們的榮耀相比是算不了什麼的。一切被造的都熱切地盼望著上帝的榮耀從他的兒女們顯示出來。因為整個被造的變成虛空，不是出於本意，而是出於上帝的旨意。然而，被造的仍然盼望著，有一天能擺脫那會朽壞的枷鎖，得以跟上帝的兒女分享光榮的自由。

我們知道，直到現在，一切被造的都在呻吟，好像經歷生產的陣痛。不只被造的是這樣，我們這些得到初熟果子，就是得到聖靈的人，也在心裡歎息呻吟，等候上帝收養我們作他的兒女，使整個的自我得自由。因為，由於盼望，我們得救。那看得見的盼望

不算是盼望。誰還盼望他所看得見的呢？如果我們盼望那看不見的，我們就會忍耐等候。（羅馬書 8:18-25）

上帝國已經臨到，但尚未全然實現；我們需要盼望和等候。基督徒是藉著信靠耶穌基督盼望分享上帝的神性與榮耀的人，基督徒在耶穌基督裡的盼望不會落空，因為上帝賜下聖靈和他的愛，讓我們堅守盼望，上帝的大能和信實也要成全他的應許。所以保羅如此勸勉信徒：

你們必須持守信仰，堅立在鞏固的基礎上；不要放棄當初領受福音時所得到的盼望。（歌羅西書 1:23）

把盼望寄託於永生的上帝；他是萬人的救主，更是信他的人的救主。（提摩太前書 4:10）

英國新約神學家亨特（A. M. Hunter）認為，使徒保羅以三種時態來解說基督信仰中所說的得救：一、人們以信來回應上帝在耶穌基督裡的作為時已經得救，得救是一個過去

5 保羅所說的「義人」，就是跟上帝有合宜關係的人。

的事件（參看羅馬書 8:24）。二、信靠耶穌基督的人此時此刻享受救恩——上帝的憐憫、慈愛，與赦免，得救是現在的經驗（參看哥林多前書 15:1-2）。三、在世上，人仍受制於罪與邪惡的影響，所以必須期盼在終末得以全然、實在地進入上帝的國度；得救是將來的盼望（參看羅馬書 5:9）。[6]

〈希伯來書〉的作者認為上帝對他子民的應許——賜下耶穌基督作為世人的救主——成為世人的盼望，而這盼望就如同安全又可靠的生命（靈魂）之錨（6:19）。

盼望一直是基督宗教信仰很重要的特質，基督徒認為現今這個世界不是我們永遠的家鄉，我們盼望永生、上帝國的完全實現。這不是說我們不看重這世界的生活，而是說，我們不被這有一天會過去的世界的價值觀所束縛。

◆以盼望的態度在世生活

盼望既是我們日常生活經驗的智慧，又是聖經的教導，世人在世之日理當持守盼望來生活。持守盼望，就是不失望、絕望，也不妄想、奢望。

失望、絕望常表現在對自己失望，不再自信，自暴自棄。失望也呈現在對別人失望，不再信任他者，拒絕或不尋求他者的協助。失望也是不再相信上帝，不再祈禱與親近上帝。不失望就是不因人生的病痛、失落、苦難、挫折、失敗，或是環境的艱困、惡劣，以及外在的壓力等等而放棄我們的盼望，絕不因為生命的經歷或處境，以為沒有上帝，或遠離上帝。不失望就是不因為被欺騙、誤會，或受到傷害而不再愛人、愛教會、關懷社會和我們的生態環境。

我們可以因為人生的際遇來憤怒、哀傷、抱怨，但不要對前程失去盼望。不失望就是在任何情境中，堅忍地繼續相信上帝的信實、美善和慈愛，繼續實踐愛心，堅定地持守美德。

妄想、奢望，與失望相反。妄想、奢望是過度盼望，妄想、奢望是不合理的盼望，是脫離現實、不切實際的盼望。人想在有生之年單憑一己之力成就豐功偉業，是一種妄想、奢望。人想倚靠自己的美德，或不願悔改，來獲得拯救，也是妄想、奢望。期待上帝成就人一切的心願也是妄想、奢望。將學識視若無物，想單憑熱情做事，也是妄想。不想盡心努力卻想成功更是奢望。

農夫若不盼望農作物的收成就不會撒種；既撒種了，就要等待、盼望。婦女若不盼望成為母親就不會想要懷孕；既懷孕了，就得等待十個月、盼望孩子的出生。種田的人知道種子在地裡要一段時間才會發芽，農作物需要時間來成長、開花、結果；懷孕的婦女知道要懷胎十月才會生產。所以，以盼望的態度生活也包含信靠和等候。

基督徒盼望上帝國，就是上帝主權的實現，也就是人以「慈愛、忠信彼此相迎；正

---

6 A. M. Hunter, *The Gospel according to St. Paul* (London:SCM, 1966)

義、和平互相擁抱」的世界（參看詩篇 85:10）。抱持上帝國的盼望來生活就是在世之日，致力於正義、和平、慈愛、信實的實現。世人不應該因為盼望上帝永恆的國度而忽略人在這世界上當盡的責任；當然，世人也不要因為這世界裡的成功而忘了上帝。盼望屬天的福分——上帝國度的實現——就要盡在地上的職責，因為耶穌基督對於禱告的教導是向上帝祈求：「願你在世上掌權；願你的旨意實現在地上，如同實現在天上。」（參看馬太福音 6:10）

根據真實故事拍攝的電影《33：重生奇蹟》（*The 33*），可說是在世之日持守盼望之必要性的一個實例。二〇一〇年八月五日，智利科皮亞波市（Copiapó）附近的聖何西銅礦（Mina San José）發生礦坑崩塌的災難，三十三名礦工受困於地下七百公尺深的礦坑中。智利政府礦產局的負責人認為及時的救援工作是不可能的盼望，然而礦工的家屬從未放棄盼望獲救的心志，他們在礦井旁邊搭建臨時休息的房屋，稱它為「希望營」，他們在那裡等候，為營救工作和礦工的生還禱告。

這也迫使政府當局持續救援，三十三名礦工終於在礦災七十天後全部獲救。聖何西礦坑礦工獲救，是智利政府和國際救援單位，以及人民合作的成果，誠如尼布爾所說的：「偉大的工作不可能在人的一生中成就，因此，我們需要望。」我們需要藉著盼望獲得拯救。人在世之日需要時時抱持盼望，以盼望的態度來度在世之日。

不過，現實很殘酷，即使擁抱盼望，有時仍然失望收場。聖何西礦坑礦工獲救之所以被稱為奇蹟，就是這種事件很少見。初代教會很多基督徒死於逼迫的刀下，也有人被石頭擊斃、被鋸子鋸斷。他們在世之日雖然沒有獲得盼望的應許，卻未失去信心。〈希伯來書〉的作者說，他們所盼望的更美好的事——與上帝同在——並未落空（參看希伯來書11章）。無論盼望的結局怎樣，盼望的過程帶給我們生活的動力。在世之日的盼望不一定都會實現，我們仍然要一直堅定信仰又抱持盼望、不失望，這不是一件易事。不過，初代教會的教師指給我們一條出路：

我們有一位偉大的大祭司，就是上帝的兒子耶穌；他已經進到上帝的面前。我們的大祭司並不是不能同情我們的軟弱；相反地，他曾經像我們一樣在各方面經歷過試探，只是他沒有犯罪。所以，我們應該大膽地來到上帝恩典的寶座前，好領受慈愛和恩典，作為我們及時的幫助。（希伯來書 4:14-16）

其實，教會和世界歷史已經給我們看見「盼望」對於世人的意義。就如〈希伯來書〉12章1至3節所說的：

既然我們有這許多見證人如同雲彩圍繞着我們，就該卸下各樣重擔和緊緊纏累的罪，以堅忍的心奔那擺在我們前頭的路程，仰望我們信心的創始成終者耶穌，他因那擺在前面的喜樂，輕看羞辱，忍受了十字架的苦難，如今已坐在上帝寶座的右邊。你們要仔細想想這位忍受了罪人如此頂撞的耶穌，你們就不致心灰意懶了。

若察覺自己陷入失望的困境，不要害怕尋求親友或專業人士的協助。閱讀名人的傳記、思想因活潑之盼望而脫困的生命故事，都是建立以盼望之態度生活的方式。新約聖經〈雅各書〉的作者這樣說：「你們親近上帝，上帝就親近你們。」（4:8）上帝是我們盼望的根源，失望中不要忘記仰望救主耶穌，尋求上帝的幫助。

盼望對於人是如此地重要，以盼望的態度生活也意味著不要讓他人失望。我們不要說什麼話或做什麼事，讓他人失去盼望，陷入絕望的情境中。網路時代下的社群媒體成為人們互動的一個平台，我們要非常謹慎自己一時興起的留言，是否成為酸言酸語，或是話中帶刺，以致他人灰心失志，放棄一些理想或做美善之事的念頭。

我們應該彼此激勵，相互支持，好讓我們可以堅忍地盼望。深信盼望苦難、困境終會過去，盼望上帝國要實現在地上。

愛

對世人而言，愛，一方面似乎是不用再多說什麼就可以感受的心意或作為；另一方面，卻又是人們會一再重複地談論的話題。

◆生活經驗之智慧的觀點

試想，有多少小說、詩詞、電影、戲劇、音樂是以「愛」為主題？對單一個人的愛，對家庭的愛，對鄉土、民族、國家的愛，在人世間各地、世世代代不斷地述說。為什麼會這樣？因為這世上各種人際關係，無論是親人、夫妻、伴侶、朋友，最根本、重要的就是愛。這是事實，也是我們日常的生活經驗。每天的新聞都有一些溫馨感人的小故事，這不都是因為人間有愛——有人需要被愛、有人付出愛的事實？愛，毋庸置疑，它是普世共同肯定與推崇的價值；沒有一個正信的宗教不宣揚仁愛，不教導信徒實踐仁愛。

世人渴望愛：愛人與被人愛。這種愛的期待處處可見。以花蓮為例，在花蓮境內旅遊，你會發現，吉安鄉的知卡宣綠森林親水公園、光復鄉的大農大富平地森林園區，還有花蓮市南濱海邊的太平洋公園，都有著象徵愛的心型雕塑，甚至還寫著 I love you 三個大大的字。這些已經近似庸俗的裝置藝術，卻真實地透露人們對愛的想念與思慕。我們無法想像一個沒有愛的世界！

愛之情意的對象，可能是自己，也可能是他人、社群，甚至可能是故鄉或是地球環境。愛自己不是自私，自愛的人才會珍惜、尊重自己。自愛，才不會恨自己、傷害自己。人是情感的存有，所以人有渴望愛人和被他人愛的情意；我們在家庭中最常體會這種愛。

人也是社會性的存在，人類社會像是一個命運共同體，人存活在「共同命運」的網絡或結構裡。所以人也會把愛的情感擴展至社群。近代社會的發展讓我們明白，共生結構不只是存於人際關係，也存於人類和地球環境之間，所以人類也學習把愛的心意和作為延伸到受造界。

田立克這樣解說人類愛的經驗：「生命是實現中的存有（being in actuality），而愛則是生命的動力……存有而沒有愛——存有而沒有『那驅使存有各物奔向別的存有各物』的愛——存有便不是實現的（actual）。在人類愛的經驗中，生命的真性才變得明顯。」[7]

◆聖經的觀點

根據舊約聖經的記述，上帝差派他的僕人摩西帶領以色列人脫離埃及人的奴役，之後又在西奈山，藉由摩西向以色列人民這樣宣告：「我是上主；我是滿有慈悲憐憫的上帝。我不輕易發怒，有豐富的慈愛和信實。」（申命記 34:6）慈愛是上帝的本性，上帝是慈愛的上帝。

這種理解也出現在舊約中詩人的信仰告白。譬如說，〈詩篇〉中有一首以「上帝的慈愛」為標題的詩篇這樣告白：

上主有恩典，充滿憐憫，

不輕易發怒，有豐盛的慈愛。
他不長久責備；
他不永懷忿怒。
他不按照我們的罪過懲罰我們；
他不因我們的過犯報應我們。
天離地多高，
對敬畏他的人，他的慈愛也同樣宏大。
東離西多遠，
他使我們的罪離開我們也那麼遠。
父親怎樣疼愛自己的兒女，
上主也怎樣愛惜敬畏他的人。
他知道我們的形體；
他也記得我們不過是塵土。（詩篇 103:8-14）

又譬如〈詩篇〉136篇，它是一首感恩的詩歌，詩人為上帝的至善，以及上帝的創造、

7 田立克（Paul Tillich），《愛情力量及正義》（*Love, Power, and Justice*）（王秀谷譯，台北：三民，1973），42。

拯救等作為感謝上帝。不過，詩人在每一項的感恩之後會說：上帝的慈愛永遠長存。寫詩的人藉著詩歌中一再重複的語句「你的慈愛永遠長存」指出一件事，慈愛是上帝的本性、特質之一。上帝創造、維持宇宙的秩序、頒布生活的規範、彰顯公義、拯救苦難的世人等，這一切都是出於上帝慈愛的本性和作為。同樣的見解也出現在先知的教導裡。作為上帝的代言人，以賽亞曾經這樣替上帝宣告：

> 大山可以挪開，
> 小山可以遷移；
> 我對你的慈愛永不動搖，
> 我平安的約也永不改變。
> 愛你的上主這樣宣布了。（以賽亞書 54:10）

也有先知用擬人化的方式來描述上帝的愛。耶利米說上帝像是深深地疼愛子女的父母親（參看耶利米書 31:20），何西阿（歐瑟亞）則說上帝像是深愛妻子的丈夫（參看何西阿書 2:19-20）。此外，何西阿也說，上帝用「慈繩愛索」引導他的子民（何西阿書 11:4）。

新約聖經更是清楚指出上帝就是愛，而耶穌基督是上帝的愛的具體表現：

愛是從上帝來的。那有愛的，是上帝的兒女，也認識上帝。那沒有愛的，不認識上帝，因為上帝是愛。上帝差他的獨子到世上來，使我們藉著他得到生命；上帝用這方法顯示他愛我們。這就是愛：不是我們愛上帝，而是上帝愛我們，差了他的兒子為我們犧牲，贖了我們的罪。（約翰一書 4:7-10）

關於上帝藉著耶穌基督所顯露的愛，〈約翰福音〉的作者這樣說：

上帝那麼愛世人，甚至賜下他的獨子，要使所有信他的人不致滅亡，反得永恆的生命。因為上帝差遣他的兒子到世上來，不是要定世人的罪，而是要藉著他來拯救世人。（約翰福音 3:16-17）

使徒保羅也有相似的解說：

當我們還軟弱的時候，基督就按照上帝特定的時機為罪人死。為義人死是罕有的；為好人死，或者有人敢做。但是上帝對我們顯示了無比的愛：當我們還是罪人的時候，基督已經為我們死了！由於他的死，我們現在得以跟上帝有合宜的關係；他的死更要救我們脫離上帝的義憤。（羅馬書 5:6-9）

保羅更指出，上帝的愛是勝過邪惡的權勢和死亡，沒有人或事物可以隔絕上帝藉著耶穌基督向世人顯明的愛：

既然這樣，誰能夠使我們跟基督的愛隔絕呢？是患難嗎？困苦嗎？迫害嗎？飢餓嗎？貧窮嗎？危險嗎？刀劍嗎？……都不是！在這一切事情上面，我們靠著愛我們的主已經獲得完全的勝利！因為我確信，什麼都不能夠使我們跟上帝的愛隔絕。不管是死，是活；是天使，是靈界的掌權者；是現在，是將來；是高天，是深淵；在整個被造的宇宙中，沒有任何事物能夠把我們跟上帝藉著我們的主基督耶穌所給我們的愛隔絕起來。（羅馬書 8:31-39）

聖經不只宣告上帝是愛，也教導世人要愛上帝和愛鄰人。在上帝給予人的十誡中，其中第二誡，上帝是這樣說：「愛我、遵守我命令的人，我要以慈愛待他們，甚至到千代子孫。」（出埃及記 20:6）摩西向以色列人頒布的誡命之一就是要愛上帝：「你們要全心、全情、全力愛上主——你們的上帝。」（申命記 6:5）耶穌在世上傳道時，曾經藉著回答經學教師有關「誡命中哪一條是第一重要的」的提問，重申上帝的子民應當愛上帝和愛鄰人的教導：

耶穌回答：「第一是：『以色列啊，你要聽！主——我們的上帝是唯一的主。你要全心、全情、全意、全力愛主——你的上帝。』第二是：『你要愛鄰人，像愛自己一樣。』沒有其他的誡命比這些更重要的了。」（馬可福音 12:29-31）

新約聖經中初代教會領導者寫給眾教會的書信也清楚顯示，愛鄰人、彼此相愛是教會對上帝子民的教導，如：

千萬不要負債！只有彼此相愛是你們該負的債。那愛別人的，就是成全了法律。（羅馬書 13:8）

上帝愛你們，揀選了你們作他的子民。所以，你們要有憐憫、慈愛、謙遜、溫柔，和忍耐的心。有糾紛的時候要互相寬容，彼此饒恕；主怎樣饒恕你們，你們也要怎樣饒恕別人。在這一切之上，要加上愛，因為愛是聯繫一切德行的關鍵。（歌羅西書 3:12-14）

新約聖經認為，愛是跟隨耶穌的人的標記。愛鄰人、彼此相愛，也是世人藉以表明他們愛上帝的方式。耶穌這樣向跟隨他的門徒說：

我給你們一條新命令：要彼此相愛。我怎樣愛你們，你們也要怎樣彼此相愛。如果

你們彼此相愛，世人就會知道你們是我的門徒。（約翰福音 13:34-35）

耶穌甚至教導門徒要愛仇敵。他這樣告誡他們：

你們又聽過這樣的教訓說：「愛你的朋友，恨你的仇敵。」但是我告訴你們，要愛你們的仇敵，並且為迫害你們的人禱告。這樣，你們才可以作天父的兒女。因為，天父使太陽照好人，同樣也照壞人；降雨給行善的，也給作惡的。假如你們只愛那些愛你們的人，上帝又何必獎賞你們呢？就連稅棍也會這樣做！假如你們只向朋友打招呼，那又有什麼了不起呢？就連異教徒也會這樣做！你們要完全，正像你們的天父是完全的。（馬太福音 5:43-48）

使徒保羅曾經寫信跟內部有紛爭、分裂、道德低落，又處於社會風氣敗壞之地方的哥林多教會信徒解說愛。保羅這段有關愛的解說，被認為是史上最清楚、有力的愛的篇章。他這樣說：

我即使會講人間各種話，甚至於天使的話，要是沒有愛，我的話就像吵鬧的鑼和響亮的鈸一樣。我即使有講道的才能，也能夠洞悉各種知識、各種奧祕，甚至有堅強的信心能夠移山倒海，要是沒有愛，就算不了什麼。我即使把所有的財產都捐給人，甚至犧牲自己的身體被人焚燒，要是沒有愛，我所做的仍然沒有益處。

愛是堅忍的，仁慈的；有愛就不嫉妒，不自誇，不驕傲，不做鹵莽的事，不自私，不輕易動怒，不記住別人的過錯，不喜歡不義，只喜愛真理。愛能包容一切，對一切有信心，對一切有盼望，能忍受一切。愛是永恆的。（哥林多前書 13:1-8）

◆以愛的態度在世生活

雖然世人渴望愛，我們的社會也有很多人在日常生活中付出愛，可是不可諱言地，我們也存活在一個弱肉強食、充滿冷漠與仇恨、混亂殺戮的世界中。正因為現實的世界如此地背離愛——上帝的愛，人彼此間的愛，對受造界的愛，我們更需要以愛的態度在世生活；也因為現實的世界是如此地背離愛，要以愛的態度生活絕不是一件易事。

我們如何能夠活出充滿著愛的生命？聖經的教導是「我們愛，因為上帝先愛了我們」（約翰一書 4:19）。創造和拯救的主上帝先愛了我們是指上帝成為一個人，就是藉著耶穌基督，向我們彰顯他的愛。所以，我們要活出愛，就要信上帝，也就是跟上帝建立合宜的關係，並且愛上帝，讓我們得以分享上帝愛的生命，從愛的上帝獲得去愛人、愛社會的動力。

我們用什麼方法愛上帝？除了藉著祈禱親近上帝、敬拜上帝之外，世人當以愛人、關愛社會、關懷受造界來顯明我們愛上帝。聖經中有很多跟這些方面相關的教導：

- 愛人要真誠。要厭棄邪惡，持守良善。要以手足之情相親相愛；要竭誠互相敬重。（羅馬書 12:9）
- 一切工作都要憑著愛心去做。（哥林多前書 16:14）
- 你們的生活要處處表現愛心，正如基督愛我們，為我們捨命，作為馨香的供物和祭品獻給上帝。（以弗所書 5:2）
- 上帝愛你們，揀選了你們作他的子民。所以，你們要有憐憫、慈愛、謙遜、溫柔，和忍耐的心。有糾紛的時候要互相寬容，彼此饒恕；主怎樣饒恕你們，你們也要怎樣饒恕別人。在這一切之上，要加上愛，因為愛是聯繫一切德行的關鍵。（歌羅西書 3:12-14）
- 至於你，你是上帝所重用的人，你要遠避這一切。要追求正義、敬虔、信心、愛心、忍耐，和溫柔。（提摩太前書 6:11）

有關愛的實踐，要以新約聖經馬太和路加兩本福音書中，耶穌「愛仇敵」的教導最為獨特。世上凡人有可能愛仇敵嗎？耶穌的教導是否過於崇高而無法實踐？敘述耶穌教導的福音書是第一世紀的初代教會的經書，當時基督徒的仇敵是誰？從教會歷史來看，主要的仇敵是逼迫教會的羅馬政權，還有反對「耶穌是基督」這種信仰告白的猶太教的宗教領袖。面對這兩種敵對勢力，耶穌的教導看似懦弱，卻是出於信仰又符合現實情境的教導。

基督徒社群沒有對抗羅馬政權的實力，武力對抗暴力統治帶來的傷害對他們而言卻是歷歷在目。今日有人或許會覺得耶穌有關「有人強迫你走一里路，你就跟他走兩里」（馬太福音5:41）的教導莫名其妙：什麼人會強迫你跟他走路？其實，這段經文中的「有人」是指當地殖民統治政權的羅馬軍人。當時派駐佔領地的羅馬軍人可以使喚他人為他們背負行李走一里路。這種強迫服務令人厭惡，耶穌的態度卻是容忍，甚至是以善報惡。對於來自猶太教宗教領袖的敵視，耶穌的態度是以善行來贏得了解與尊重。

因此，愛仇敵的教導，在每一個時代的實況中，可以這樣了解，就是要去除心中仇恨的敵意，不以惡報惡，而是以善勝惡。如〈羅馬書〉12章20至21節所說的：「『如果你的仇敵餓了，就給他吃，渴了，就給他喝；你這樣做會使他臉紅耳赤，羞慚交加。』所以，不要被惡所勝，要以善勝惡。」[8] 其實，當我們恨一個人時，我們就被所恨的人宰制。心中充滿怨恨，受傷害的是自己。愛自己就不要傷害自己，愛自己就要去除心中的恨意。

8 這一節經文，和合本2010譯作：「『你的仇敵若餓了，就給他吃；若渴了，就給他喝。因為你這樣做，就是把炭火堆在他的頭上。』不要被惡所勝，反要以善勝惡。」

愛的反面，簡單地說，就是冷漠、對立、凶惡、仇恨、殘暴。以愛的態度生活就是不被這些作為在你心中激起回應，不隨著這些意念起舞。反之，因為愛上帝，又從上帝的愛獲得能力，在生活中表現熱情、合作、善良、友好、憐憫等顯明愛的特質。

有關愛的實踐，我想引述兩個人的觀點來解說，一位是十九世紀末二十世紀初的美國浸信會牧師、神學家饒申布士（Walter Rauschenbusch），另一位是二十世紀非洲衛理公會牧師巴納納（Canaan Sodindo Banana，曾任辛巴威人民推翻白人政權獨立後第一任總統），他們兩人都從他們所處的時代和處境，改寫使徒保羅的愛的篇章，勸勉人以愛的態度來生活。

饒申布士這樣闡釋愛的實踐：

我若能建立空前的龐大財富，卻沒有愛，我所有的不過像是一場熱病，我的成功必招致死亡。

我若有發現財富之源的眼光，有佔據財富之源的優先權，也知道怎樣經營，卻沒有愛，我就是盲人。

我若把我的利潤分給窮人，把優厚的恤金給予為我勞役的人，卻沒有愛，我的生命也是徒然。

愛是公道及仁慈。愛是不貪婪，不榨取別人，不「不勞而獲」；多施予，少獲取。

愛不以傷害別人生命來累積財富，卻以財富來造就全體的生命。愛追求一體，反對分裂；主張人人勞動，分享一切利益。愛使人人豐足，人人受教，人人喜樂。

愛所成就的價值永不落空。特殊階級的權益必歸無有，百萬財富的累積亦必消散，權勢終必停止。在以往的時代，強者驕奢殘暴，擅作威福，但當完善社會出現之日，強者必為公眾服役。在基督光輝普照以前，人類彼此競爭，弱肉強食，但日子必將來臨，人類將在愛中合作，我為人人，人人為我。

我們如今彷彿對著自私的矇霧看，模糊不清，到那時就要以社會的眼光觀看，如今我們所看到的是殘缺不全，到那時候要看到全人類的命運，如同上帝所看到的一樣。如今常存的有尊榮，公義與愛，這三樣，其中最大的是愛[9]。

巴納納在《帶給人自由的愛》裡這樣解說愛的實踐：

一、我若傳講人類生命的神聖價值，卻對受壓迫的同胞袖手旁觀，我就是假冒偽善。

9 饒申布士（Walter Rauschenbush），《饒申布士社會福音集》（*The Social Gospel of Rauschenbush*）（趙真頌譯，香港：基督教文藝，1989），10-11。

二、我若贊成人類獲得自由的目標，並宣稱對自由的熱愛，卻沒有去實行這愛，我的愛是沒有價值的。

三、我若知道在什麼情況下當做什麼，卻沒有在當時做它，我就背棄了愛的命令。

四、人已長久遭受苦難，施捨濟貧只能維持生命的延續，但要切記：僅僅施捨濟貧，會使人失去行為的意志。

五、愛不是從一本書或一傳統來定義，愛不只是理論的好處，愛是以人們的實際需要來定義的。

六、真正的愛痛恨惡，人們在為良善掙扎奮鬥中，獲得喜樂。

七、在前往勝利的途中，愛能擔負任何重擔，凡事盼望，也不會屈服。

八、若忽略公義和人類尊嚴，政治口號會失敗，壓制人民的經濟體制也將倒毀和改變；我們對於公義和人類尊嚴的需要，就如同個人寶貴的命一樣。

九、人不能單靠口號和標語而活。

十、自由與尊嚴是上帝所賦予人類的恩賜，因此，當人們共同要求自由的時候，壓迫者的勢力必然消失。

十一、除非你擁有尊嚴，了解尊嚴的意義，你不能看清楚事情，也無法自由愛人；但當我們開始奮鬥掙扎時，就察覺愛的意義。

十二、當我們作奴隸時，我們談論、了解、思想都如同奴隸，但當我們變成自由的

> 人，我們就脫離奴隸的綑綁。
>
> 十三、信、望、愛是彌久長存的，但，人若缺少自由與尊嚴，那，信、望、愛不過是幻影而已[10]。

我深信，我們都聽過許許多多有關以愛改變社會之人物的故事，我們需要的是進一步，跟這些故事中的人物一樣，以愛的態度來生活。

小結

保羅說，信、望、愛的生命是永存的。然而，生命的永存不在於持續肉體的生命，而是在有限、無法全由人掌控的在世之日中，藉著信耶穌基督，跟生命之根源——上帝——和好，跟上帝有合宜的關係，並且以上帝的愛來生活，甚至盼望從今日起，得以超越今生有限之軀體，跟生命的主上帝完全的結合、同住，在有朝一日，得以實現完滿的拯救。

其實，人若於在世之日的生活中，實踐信、望、愛的特質，其社會性生命也必然更為

10 巴納納（Canaan Sodindo Banana），〈帶給人自由的愛〉，《使者新刊》第二期（1979, 10）：119-120。

充實和有意義。此外，保羅要我們記得，我們不能只是**信**上帝、**盼望**天家，而忽略**愛**。因為，信望愛三者中，最重要、最大的是愛。我們若對上帝有信，對永生、天家有盼望，就要於在世之日藉著愛的生命把我們的信與望展現出來。

有關在世之日的生活，新約聖經〈彼得後書〉的作者這樣勸勉信徒：

上帝的神能已經把我們過敬虔生活所需的一切給了我們；這恩賜是藉著認識那位呼召我們來分享他自己的榮耀和善德的上帝而得的。這樣，他把他所應許那最大和最寶貴的恩賜給了我們；藉著這恩賜，你們得以逃避世上那毀滅性的慾望，而分享上帝的神性。為了這緣故，你們要盡力在信心上加上美德，美德加上知識，知識加上節制，節制加上忍耐，忍耐加上敬虔，敬虔加上手足之愛，手足之愛加上博愛。

……所以，弟兄姊妹們，你們要更加努力，使上帝的呼召和揀選成為你們永久的經驗；有了這些經驗，你們就不至於墮落。這樣，你們會獲得充分的權利，得以進入我們的主和救主耶穌基督永恆的國度裡。（彼得後書 1:3-11）

對處於第一世紀末第二世紀初，想要堅固信徒之信心與盼望的〈彼得後書〉的作者而言，上帝已經在耶穌基督裡為世人做了三件事：讓人可以藉著信靠耶穌基督遠離世上的敗壞，分享上帝的神性，得著過敬虔新生活的力量。這是多麼美好的賞賜！

然而，這位教會的領導者認為，世人要在上帝已經做成的事上，再加上包括博愛的美德與知識。他認為，人若在信心、美德、知識等方面盡心用力，讓上帝的恩典成為我們永久可靠的經驗，就不至於墮落，而且能夠進入所盼望的永恆的國度。換句話說，他勸勉信徒，讓具有信、望、愛特質的生活成為永久的經驗。經驗是藉著實踐來獲得的；信、望、愛特質的生活要成為永久的經驗，就是要不斷地在生活中實踐信望愛。

信、望、愛三者緊密不能分，在世之日要懷抱信望愛的態度來生活，我們的靈性生命必然趨向完整，社會性生命充實、呈現美善，肉體的生命也可能更健康。

在世之日，我們想要無怨無悔，就要從心思的轉換開始，並認真地實踐信望愛。注意肉體生命之健康的同時，也關心社會性生命，更注重靈性生命，並以信望愛的態度來生活。

PART 3

生死議題

Reflections on Life and Death

在這一部分，我要思索三個跟生死相關的倫理議題；當然，跟生死相關的倫理議題絕不只是這三個。

自殺，是人結束自己的生命。生命如此珍貴，為什麼有人要結束自己的生命呢？為什麼有人會覺得生不如死？死刑，則是生命被他者奪走。死刑合理嗎？唯有死刑才足於彰顯公義嗎？生命改造工程，是人藉著現代生物學和醫學科技試圖改造人的「生命」的作為。然而人只有肉體的生命嗎？生命改造工程改造哪一種面向的生命？它合乎人性嗎？這些是我在第三部想要探討的議題。

第十一章

關於自殺

自殺，跟自我犧牲不同。自殺是刻意要結束自己生命的行為；自我犧牲是人為了某種目標或使命、職責，甘心願意冒生命之危險，即使死亡也在所不惜的行為。自我犧牲之行為的目的不在結束自己的生命，而是為達成自己的使命或受託的職務。譬如說，軍人為保衛國土和家園，消防員為滅火、救災、救難，醫護人員為照顧有致死可能性之傳染性疾病的病人，信徒在受逼迫時堅守信仰等，或是一般人為保護親友免於攻擊、受傷等，他們的作為不是要結束自己的生命，但他們願意為這些事，在必要時付出生命，接受不可避免的死亡。

根據世界衛生組織網站的資料[1]，全世界每年將近有八十萬人自殺，自殺未遂的人更

1 本書有關世界衛生組織對於自殺的一些數字或觀點，請參閱《自殺》，檢自 https://www.who.int/zh/news-room/fact-sheets/detail/suicide.（20210313）

是自殺死亡人數的好幾倍；更令人難過的是，低收入和中等收入國家的自殺人數占全球自殺人數的七九％。在〈自序〉裡，我曾提到小時候我家附近的駐軍有兵士自殺的事。我想，我們也一定閱聽過有關自殺的新聞報導。二〇一七年台灣就有一起相當令人難過不捨的自殺事件，就是年輕作家林奕含在處女作《房思琪的初戀樂園》出版後不久自殺身亡。

國外也有作家自殺身亡的事例，如日本作家芥川龍之介（1892-1927，代表作之一為《羅生門》）、三島由紀夫（1925-1970，代表作之一為《金閣寺》）、川端康成（1899-1972，曾以《雪國》、《古都》、《千隻鶴》三部作品獲得諾貝爾文學獎，是第一位獲此殊榮的日本作家，也是繼印度詩人泰戈爾之後榮獲此文學獎的亞洲作家）。美國作家海明威（Ernest Miller Hemingway, 1899-1961，以《老人與海》等著作榮獲諾貝爾文學獎）。台灣作家三毛（1943-1991，本名陳平，代表作品有《撒哈拉的故事》、《雨季不再來》等）也都是自殺身亡。

我想，每一個自殺事件背後，都有令人難過的故事。我認識的人當中，也有人自殺未遂，甚至自殺身亡的。不過，在我思索自殺這議題時，最令我震驚，也促使我更深刻地省思的事件是紐約協和神學院（Union Theological Seminary, New York）退休院長范・杜森（Henry Pitney Van Dusen）的自殺[2]。

范・杜森是牧師、著名的神學家，曾任美國頂尖之神學院的院長、教授，同時也是基督新教普世合一運動的領導人物之一。他在教會和社會方面的傑出成就，讓他榮登一九五四年四月十九日出版的《時代》週刊的封面人物。如此有信仰、學識，又有成就，受到教會和社會肯定的人，為什麼他要自殺，或是說：為什麼他會自殺？

人為什麼自殺？

人為什麼自殺──結束自己在世之日的生命？哪些人可能會自殺？世界衛生組織把下列人士視為自殺的風險人群：

在高收入國家，公認自殺與精神疾患（特別是抑鬱症和酒精使用障礙）之間存在聯繫。許多自殺是因喪失處理生活壓力（如財務問題、關係破裂或慢性疼痛和疾病）的能力而陷入危機時發生的衝動行為。

此外，經歷衝突、災難、暴力、虐待、喪失親友和疏離感，也與自殺行為有著密切關係。遭受歧視的弱勢人群（如難民和移民、原住民、女同性戀者、男同性戀者、雙性戀者、變性人和兩性人、囚犯）中自殺率也很高。曾經自殺未遂是最重大的自殺風險因素。

2 范．杜森夫人被發現時已經死亡，范．杜森本人則被送往醫院救治，十五天後過世。

解析世界衛生組織提供的資訊，我們會發現，人自殺，有個人因素，也有環境因素。

個人因素，包括個人的生理、心理、精神方面的疾病，以及個性、處理挫折或壓力之能力的欠缺等等。在有關自殺事件的報導中，我們最常閱聽的，恐怕是自殺者有憂鬱症或躁鬱症的就醫記錄。或許我們也閱聽到自殺者的朋友說，自殺者有學習障礙，或是個性較為偏激，或是情感脆弱，或是常有憤世嫉俗的言談等。有時也會閱聽到自殺者過分追求完美，或欠缺面對挫折與失敗的能力等等。這些大多是屬於自殺的個人因素。

環境因素，如經濟、社會、文化等因素。舉例來說，根據統計，台灣九二一大地震和日本三一一地震海嘯災害之後，災區自殺人數比非災區高出許多。這些自殺事件顯然跟環境災害相關。經濟蕭條、失業潮也提高自殺事件的數字，這也是自殺的環境因素。社會、文化對某些特定族群或邊緣人的歧視，甚至霸凌，也是這些族群中有些人自殺的因素。低收入國家人民的自殺率偏高，也顯示自殺有環境因素。非宗教性的集體自殺，也透露自殺有社會、文化因素。

其實，自殺的個人因素和社會因素相互關連。舉例來說，有學習障礙等接受特殊教育的人自殺，這常常不能只是歸咎於死者在心理或醫學方面的因素，它經常也是學校同學，甚至整個社會對接受特殊教育者的歧視與霸凌關連。同性戀者的自殺人數，跟異性戀者相比，比率偏高，這也跟教會、社會等對同性戀者的歧視與排斥，甚至凌辱有關。因衰老、被病痛纏身者自殺，或職業軍人、武士在戰敗之後切腹自殺等，這也是個人因素與社會、文化因素結合的後果。

總之，自殺的個人因素和社會因素不但不能完全釐清、切割，其關係錯綜複雜。又譬如說，從自殺身亡者所留下的遺書，我們可以看到有些自殺者想藉自殺來懲罰自己或是存活在世的人，或是顯示想藉自殺來逃避懲罰的心理狀態，或是想藉自殺來保持或斷絕某種親密關係的心理狀態。這一事實也顯示自殺雖有個人因素，卻也跟其人際關係、周遭的環境密切關連。

臨床心理醫師以色列・歐巴克（Israel Orbach）在《不想活下去的孩子：自殺心理分析與治療》（*Children Who Don't Want to Live: Understanding and Treating the Suicidal Child*）一書中，指出兒童、青少年、成年人的自殺行為有一共同的發展模式：

第一階段：難以忍受的壓力（挫折、受拒、無解難題、喪失家庭混亂）。

第二階段：沮喪憂鬱的態度（悲傷、失望、無用、無望感、焦慮、疏離感）。

第三階段：嘗試去適應（遠離人群、孤立自己、情緒勒索、操縱別人、放棄、侵犯、叛逆、尋求替代物來滿足需要）。

第四階段：累積的挫折，情感能量逐漸削弱。

第五階段：出現自殺念頭（如言談中表露「想死」、「死大概會解決一切困擾」，或是在日記中留下想死的字詞等）。

第六階段：藉自殺來調整（不嚴重或很嚴重的自殺嘗試、沮喪、死亡念頭一直盤踞心頭、明顯的威脅、被死亡深深吸引）。

第七階段：環境對自殺行為的反應（驚訝、內疚、關係的改變、孩童本身的壓力加大、被懲罰或受忽略）。

第八階段：孩子更確信對生命抱持的悲觀看法，更相信自殺是唯一的解決方法。

第九階段：續增的新挫折導致最終的自殺行為[3]。

綜合地說，一個人之所以自殺，跟自殺者的生物性生命、社會性生命，和靈性生命的狀況都有關連，也跟其所處的社會、環境相關。

自殺事件帶來的衝擊

以自殺結束自己生命的人，他所終結的不只是他個人肉體的生命，他的社會性生命也隨之結束。不過，自殺事件絕不只是跟死者相關，死者的問題也不會隨著自殺者身亡而消失。它造成一些衝擊和影響。

對死者親友的衝擊。親友因死者的自殺受到的衝擊，不只是震驚、情感和關係的失落，也是一種不可言喻的傷痛。遺憾、疑問、內疚、自責、憤怒、哀傷、懷念等各種複雜的情緒會湧現在自殺者親友的心裡。這些情緒若是延續一段長時間，其衝擊力就會更為嚴重。自殺身亡者的收入若是一個家庭經濟的主要來源，自殺的衝擊就更不只是情感和關係的面向而已。自殺者若肩負一個家庭的期待，其影響層面也會是複雜而難以敘說的。

對群體、社會的衝擊。一個人的自殺也在群體和社會中造成衝擊。一般認為，自殺事件的新聞報導通常帶有負面效應，它對群體和社會造成的衝擊最為明顯的是不安、焦慮的情緒，甚至帶出模仿的自殺行為。另外，一個人自殺，其所屬的群體、社會就因而失去一個成員，這也會對該群體和社會造成不同程度的損失和傷害。

前面提及的日本著名作家的自殺，對日本社會，甚至國際社會的文化、學術，甚至經濟等領域，都有所衝擊。協和神學院退休院長范・杜森的自殺也對普世基督教會有所衝擊。其他譬如說，自殺者是某一企業的高階主管，其死亡對企業的營運和發展必然有某種程度的衝擊。

從自殺造成的衝擊，我們也可以推論和證明存在本身就有意義的說法。沒有人是只為自己而活，我們每一個人的存活，對於他人和群體都有意義。我們要為自己活，為自己的生命負責任，但我們個人的生命與他人和群體密切關連，休戚相關。

3 以色列・歐巴克（Israel Orbach），《不想活下去的孩子：自殺心理分析與治療》（*Children Who Don't Want to Live: Understanding and Treating the Suicidal Child*）（高慧芬譯，台北：心理出版，2000），50-51。

教會傳統對自殺的看法

基督宗教尊重生命、愛惜生命，這是無庸置疑的。也因為如此，基督教會傳統上一直是反對自殺，甚至譴責自殺。

第四、五世紀基督教會的教父奧古斯丁在《上帝之城》第一卷第二十章說，自殺是有罪的，自殺者違反了十誡中「不可殺人」的誡命（在天主教會中，這一條誡命是第五誡，在基督新教裡，則是第六誡）；殺死自己也是殺人。古代的基督教會甚至拒絕為自殺的人舉行喪葬禮拜，企圖自殺者或自殺未遂者也會被逐出教會。

影響天主教神學思想深遠的中世紀神學家多馬斯．阿奎納（Thomas Aquinas）主張人絕對不可自殺，他提出三個理由：一、一個人自殺，是違反自然的傾向，也違反每一個人應該愛自己的愛德。所以自殺是死罪，因為它違反自然律和愛德。二、每一個人是群體的一分子。所以，以一個分子來說，他是屬於群體的。為此，一個人自殺是傷害到群體。三、生命是上帝給人的恩賜；生死的主權在於上帝。自殺既違抗上帝，又侵犯上帝的主權[4]。

二十世紀歐洲基督新教的神學大師卡爾．巴特（Karl Barth）也反對自殺。他認為人能夠毀滅自己的生命，就像毀滅他人的生命；人擁有這種自由。不過，就像人要維護健康一樣，人要照顧自己的生命；即使現世肉體短暫的生命存續並不是至善或最高的價值，人可能為較高的善或價值而犧牲生命。

巴特認為，上帝把生命賜給人，不是任意棄置，而是要顯明他的愛，要人服事上帝。巴特認為人不是自己生命的主人，生命在於賞賜生命的上帝；毀滅自己的生命是謀殺自己。人生是否值得存活的決定不在於自己，人生是成功或是失敗，是否能夠忍受，是否可能延續，是否有價值等等，都不在於自己；人不是自己生命的判斷者。不過，巴特認為自殺不是不能原諒的罪[5]。

綜合地說，教會傳統對自殺的教導是：人不可自殺。自殺的行為不符合上帝賞賜人生命的美意。

自殺的人想說什麼？

然而，自殺的人不明白前述這些教義和教導嗎？自殺的人不知道他的死亡對親友，甚至他所屬群體的衝擊嗎？既然明知，為什麼還要自殺？有人說，當生命值得保存時，沒有人會丟棄它。是的，根據天性或自然法則，人不會傷害自己，應該更不會終結自己的生命。

4 聖多瑪斯．阿奎那（ST. Thomas Aquinas）《神學大全》（*Summa Theologiae*），（台南：碧岳，2008），213-

5 Karl Barth, *The Doctrine of Creation*, *Church Dogmatics, Volume III, 4*, (Edinburgh: T. & T. Clark, 1985), 401-405.

人，好端端的，不會想死。人為什麼會自殺？一定是日子過得不好，過得很苦。人若非經驗「生不如死」的情境，怎麼會自殺？人在什麼情況下竟然決定放棄自己的生命？他忍受什麼病痛？他遭遇什麼挫折、失敗？面對什麼困境與苦難？他的心靈忍受什麼羞辱與折磨？為什麼他不再期待親友的了解與接納，不再尋求親友或專家的協助？為什麼他不再體驗教會中的兄弟、姊妹之情，不以為他們的愛可以使他勝過想死的意念？為什麼他會覺得上帝不再是慈愛、憐憫的上帝，不會赦免？為什麼上帝不再是他的庇護和避難所，不是他的力量和倚靠？為什麼他要控訴自己、審判自己、處決自己？

當一個人走向自殺的絕路時，他所感受到的周遭世界是怎樣的一個世界？自殺的人想告訴我們什麼？許多自殺研究都指出一件事，就是自殺者在自殺身亡之前都曾發出求救的信號。從自殺者生前渴望獲得拯救的心理，卻未能得著的事實來看，我們存活的人該有什麼樣的省思？我們是否錯過或忽略什麼自殺者傳遞的信息？

不要論斷，而是防治

若是抽離實況來談自殺，我們都知道答案是「不應該」、「不可以」。世人，不論是什麼宗教的信徒，大概都不贊成自殺的念頭與舉止。但是，進入實況和處境，我們怎能論斷或譴責自殺身亡的人？試想，因病長期臥床，心情憂鬱沮喪，生活陷入困境的自殺者，他如何能夠自立自強？試想，學業成績不如自己的期待而自殺的青年學生，是什麼原因讓他覺得讀書不再是快樂學習、成長，而是不能掙脫的重擔？試想，無法解脫家庭暴力和婚姻枷鎖而自殺的女人，為什麼她們寧死也不再認為她們可以期待愛情的溫馨？

自殺的悲劇之所以發生，是因為自殺者所面對的困境——無論是個人因素或環境因素——都已經不是自殺者所能掌控，現實的壓力已經超越自殺者個人所能承擔。自殺者的良心既然做出這樣的決定，我們（甚至可能包括上帝）又怎能論斷自殺者呢？

前面提到美國神學家范．杜森夫婦自殺的事件。很多人不能理解范．杜森身為牧師、教授，在美國社會和普世教會界享有聲譽，怎麼會選擇自殺來結束自己的生命？根據《紐約時報》（*The New York Times*）的報導[6]，他們夫婦生前就是安樂死的倡議者，不願老死安養院。自殺前，范．杜森夫人的身體狀況是因嚴重的關節炎，疼痛又無法自己行走；范．杜森本人則因五年前中風，身體衰弱，又幾乎不能說話，非常沮喪。

這種處境對一對恩愛的夫婦，特別是誓言要親自照顧比自己年長之夫人的范．杜森，又有什麼衝擊？范．杜森夫婦不相信上帝嗎？沒有信仰嗎？他們在遺書中提到他們愈來愈衰弱的情況，說他們並不畏懼死亡，他們期待死後的生命。遺書的結尾是一段包含〈約

---

6 *The New York Times*, Feb. 26, 1975. p. 40. 檢自 https://www.nytimes.com/1975/02/26/archives/suicide-pact-preceded-deaths-of-dr-van-dusen-and-his-wife-van-dusen.html（20200328）

翰福音〉1章29節經文的禱告：「上帝的羔羊，除掉世人的罪的，憐憫我們。上帝的羔羊，除掉世人的罪的，賜我們平安。」

很顯然，范・杜森夫婦自殺跟他們肉體的生命和社會性生命有關，也跟他們對生命與死亡的信念有關。其實，誰的人生沒有悲痛難過、憂傷幾近死亡的經歷？即使是承擔救贖世人使命的耶穌，他在世上最後的日子裡，面對處心積慮反對他、要殺害他的猶太教領袖，在前往橄欖山腳下的客西馬尼園（革責瑪尼園）禱告時，也曾對他的門徒說：「我的心非常憂傷，幾乎要死。」（馬可福音14:32-34）若是我們想預防陷入類似范・杜森夫婦之處境的人自殺，我們當做什麼？

我們大都知道，自殺防治需要依靠專家，如精神科、心理醫師，還有協談專家、社工師、牧師、神父等。但是，個人、基督徒社群，以及相關組織、機構等，也可以省思，我們當如何面對自殺事件，藉以減少自殺事件的發生。譬如說，世界衛生組織為了避免媒體報導自殺事件產生的模仿效應，提供一些準則，讓記者和其他人得以負責任地報導自殺事件。這些準則簡稱「六要」與「六不」[7]：

應做什麼：

應提供關於可在何處尋求說明的準確資訊。

應向公眾講述自殺事實和如何預防自殺，而不要傳播流言。

應講解如何應對生活壓力或自殺想法，包括提供如何和從何處獲得說明的資訊。
報導名人自殺時，應特別小心。
採訪居喪親友時，應表現出同情心。
報導自殺時，應意識到自己可能會受到影響。

不應做什麼：
不應將自殺報導放在報紙和網站顯著位置，也不應一直重複報導自殺。
不應使用聳人聽聞的標題。
不應使用聳人聽聞或將自殺正常化的語言，或將自殺視為解決問題的建設性方法。
不應明確描述自殺所用方法。
不應提供有關自殺地點／位置的詳細資訊。
不應使用與自殺事件相關的照片、影片或社交媒體連結。用詞要謹慎。

我們不論斷自殺者，並不表示我們贊同自殺，而是我們要做的是防止自殺。面對自殺事件，我們當如何省思，以避免下一個自殺事件？

7 參見 https://www.who.int/mental_health/suicide-prevention/suicide_prevention_journalists_zh.pdf?ua=1

現在絕大部分的傳播媒體在有關自殺事件的報導後面，都會加註一些類似下列應該珍惜生命、求助的語句，這是很好的一件事：

- 自殺，不能解決難題；求助，才是最好的路。求救請打1995（要救救我）。
- 請珍惜生命，再給自己一次機會。求助，才是最好的路。求救請打1995（要救救我）。輕生不能解決問題！
- 自殺不能解決問題，勇敢求救並非弱者，社會處處有溫暖，一定能度過難關。安心專線1925，生命線協談專線1995，張老師專線1980。
- 給自己一個機會：張老師專線1980、安心專線1925、免付費生命線1995。

面對自殺事件時的省思

既然自殺者生前極有可能曾經發出求助、求救的信號，我們也確知自殺有個人因素和社會因素，也對家庭、社會造成衝擊，我們該怎麼面對自殺事件？面對自殺事件時，我們該有怎樣的省思？

1. 作為自殺身亡者的親友，或是其所屬的社群，我們是否未曾注意到自殺身亡者生前的困境，以及他所發出的求助、求救訊號？

2. 作為自殺身亡者的親友，或是其所屬的社群，我們是否覺察自殺身亡者有什麼生理、心理，或是精神方面的疾病，以及他就醫的情況？

3. 作為自殺身亡者的親友，或是其所屬的社群，我們是否注意到自殺身亡者感受到環境——家庭、學校、社會等——給予的壓力？我們是否發現自殺身亡者有學習障礙或適應的難題？或是在其生活環境中遭受欺壓與霸凌？或是我們雖然察覺，卻表現出冷漠、不關心？

4. 作為自殺身亡者的親友，或是其所屬的社群，我們是否在有意無意間，成為自殺身亡者挫折或困擾的源頭？或讓自殺者感受不到仁愛，或是覺得生命沒有盼望？

5. 作為自殺身亡者的親友，或是其所屬的宗教團體，對生前處於困境中的自殺者，曾經提供什麼具體的幫助嗎？我們是否只是告訴在苦難中尋求奧援的自殺者說：「上帝凡事都能。」或是勸勉身心疲累的自殺者說：「你當剛強。」而沒有以實際行動協助他們，讓他們身體的病痛得以醫治或舒緩，心靈的困苦得以改善或釋放？

我們也應該針對這些省思採取正面積極的作為，來協助我們身邊的人。就如常人所說的：「幫助，從關注開始。」我們可以從多關注身邊的人做起。

自殺事件對基督教會的挑戰

有些人——包括基督徒在內——自殺身亡的事件，是否對基督教會提出一些挑戰？作為基督教會的一分子，我個人覺得基督教會必須正視自殺事件，並從自殺事件來省思基督教會的宣教，也積極地回應。

一、自殺者若是基督徒：一個告白體會並信靠上帝藉著耶穌基督所彰顯的愛與救恩，並盼望上帝永生的國度確確實實臨到的人，為什麼他不再信靠上帝來面對生命的困境？愛不是跟死亡一樣堅強嗎（參見雅歌8:6）？為什麼他沒有感受到上帝以及信徒團契的愛，讓他足於勝過死亡的念頭？為什麼他對將來失去盼望？是否在自殺者的生活中，沒有確實感受基督徒社群所給予的愛與關懷？沒有從基督徒社群中獲得他期待的支持和救助？

上帝若問我們：「你的兄弟（姊妹）在哪裡？」我們要怎麼回答？基督徒社群要深刻省思：我們的表現是否是冷漠不關心？我們有盡到鄰人照顧者的角色嗎？我們有扶持社群中軟弱的心靈嗎？

二、基督教會宣講的信息，是人生遭遇挫折、困頓者的福音，或反而是壓力與束縛？教會傳講的信息對自殺者所經驗和承受的壓力，是發揮抒解的功能，或是變成另外一種重擔？教會所宣講的信息對處於沮喪憂鬱中的人有助益嗎？基督教會的教導是讓自殺者累積挫折或罪惡感嗎？譬如說，有些時候，教會強調跟上帝同行者的人生必定飛黃騰達，會是成功、幸福的人生，以致讓身處苦難困境中的人自認為他們一定有罪，是失敗者，不受上帝的祝福。

換句話說，基督教會的教導是「人受苦是因為罪的緣故」，導致教會中內心愁苦的人，不但沒感受到安慰、釋放，反而因罪惡感更加憂鬱與愁煩？教會傳講的信息是激發人開放心靈或趨向封閉心靈？引導人思想人生的積極、光明面，或是消極、黑暗面？我們要省思：教會傳講的是愛與赦免的福音，或是令人沮喪的完美道德教訓？

三、基督教會是否應當思考如何善用禮拜儀式，使之成為人與上帝和好的禮儀，並藉由禮拜中的禮儀，特別是如赦罪的宣告、接納的儀式等具有象徵意義的儀禮，來幫助遭逢人生困境、處於自殺邊緣的人再度接納自己，重建他跟上帝和人的關係？

四、基督教會的宣教是否包含參與社會結構的更新改造？基督徒是否意識到教會負有轉化桎梏人心之社會文化的宣教使命？自殺既有社會因素，基督徒社群是否積極參與改善那疏離人際關係的社會結構？是否挑戰對於弱勢者缺乏保障的政治、經濟措施？基督教會是否致力於消除影響人走向自殺絕路的社會因素？基督教會是否積極從事和參與有關自殺防治的工作？教會是否傳揚一種跟社會改革無關的「福音」，以致教會對自殺的社會因素視若無睹？若是人無法在歷史、世界中經驗上帝的愛，未能因信上帝而有盼望，而走上絕路，基督徒社群可以袖手旁觀嗎？

小結

人雖然是走向死亡的存在，但我們並不因為人的生物性生命必然死亡，就輕忽在世之日肉體的生命。基督宗教不認為生物性生命和靈性生命是全然分開的，反之，靈性生命是跟朝向死亡邁進的生物性生命緊密結合。上帝讓我們的生物性生命存活之目的，就是要我們改善我們跟上帝的關係——靈性生命，並發揮社會性生命。意即上帝期待我們把握在世之日的肉體生命，更新靈性生命，盡社會性生命之職。

生命的創造主上帝，他也是生命的拯救主，又是維持、保守生命的主上帝。這上帝今日仍在創造、拯救、維持生命。上帝在耶穌基督裡應許賜給人新生命（哥林多後書 5:1-21）。雖然身體的衰亡無法避免，但是藉著耶穌基督的復活，我們勝過死亡（哥林多前書 15 章）。在耶穌基督裡，我們獲得永生——與上帝永遠同在。聖靈成為我們生命的慰助者，保守、看顧我們。我們要因耶穌基督擁有豐盛的生命（約翰福音 10:10）。

簡要地說，我們的整體生命要向上帝負責。上帝給我們生命，是要我們作上帝所造世界的管家，使上帝的旨意得以在人世間實現。所以我們要發揮在世之日生命的價值，活出生命的尊嚴與意義。上帝要我們在現今世界中展現生命的意義與價值，也就是在生命中活出信望愛的特質。所以人應當珍惜並尊重生命，善用生命。但是，生物性生命雖然重要，卻不是絕對的。重要的是，讓生物性生命是為了成全人社會性生命和靈性生命的價值和意義而活。

人死不能再生。存活就有意義，可以創造意義；即使身心痛苦，也可以創造意義。我們為自己活，也為別人活，為上帝而活。生命是那麼地珍貴，我們當盡一切力量防止自殺事件的發生。上帝創造的人是社會性的存在，我們都是我們的姊妹、兄弟的看顧者。我們若在生活中活出信望愛的特質，必定能夠讓我們身邊的人感受愛，在困苦中有上帝和人可以信靠，存盼望來生活。

為自殺身亡信徒舉行葬禮的講章

◆講題：誰能隔絕耶穌基督的愛？

閱讀經文：

〈耶利米哀歌〉（耶肋米亞哀歌）3章17至26節：「我的生活沒有平安；我已忘記什麼是喜樂。我在世日子無多；我對上主的盼望也斷絕了。想起我的痛苦和流浪，簡直是苦澀的毒藥。我不斷地想這些事，我的心靈沉悶難言。但當我想起另一件事，我的希望又重新燃起。上主的慈愛永不斷絕；他的憐憫永不止息；像晨曦那樣清新，像太陽的東升那樣確實。上主是我所有的一切；我把希望寄託於他。尋求他，信靠他的人，上主施恩給他們。因此我們應該仰望他，耐心等候他的救恩。」

〈羅馬書〉8章38至39節：「因為我確信，什麼都不能夠使我們跟上帝的愛隔絕。不管是死，是活；是天使，是靈界的掌權者；是現在，是將來；是高天，是深淵；在整個被造的宇宙中，沒有任何事物能夠把我們跟上帝藉著我們的主基督耶穌所給我們的愛隔絕起來。」

此刻我們聚集在這裡為〇〇〇兄弟舉行告別追思禮拜，願生命的主上帝，就是一切生命的創造主、拯救主上帝，也是憐憫與慈愛的上帝，與我們同在，並親自安慰在座的每一位姊妹兄弟。

或許我們當中有人此刻心中有這樣的疑問：教會牧師要怎樣為一個自殺身亡的人主持告別追思禮拜？基督徒不是不可以自殺嗎？教會不是反對自殺嗎？牧師今天要傳講什麼信息？

曾因為撰寫《標竿人生：我究竟為何而活》（*The Purpose Driven Life: What on Earth am I Here for?*）一書而名噪一時的美國牧師華理克（Rick Warren），他的兒子因長期受精神疾病困擾與折磨，於二〇一三年四月自殺身亡。當時，很多人問，為什麼一個相信「在人出生前，上帝早已預知人要做的事」的牧師的兒子會自殺？難道他兒子自殺是上帝早已為他安排好的人生？

國內一本基督教雜誌為此事採訪我的時候，也提出類似的問題。親愛的姊妹兄弟，你試著想一想，你若是牧師，在深夜或凌晨的時候手機響了，你接起電話，還來不及說「喂」或「平安」，就聽到來電的信徒說「牧師，我要自殺，我再也無法忍受下去了」。你會怎麼回應呢？你難道要說「你不可以自殺，自殺是違反基督徒倫理的。我們教會不為自殺的人舉行告別禮拜」嗎？

為什麼有人會自殺？學者有許多理論。有人認為，自殺有個人的生理、心理、精神因素，如自殺者被疾病帶來的疼痛和困擾纏身，無法掙脫；或有人因事自覺罪惡感，讓他做出懲罰自我的死亡行動。也有人認為，社會對於個人生活有某種壓力，有些人或許覺得自己無法達成社會的期待，或是覺得自己的期望也未能從社會獲得滿足，而期望與滿足之間的差距，造成一種不安與不滿，甚至是痛苦的心理狀態，導致人走向自殺之途。

所以，自殺雖然是個人的行為，卻跟社會環境有關。從○○○兄弟的遺書，我們看到這些解釋的痕跡。自覺有同性愛性傾向的○○○兄弟，受不了社會與教會對同性戀者的歧視，長期處於憂鬱的狀態，又因傳統基督教會之教導，使他錯認為他的同性愛性傾向是自己對上帝不夠敬虔所致，而有罪惡感。最後，○○○兄弟選擇結束他在世上十七年的歲月。

我想，○○○兄弟內心的感受就如我們今天所讀的舊約聖經〈耶利米哀歌〉3章17至20節的經文所描述的：「我的生活沒有平安；我已忘記什麼是喜樂。我在世日子無多；我對上主的盼望也斷絕了。想起我的痛苦和流浪，簡直是苦澀的毒藥。我不斷地想這些事，我的心靈沉悶難言。」〈耶利米哀歌〉是猶太人哀嘆他們因國家敗亡、人民被放逐巴比倫，身體和心靈承受多種苦楚時所寫的詩。在異鄉的日子裡，他們沒有平安、喜樂，甚至覺得不能從上主獲得指望，心靈憂悶難言。○○○兄弟的處境和感受也是如此？○○○兄弟是不是就在這樣的環境和心境中走上自殺的道路？

親愛的姊妹兄弟，告別追思禮拜是一個思想生命的場合和時刻。我們怎麼理解生命？基督教會確信人的生命是上帝賜予的，也認為人應當尊重並愛惜生命，這是世人回應生命的創造主上帝的生活態度。教會也確信上帝藉著成為一個人，就是耶穌基督，向我們顯明他是慈愛的拯救主上帝，世人可以在不時經歷苦難的人生中，依靠耶穌基督得著憐憫與拯救。教會又確信上帝的靈，就是聖靈，保守、看顧他的子民，人應當從內心依循聖靈的引導來生活。

然而，教會也認為肉體的生命並非人唯一的生命面向，人還有社會性生命、靈性的生命。肉體的生命終有一天要衰亡，但死亡不是生命的消失，而是轉換，進入永恆的生命，所以人不必害怕死亡。然而，〇〇〇兄弟不明白這些道理嗎？他在遺書中祈求上帝看顧他的父母親，顯示他雖愁苦難過，仍然相信上帝。他向爸爸媽媽說「對不起」，顯示他自己也覺得這樣對待自己的生命，不是最好的抉擇，所以請求父母親的原諒。

〇〇〇兄弟知道他這樣做不是最好的抉擇，但，他仍然這樣選擇！為什麼？有信仰的人為什麼會自殺？親愛的姊妹兄弟，試想：人，應該都不會傷害自己，怎麼會想要傷害自己到死？一定是日子過得不好，過得很苦！誰願意過「生不如死」的日子？我們捫心自問，在人生旅途中遭逢重大挫折或傷痛時，我們不也是偶而會有「我去死算了」的念頭閃過腦海？

為什麼我們在這些情境中沒有走上絕路？答案可能有很多，但追根究柢來說，應該是因為信、望、愛。我們確信上帝會讓苦日子過去，我們盼望新的情境，我們在苦境中經驗到愛的陪伴——上帝的愛、親人的愛、朋友的愛。信心、盼望、愛，支持我們走過哀傷困苦的日子。

那麼，〇〇兄弟沒經驗到愛？就我的認識，〇〇兄弟的爸爸媽媽非常關心、疼愛〇〇兄弟。那，為什麼〇〇兄弟還是走上絕路？為什麼〇〇兄弟會覺得他所信的上帝似乎遠離他？他不再能夠從上帝獲得指望？〇〇兄弟的決定是不是跟我們教會、社會的關連性較大？

除了探討〇〇兄弟的內心，我們作為基督教會的一分子，是不是要很勇敢地來反省：對於同性戀，我們教會傳統的教導正確嗎？天主教教宗方濟各最近在接受訪問時表示：「同性戀者有權利在一個家庭生活，他們都是天主的子女。他們有權利擁有一個家庭。我們不能將某人趕出家庭，也不能使他因這緣故無法生活。我們必須要制定的是一個『保障共存的民法』。他們有權利得到法律保障。」在台灣，同性婚姻也已經合法。為什麼我們教會依舊歧視具有同性愛性傾向的人？基督信仰真的認為同性愛的性傾向是罪嗎？

普世各地都有教會接納同性戀者，不認為同性愛的性傾向是罪。很多基督徒在不正確的事上保持緘默，是不是成為歧視的幫凶？以致〇〇兄弟雖然相信上帝、經驗父母親的愛，卻仍然不足以抗拒這些來自教會的排斥與壓力？我們教會有沒有如同主耶穌所說比喻中的好撒馬利亞人（撒瑪黎雅人）？我們有沒有成為需要者的鄰人？

〇〇〇兄弟是上帝家裡的一分子，若上帝問我們：「〇〇〇兄弟在哪裡？」我們的回答是什麼？我們會如同該隱（加音）說：「難道我是看顧〇〇〇兄弟的人嗎？」求主上帝憐憫我們，赦免我們。

對〇〇〇兄弟，我自己深感慚愧，也向大家道歉。身為〇〇〇兄弟的牧師，我竟沒有覺察到他內心如此的痛苦，也沒有好的表現好讓〇〇〇兄弟願意信賴我，跟我分享他內心的痛苦與絕望，或向我求助。我沒做好我身為牧師該做的事，求上帝赦免我。

最後，或許我們仍然想問：〇〇〇兄弟有被上帝接納嗎？親愛的姊妹兄弟，〇〇〇兄弟是否被上帝接納，主權在於上帝，不由我們論斷。不過，我們今天還讀了一段經文，就是〈羅馬書〉8章38至39節。保羅這樣告白：「我確信，什麼都不能夠使我們跟上帝的愛隔絕。不管是死，是活；是天使，是靈界的掌權者；是現在，是將來；是高天，是深淵；在整個被造的宇宙中，沒有任何事物能夠把我們跟上帝藉著我們的主基督耶穌所給我們的愛隔絕起來。」

在這告白中，使徒保羅向我們指出，沒有什麼可以隔絕我們跟上帝的愛。我們再回到在巴比倫哀嘆的猶太人的哀歌，他們雖然透露心中的苦悶，但是他們也因為思想上主，而重燃信心與盼望。在3章22至25節，他們告白說：「上主的慈愛永不斷絕；他的憐憫永不止息；像晨曦那樣清新，像太陽的東升那樣確實。上主是我所有的一切；我把希望寄託於他。尋求他，信靠他的人，上主施恩給他們。」

這種告白豈不就是保羅在〈羅馬書〉中傳講的信息？我們會軟弱、失敗，甚至犯罪，但上帝的愛永不斷絕。上帝的愛能包容一切，能忍受一切。上帝的愛是永不止息，是永恆的。因此，親愛的姊妹兄弟，我深信，○○○兄弟此刻已經卸下他在這世界的重擔和他所承受的壓力，安息在生命的主，也是愛他的上帝的懷中。

親愛的姊妹兄弟，今天這個時候，是我們追念○○○兄弟的時刻，而不是論斷的時刻。此刻是我們陪伴○○○兄弟走向永生上帝之旅程的最後一段路，是與○○○兄弟的爸爸媽媽一起哀傷，安慰○○○兄弟的爸爸媽媽的時刻。此刻是我們從上帝獲得安慰與盼望的時刻，而不是討論基督徒可不可以自殺的時刻。

親愛的姊妹兄弟，今天這個時候，是我們再一次明白生命與信仰的時刻，是再一次認識上帝永恆的愛的時刻。讓我們無論身處哪一種情境，都祈求上帝的靈的扶持和引導，幫助我們，如同〈哀歌〉的作者在3章26節所說的，要仰望上帝，耐心等候他的救恩。讓我們都藉著信靠上帝、體認上帝的愛、盼望上帝的拯救來面對人生的各種困境，也以愛來陪伴、扶持我們周遭承受各種壓力的朋友。上帝未曾替我們定下一個不能改變的人生。只要相信上帝的愛，轉變人生的可能性隨時都在。

願永生的上帝看顧、安慰○○○兄弟的爸爸媽媽，也看顧、安慰我們每一個人，賜給我們信、望、愛的生命。

第十二章

關於死刑

死刑是指國家，基於法律賦予之權利，經由審判，以剝奪罪犯之生命作為對其重大罪行之懲罰的刑法。

死刑，雖是古老又有長遠歷史的刑法，其存廢或執行，卻是近代社會受到爭議的公共政策之一。根據統計資料顯示，全世界已廢除死刑或長期不執行死刑的國家將近一百五十個（大部分是歐美地區的國家；要成為歐盟會員國的國家，必須廢除死刑），仍有死刑之法律且執行死刑的國家約有五十個（亞洲和北非洲地區的國家佔多數）。

台灣有死刑

軍事戒嚴實施時期（一九四九至一九八七年），台灣有很多參與民主運動的人，就是我們一般所說的政治犯、良心犯，被以叛亂罪名判處死刑和槍決；即使戒嚴已經解除，現在的台灣也是前述五十餘個有死刑之法律且執行死刑的國家之一。每當社會上發生凶狠無情，特別是隨機或無緣無故的殺人事件時，要求判處犯嫌死刑的呼聲，往往充斥台灣的社群平台和傳統大眾傳播媒體。

這近十年來，台灣發生過一些凶殘、駭人聽聞的殺人事件，如二〇一二年，有方姓男童在台南一電玩遊樂場，被有精神官能性憂鬱症病史的曾姓男子誘騙至廁所，無緣無故被割喉慘死；二〇一四年，東海大學二年級學生鄭捷，在台北捷運板南線列車的車廂中，毫無忌憚地揮刀殺人，造成四死二十四傷的慘案；二〇一六年，有小名小燈泡的劉姓女童，和她母親在前往捷運站途中，被尾隨的王姓男子持菜刀猛砍頸部而倒地死亡；二〇二〇年，新北市新店有王姓男子與其配偶爭吵，憤怒之下竟持刀隨機殺死路過的一名林姓機車騎士。其中，鄭捷殺人事件在各級法院經過近兩年的審理，判處死刑，同時也在死刑定讞後十八天就被快速核准槍決。

由於類似的凶狠殺人事件的出現，台灣好像是一個經常聽到大眾要求「判罪犯死刑」的社會。

台灣也有廢死聯盟

儘管台灣好像是一個經常聽到要求判罪犯死刑的社會，台灣也有推動要求廢除死刑的組織——台灣廢除死刑推動聯盟（簡稱「廢死聯盟」）。這一個主張「終結罪行，勿奪人命」，主要工作包括「參與獄政改革、倡議犯罪被害人保護、提出相關刑罰修正建議」的聯盟，其組織成員包括國際特赦組織台灣分會、民間司法改革基金會、台灣人權促進會、台北律師公會、東吳大學張佛泉人權研究中心、輔仁大學和平研究中心、台灣基督長老教會等；也有很多學者、社會賢達參與其中。

不過，由於死刑的存廢具有爭議性，廢死聯盟飽受非議。有人把治安惡化歸咎於廢死聯盟的主張，還有令人難過的事情，即浮上檯面的廢死聯盟成員，成為被羞辱，甚至是被威嚇、攻擊的對象。主張維持死刑的人，其實是希望社會不要發生因為仇恨、報復而殺人的事件，但有些支持死刑的人的舉止，卻顯示仇恨、報復的心態。

死刑存廢的爭辯

有關死刑之存廢，社會上有許多的爭辯；有些是學理的論述，有些是實務方面的探討。以下歸納一些較為通俗的正反意見：

◆主張不應該廢除死刑者的觀點

一、死刑有遏止人犯罪的作用。主張不應該廢除死刑者認為，死刑有遏止、嚇阳人犯罪的作用。因此，持此觀點者不但認為刑法該有死刑的懲罰，也要求政府法務部應當確實執行死刑。由於目前約有四十位被判死刑的罪犯尚未執行槍決，有些主張不該廢除死刑的人認為，就是因為政府並未確實執行死刑，社會上才會繼續有隨機殺人事件。他們宣稱，政府若不執行死刑，殺人犯根本毫不懼怕。殺人犯會認為，即使殺人被捕，也不會被判死刑；被判死刑，也不會執行。所以，廢除死刑會造成社會不安；沒有死刑，社會治安難以維護。

二、死刑是正義的彰顯。罪犯應該受到制裁，才有公義。殺人償命是天經地義，廢除死刑就毫無正義可言。

三、主張廢除死刑者，對受害者家屬缺乏同理心。殺人犯被判死刑，對受害者家屬是一種安慰，也讓憤怒的情緒得以發洩。主張廢除死刑者完全無法感受受害者家屬的心境，缺乏同理心。

◆主張廢除死刑者的觀點

主張廢除死刑，並不是認為殺人的罪犯不必接受懲罰。廢除死刑並不只是主張不該有死刑，也是要改善懲罰殺人罪犯的刑法。主張廢除死刑不是沒有前提。主張廢除死刑者期待政府和社會共同積極研擬與廢除死刑相關的配套措施，諸如惡意、凶殘的殺人罪犯，必須終身監禁不得假釋，或是罪犯服刑期間之所得應該作為賠償受害者家屬之用等等。

主張廢除死刑者不是不同情受害者家屬失親的苦痛與哀傷，也不是不理解受害者家屬的感受，而是建議以其他方式撫慰受害者的家屬。其實有些廢除死刑的支持者也有親人受害的經歷。主張廢除死刑不是不考慮社會大眾對於廢除死刑後治安可能更為敗壞、生命安全受到威脅的恐懼心理，因為主張廢除死刑者也跟其他人一樣生活在同一社會中；社會治安若敗壞，主張廢除死刑者也一同感受威脅和遭殃。

一、主張廢除死刑不是認為犯罪不該受罰，而是認為死刑乃是一種讓生命無法回復的極刑，一旦在蒐集證據和公平審判程序上有所失誤或偏頗，造成冤獄錯殺，就完全無法糾正與彌補。然而這種冤獄時有所聞，近代最受人矚目的是江國慶被判死刑並快速槍決案（容後敘述）。蘇建和案也相似，他和劉秉郎、莊林勳三人，一九九一年被控結夥強盜、強姦、殺人，歷經多次再審更審，其中六次判決死刑、兩次無罪，在三次非常上訴之後，二〇一二年八月，高等法院更三審判決無罪定讞。

蘇建和等人比江國慶幸運，最後在有生之年得以無罪釋放。然而二十多年纏訟的歲月，對他們而言是喚不回的青春！沒有人是絕對無誤的，判處他人死刑是有限的人做出絕對的判決——他人絕對沒有生存的權利和價值。明知法院有可能誤判，卻仍主張維持死刑，有可能會陷入一種「寧可錯殺，也不錯放」的心態與作為。

二、死刑無法嚇阻犯罪。這一論點跟贊成死刑者的觀點正好相反。死刑是否嚇阻犯罪，由於正反方各自引用調查數據來支持自己的觀點，以致呈現各說各話的現象。不過，我們可以從另一個角度來思考：死刑若可以嚇阻犯罪，廢除死刑若會影響社會治安，為什麼全世界廢除死刑的國家會多於維持死刑的國家？難道廢除死刑的國家不在乎他們的社會秩序和人民的安全？很顯然，理由之一是絕大多數的國家不認為死刑真的可以嚇阻犯罪，廢除死刑也不會使社會治安惡化。因此，死刑可以嚇阻犯罪，是值得存疑，甚至是不正確的論點。

三、死刑不能彰顯正義。由於死刑是「不可逆性」的懲罰——一種無法糾正、彌補的懲罰，國家是否有權力訂定這種完全剝奪、不可逆性的刑法來剝奪人民的生命權，其合法性、合理性高度受到質疑。犯罪被害人的家屬可能會在心理上因為罪犯被判死刑而感受到正義的彰顯，然而，事實是世上沒有完全公正無誤的審判，以致本意是想彰顯正義的判決，反而陷入不義的作為；死刑成為不可挽回的國家暴力。國家和人民要致力的正義，應該包含修復性正義。

四、死刑與司法獄政教化的目的不符。刑法與獄政的目的是要鼓勵受刑人自新，實現「刑期無刑」的目的。然而，死刑終結受刑人的生命，使其喪失自新的機會，使刑期無刑的理想全然落空。

五、有些殺人犯嫌其實是病人。舉例說，在一些隨機或無緣無故的殺人事件中，我們發現，有些犯嫌是長期服藥的思覺失調症病人。思覺失調症過去被稱為精神分裂症，其實它是思考能力與知覺功能失調的一種精神疾病。由於思考和知覺失調，病人有時無法分辨幻覺、妄想和真實世界。也因為如此，罹患思覺失調症的病人無法在社會上正常生活。

很遺憾的是，社會大眾普遍對思覺失調症缺乏認識與了解，讓病人及其家屬被貼上不該有的標籤，以致常常既不敢就醫，也不敢求助，或不願意繼續治療服藥。病人因而遠離康復之路，生活在困頓和社會陰暗的角落中。其實，「失調」包含它是可以恢復的含意。要求判決諸如罹患思覺失調症等疾病之犯嫌死刑，既不合法，也不人道。

六、犯罪是社會問題。人是社會性的存在，人在社會中生活，受社會結構和文化、風氣的影響。因此，一個人殺人，除了有屬於他個人的生理、心理、性格、思想等的因素，也有社會因素。舉例來說，一個在社會產業轉型期間失業，又長期到處找不到工作，生活陷入絕境的人，在某一情境中犯下殺人的刑案。我們怎麼能說這不是社會問題呢？這不是為罪犯脫罪，也不是說受社會因素影響的罪犯不必受到制裁，而是說，我們不能一直想要用包括死刑的刑罰來解決犯罪問題。死刑不能解決因社會問題衍生出的犯罪。

聖經中的死刑

聖經中也有死刑的記載。不過，聖經中到底有多少罪行應判死刑，學者的認定不一。一般認為，根據舊約聖經（希伯來聖經），下列罪行要處以死刑：

打人致死（出埃及記 21:12）、毆打父母（出埃及記 21:15）、咒罵父母（出埃及記

21:17；利未記 20:9）、綁架、誘拐人口（出埃及記 21:16）、打架傷害孕婦致死（出埃及記 21:22-25）、牛主人縱容常常傷人的牛牴死人（出埃及記 21:28-29）、行邪術的女人（出埃及記 22:18）、跟動物性交（出埃及記 22:19；利未記 20:15-16）、向上主以外之神明獻祭（出埃及記 22:20）、不遵守安息日條例（出埃及記 31:14）、把自己的兒女獻給邪神（利未記 20:2）、通姦（利未記 20:10）、亂倫（利未記 20:11-12）、男性同性性行為（利未記 20:13）、召鬼問卜、招魂行巫術（利未記 20:27）、詛咒褻瀆上帝（利未記 24:15-16）、不聽從或違抗值班祭司和地方的審判官（申命記 17:12）、先知假借上帝之名或其他神明之名發言（申命記 18:20）、在可能判處死罪的案件中作假見證欲害人致死（申命記 19:16-19）、強姦（申命記 22:25）。

解析這些死刑的條例，我們會發現，它們基本上都跟違背上帝藉由摩西頒布的十誡有關，也就是嚴重破壞人與上帝的關係，以及違背人與人之間的倫常。

不過，以色列民族的歷史裡，當權者是否真的依照這些宗教法典施行死刑，是值得存疑的。以「你們必須謹守安息日，因為這日是聖日。凡不遵守這日、照舊工作的人必須處死」的誡命為例，以色列人在曠野流浪的日子裡，有人在安息日撿柴，被人舉報並帶到他們的領袖摩西那裡。根據民數記的記述，「上主對摩西說：『這個人必須處死；全體會眾要在營外用石頭打死他。』」他們也照著上主的命令，用石頭打死那不守安息日的人（民數記 15:32-36）。然而，在以色列人從被流放之地巴比倫歸回故鄉耶路撒冷的時期，他們的領袖之一尼希米（厄斯德拉）曾發現有人在安息日工作。他怎麼做？他只是責備猶太人的領袖，之後，他下令安息日要關城門，不讓人做生意（尼希米記／厄斯德拉下 13:15-22）。

新約聖經有兩個跟死刑相關的記述。第一個是耶穌和兩個強盜（暴徒）被羅馬政權判死刑，並被釘死於十字架上（參看馬太福音 27:35-38）。另一個則是初代教會的執事司提反（斯德望），他被猶太人議會控告他說了褻瀆上帝的話，最後被人抓住推出去城外，用石頭打死（參看使徒行傳 7:54-60）。

死刑的神學省思

因為聖經記載摩西從上帝領受、頒布的法典有死刑，所以死刑是上帝所訂不可廢棄的刑罰？因為執政者的權力是源自上帝，所以死刑的法律不可廢除？

◆聖經不是今日倫理生活的使用手冊

因為基督教會告白「聖經是基督徒信仰與生活的準則」，所以，舊約聖經中的死刑法典就是上帝訂定，至今仍不可更動、廢棄的刑罰嗎？這問題涉及我們怎樣理解聖經的本質與權威。

聖經是上帝的子民——古代以色列人和早期基督徒社群——對上帝之本性與作為的體認與見證，包括他們從上帝所領受的教導，以及他們如何回應上帝之教導與作為的叢書。其中最重要的是上帝如何藉著成為一個人，就是耶穌基督來彰顯他對世人的慈愛與拯救。所以，聖經是上帝的故事。今日上帝的子民藉著閱讀記述於聖經中上帝的故事，也跟古代的上帝子民一樣，體認上帝的本性與作為，明白他的教導。因此，今日上帝的子民告白聖經是上帝的話語。

不過，聖經是在不同的時代，以人的語言來傳述他們所體認的上帝的本性與作為，所以聖經不是一本不受時代、文化、社會等因素影響的作品。此外，聖經所記上帝的本性與作為是經過口傳、文字記錄、編輯等過程傳承給後世的，而這些聖經書卷的著述與編輯，受到他們當代的文化、社會實況等因素所影響。換句話說，我們讀聖經時，除了要顧及經文的上下文，不能斷章取義之外，也當盡力從經書之成書的歷史、文化、社會實況等，來理解經文記述時作者想要傳達的信息。認真的讀者，絕不能只依經文的字面意義來解釋聖經。

近代的聖經詮釋理論意識到，除了試圖經由文本背後的世界來理解作者的心意，詮釋還有一個關鍵因素，即經文的讀者。曾任聯合聖經公會翻譯顧問的台灣聖經學者駱維仁這樣解說這種詮釋理論：「經文的意義不存在於經文的作者，或經文背後的世界，或經文本身，而是在於經文與讀者之間的互動上面。」[1]

駱維仁引用美國聖經學者布萊恩・布朗特（Brian K. Blount）的觀點這樣說：「經文本身並沒有意義，有的是意義的潛在力。解釋者在自己的處境和脈絡中攝取這潛在力。解釋者所處的處境指引他朝向那意義潛在力的某特別的片面。讀者的社會處境決定哪一個意義潛在力最適合當時的實況。」[2]

這種詮釋觀點認為意義之產生在於文本和讀者間的互動，讀者雖受限於文本，但文本經由讀者的詮釋產生意義。因此，駱維仁這樣說：「天底下沒有所謂最終和完全的意義。經文有很多面的意義，並有很廣的意義潛在力，因此經文的解釋不可能是固定的，而是流動的，是取決於解釋者所處的社會定位。」[3]

根據這種詮釋理論，聖經若不在每個時代、社會中詮釋，就不會產生當代意義。我們若想讓聖經成為今日上帝的話語，今日生活的準則，我們必須從我們今日生活實況來詮釋古老的經典，與聖經對話，才有可能獲得真實的意義。所以，聖經不是一本我們可以依照其內容條文，按步操作之倫理生活的使用手冊，我們不能把前述舊約聖經中的死刑條例直接應用在今日世界的生活中。

1 駱維仁，〈聖經翻譯和文化詮釋〉，《聖經、詮釋、實況：駱維仁博士榮退紀念文集》。

2 駱維仁，〈聖經翻譯和文化詮釋〉，17。參看 Brian K. Blount, *Cultural Interpretation: Reorienting New Testament Criticism* (Minneapolis: Fortress, 1995), viii.

3 駱維仁，〈聖經翻譯和文化詮釋〉，18。

◆國家的權力並非不能挑戰

基督宗教信仰認為，一切權力都根源於上帝，所以國家的權力也是來自上帝。也因為這樣，使徒保羅在寫給羅馬教會的書信中，勸勉信徒服從國家的權力。他甚至說：「抗拒當政者就是抗拒上帝的命令。」（羅馬書 13:2）

然而，我們絕不能誤解保羅的神學見解。國家的權力雖然是上帝設立的，但是執行國家權力的君王或政權有可能濫用這種來自上帝的權力。換句話說，國家權力可能因為邪惡、獨裁、腐敗的君王或政權，而遠離公義、正直、慈愛等上帝美善的旨意，變成一個壓迫人民、侵犯人權，甚至毀滅人民福祉的權力。

這時候，信徒要服從違背上帝公義、正直、慈愛的國家權力嗎？如果我們注意到保羅在勸勉信徒服從當政者的權力之前，曾要求信徒「不要被惡所勝，要以善勝惡」（羅馬書 12:21），因此，信徒有責任以上帝的公義、正直、慈愛等特質來挑戰國家權力。這正是上帝希望他的子民所做的事：上帝指示他的子民，要「主持公道，伸張正義」（參看創世記 18:19）。

現代民主國家藉由定期選舉的機制來行使行政與立法之權力的賦予，以及兩者間的平衡。我們也可以這樣解釋，人民藉由選舉來收回或挑戰國家賦予政權的權力，也藉由選舉推派監督行政與立法之權力的運作。〈羅馬書〉所說的服從當政者的權力，從現代政治體制來說，也不是絕對不變的。

◆死刑與基督信仰

省思一：死刑跟上帝在耶穌基督裡所彰顯的本性與作為相稱嗎？

在今日台灣社會與文化處境中再思死刑，基督徒社群必須自問：死刑跟上帝在耶穌基督裡所彰顯的本性與作為相稱嗎？死刑作為處罰罪犯的一種刑罰，確實記載於舊約聖經；為維護宗教與社會秩序，舊約聖經有「要以命償命，以眼還眼，以牙還牙，以手還手，以腳還腳」的記述（申命記 19:21）。可是，耶穌基督讓世人更深地體認上帝的本性與作為。耶穌基督的教導已經超越「報復」的思想與精神。耶穌基督顯明上帝的本性是公義、愛，與憐憫，上帝在耶穌基督裡所彰顯的作為就是恩典與赦免的愛，就是給予人機會，好讓人可以跟上帝建立合宜、正確的關係，也跟鄰人有新關係。

耶穌基督不要世人思想報復，而是要愛仇敵，為迫害我們的人禱告（參看馬太福音 5:38-48）。耶穌基督要世人學習一再地饒恕，因為上主已經饒恕我們（參看馬太福音 18:21-35）。他自己也是如此對待那因行姦淫被抓而被帶到他面前的女人（參看約翰福音 8:1-11），他在十字架上祈求上帝赦免判處他死刑的猶太議會和羅馬總督、兵丁（參看路加福音 23:34）。

愛與拯救是聖經中上帝的故事的主旨。上帝對於人類的恩典、慈愛與憐憫，具體呈現在他自己道成肉身——成為一個人臨到世界——這一偉大的事件上。詩人頌讚上帝時說：「上主慈悲仁愛，不輕易發怒，滿有不變的愛。他不長久責備；他不永懷忿怒。他不按照我們的罪過懲罰我們；他不因我們的過犯報應我們。天離地多高，對敬畏他的人，他的慈愛也同樣宏大。東離西多遠，他使我們的罪離開我們也那麼遠。」（詩篇 103:8-12）因此，死刑跟上帝在耶穌基督裡所彰顯的本性與作為完全不相稱，基督徒社群唯有主張廢除死刑，才能在世人中間見證上帝的慈愛與拯救。

省思二：死刑跟宣揚上帝國福音、勸人悔改轉向歸信上帝並與人復和之教會的信仰相符嗎？

教會受召在世界的使命就是參與上帝的宣教，宣揚耶穌的上帝國福音。就如基督徒每天以〈主禱文〉（天主經）來禱告所祈求的，願人都尊崇上帝的聖名，願上帝在世上掌權，願上帝的旨意實現在地上，如同實現在天上。基督教會期盼上帝在這世界掌權，上帝公義、慈愛和平的旨意實現在人間。

可是，這不能只是一種宣講，而應該是同時成為基督徒社群的倫理實踐，也就是教會既然宣講並期待上帝的公義與慈愛遍行人間，基督徒社群就當如同先知阿摩司所說的「不屈不撓地伸張正義，始終不懈地主持公道」（參看阿摩司 5:21-24），如同保羅所說的，在相愛這一件事上總覺得愛世人愛得不夠，是負債（參看羅馬書 13:8），要不斷地追求實踐信心、盼望與愛之特質的生活。

死刑作為懲罰罪犯的一種刑罰，阻斷了基督徒社群前述的宣講與倫理實踐。即使是罪人，生命在上帝的眼中仍然有其尊嚴與價值。死刑，一種讓生命不可回復的極刑，剝奪了罪犯的生命，使基督徒社群無法再向他宣講上帝的恩典，無法再向他顯明上帝的慈愛與憐憫；他也不再有機會悔改，不再能夠向社會和他所殺害之人的家屬道歉，跟他們復和。基督徒社群不再有機會使罪犯重建或恢復人生，貢獻或補償社會[4]。

基督教會主張廢除死刑不等於不處罰罪犯或輕看犯罪行為，而是如同基督福音使人重生一樣，期待重建罪犯的人格與生命。死刑使這種可能性消失不復存在。我們要不斷地自問：宣揚上帝國福音、勸人悔改轉向歸向上帝並與人復和的教會，是根據什麼樣的信仰理解去贊同死刑呢？

省思三：我們能說社會中的罪行，全然與我無關嗎？

主張廢除死刑，並不是說基督徒社群不認為人當為自己的罪和罪行負責，不過我們也要捫心自問：社會中的罪行全然與我無關？誠如神學家尼布爾所說的，由於社會的特質及人類的集體行為，有些必然的政治因素，使得即便是由道德的個人所組成的社會，也會成為不道德的社會[5]。我們必須很沉重、嚴肅地指出，我們每個人所屬群體之間各種利益

4 參看 Eric E. Hobbs and Walter C. Hobbs, "Contemporary Capital Punishment: Biblical Difficulties with the Biblically Permissible", David K. Clark and Robert V. Rakestraw eds., *Readings in Christian Ethics, Volume 2: Issues and Applications* (Grand Rapids: Baker Books, 1994), 468。

5 尼布爾（Reinhold Niebuhr），《道德的人與不道德的社會》（*Moral Man and Immoral Society: A Study in Ethics and Politics*）（楊繽譯，台北：永望，1982）。

的糾葛與衝突，所造成的對立、殘殺、毀滅，使個人無可避免地陷於其中。

因此，個人的罪行和集體的罪行之間的責任區分，可說是界線模糊不清[6]。我們若誠實面對，我們就會接受這一陳述：「在每一項個人罪行後面，除了罪人應負的責任之外，我們還是可以找到一個對罪行同樣有責任的客觀環境，它對個人的缺乏了解，和它形成的充滿命運色彩的禍害力量，都是促成個人罪行的主要因素。」[7]

判處罪犯死刑只是把罪歸咎到被定罪的罪犯身上，我們忽略，甚至忘了社會、我們也有責任，我們也當悔改，我們也當和罪犯、受害者家屬復和。死刑不但阻斷這個機會，甚至也使我們輕易地忽略我們是處於罪犯的「共犯結構」之中，以及負有改造帶有罪性之社會結構的社會責任。

香港學者余達心這樣解說死刑：「我們若認定判處一個罪大惡極的人死刑是道德責任的要求，那我們的道德責任應不容我們放過社會的群體暴力。若死刑要一致的徹底執行，那麼多少判處人死刑的社會，也極可能受同樣的處決。」[8]

◆普世教會與死刑

死刑永遠剝奪一個人的生命及其尊嚴，讓受刑人失去跟上帝建立新關係的機會。死刑終結一個人從上帝領受的生命——他的肉體生命，結束他的社會性生命，也破壞他的靈性生命。死刑剝奪世人領受上帝恩典的機會。因此，普世各地基督教會近期多數都主張廢除死刑。

普世教會協會（World Council of Churches），這一擁有最多會員教會數的普世性基督新教的組織，於一九九〇年三月宣告教會無條件反對死刑，認為當國家執行死刑剝奪人的生命時，它已經篡奪上帝的主權和旨意[9]。世界改革宗教會聯盟（World Alliance of Reformed Churches，二〇一〇年與另一改革宗教會組織 Reformed Ecumenical Council 合併，更名為 World Communion of Reformed Churches）也於一九八九年宣稱，執行死刑，就是侵犯上帝拯救的愛[10]。

天主教方面[11]，一九九八年教宗若望保祿二世在聖誕節文告中，期待「世界各國能達成共識，體認到我們必須對廢除死刑採取急迫、適當的做法」。二〇一一年教宗本篤十六

6《合一真理：卷三》(*The Common Catechism: A Christian Book of Faith*)（香港公教真理協會譯，香港：公教真理協會出版，1981），46-47。

7《合一真理：卷三》(*The Common Catechism: A Christian Book of Faith*)，47。

8 余達心，〈死刑〉，《是非黑白：今日基督徒與倫理問題》（吳羅瑜編，香港：天道，1979），140。

9 檢自 http://www.fiacat.org/en/about-us/a-christian-movement/2763-the-christian-argument-against-the-death-penalty（20210409）

10 檢自 http://www.fiacat.org/en/about-us/a-christian-movement/2763-the-christian-argument-against-the-death-penalty（20210409）

11 本文有關天主教方面的見解，檢自 https://www.storm.mg/article/471733（20210409）

世也呼籲各國社會領袖「盡可能努力推動廢除死刑」。現任教宗方濟各更是積極推動廢除死刑。二〇一五年他在美國國會發表演說時說：「從我進入神職生涯開始……我就主張全球廢除死刑……每一個生命都是神聖的，每一個人都被賦予不可異化的尊嚴（inalienable dignity）；當犯罪者得到教化，社會也得到裨益。」

二〇一八年八月二日，方濟各更針對死刑問題做了前所未有的明確宣示：「死刑在任何情況之下都不可容許，因為死刑攻擊了人類的『不可侵犯性』與『尊嚴』。」教廷也宣布，將修訂《天主教會教義問答》第二二六七條為「依據聖經福音，教會認為死刑是不可接受的，因為它是對人類不可侵犯性（inviolability）與尊嚴的攻擊。教會將堅定推動全球廢除死刑」。其實，早在二〇〇七年，羅馬教廷萬民福音部（Congregatio pro Gentium Evangelizatione）的信仰社就曾經發表報告，指出死刑是「殘忍和不必要」的刑罰[12]。

再舉美國為例。美國全國基督教會協會（The National Council of the Churches of Christ in the United States of America, NCCUSA；由三十八個基督新教之宗派和希臘正教之教會組成，協會下之教會堂會數超過十萬，人數多達四千萬）在二〇一九年七月二十九日再次反對聯邦政府的死刑，並重申早在一九六八年九月基於對上帝的信仰而提出廢除死刑的立場聲明[13]。教會反對死刑，因為基督教會深信人類生命的價值與人格的尊嚴是上帝的恩賜[14]。

天主教會美國主教團（United States Conference of Catholic Bishops；其議決對全國天主教會具有約束力）也基於對生命的主上帝的信仰，在二〇一四年重申天主教會反對死刑的聲明[15]。這都是普世教會從實況來反思和詮釋聖經，重新體認上帝的本性與作為之後，所獲得的新倫理思維和見解。

◆從信望愛的生活特質反思死刑

如果我們在世之日要活出信、望、愛的特質，我們也應當從信、望、愛的特質來反思死刑。

深信生命源自上帝的創造，以及人除了肉體（生理性）生命，還有社會性生命、靈性生命，對上帝所賜的生命處予不可逆性的極刑，我們可以贊同嗎？所有的宗教都認同生命的珍貴，剝奪人的生存權跟我們尊重生命、愛護生命的信念相符嗎？信的生活態度應

12 檢自https://kkp.catholic.org.hk/gl/gl3316/gl3316_09.htm.（20210409）

13 NCC Opposes Federal Death Penalty. 檢自https://nationalcouncilofchurches.us/?s=death+penalty（20210408）

14 *Abolition of the Death Penalty—A Policy Statement of The National Council of the Churches of Christ in the United States of America*, September 13, 1958. 檢自https://nationalcouncilofchurches.us/?s=death+penalty（20210408）

15 檢自https://www.usccb.org/resources/statement-death-penalty（20210408）

該讓我們對於罪犯之教化及其美善的理想，抱持更堅定的信念。

基督徒盼望上帝國臨到世上，就是上帝公義、慈愛、和平的主權和旨意得以實現在這世界上。世人也都盼望社會更人性，更人道。盼望的生活態度應該讓我們對生命的尊重和人性良知的回復，抱持著更恆久、堅定的盼望。深信福音並盼望萬人都可以重生、悔改的人，應該讓所有的罪犯都存有得救與更新生命的盼望。

愛，可以說是普世共同的倫理價值。一個平和社會的建立有待愛的實踐。暴力、威嚇不能使人從內心改變，只有愛能使人真正新生。我們若以為世人當以愛的態度來生活，豈不是要盡可能藉著愛來消弭世上一切可能激起以暴制暴的思想和懲罰？我們的社會需要的是愛，而非恐懼和報復。

信、望、愛三者緊密不能分，從世人該有信望愛的生活態度來反思死刑，我們應該反死刑，支持廢除死刑。

台灣在地的省思

除了前述的神學和倫理的省思，我們在台灣還必須很嚴肅地思考一個問題：審判殺人事件的法庭是完全公正、不會犯錯的嗎？死刑的判決與執行一旦有疏失、錯誤，那要怎麼辦？

台灣的司法審判怎樣？就以二〇一〇年五月十二日監察院公布的調查報告為例來說明[16]。監察院歷經七年，就一九九六年間發生於台北空軍作戰司令部謝姓女童遭姦殺，軍方當年速審速決，槍決江國慶一案，做成調查報告。報告認定「國防部違法指派反情報隊以非法手段取供，自白內容和客觀證據充滿矛盾，只採信瑕疵證據，其他證物尚未檢定，又漠視另一凶嫌可靠自白」。對於軍方火速執行死刑，監委痛批：「如強盜明火執杖，擄人父兄妻兒。」參與此調查案的監委馬以工痛心指出，清查全案之後，只能問：「司法真的代表公平正義嗎？」

有關台灣的司法審判，曾經擔任法官的中央警察大學法律系教授翁玉榮，在財團法人國家政策研究基金會於二〇〇三年三月二十七日舉辦的「司法改革與人權保障」座談會中如此發言：「坦白說，做過這麼多年的法官，我愈做愈怕，監獄裡頭到處可見蒙受不白之冤之人。」[17]事實上，台灣有八八％的民眾認為死刑判決有錯誤的可能[18]。處在司法審判仍有諸多缺陷與不公不義的社會制度裡，面對如此不可信的司法體系，我們能不主張廢除死刑嗎？

16 檢自http://news.chinatimes.com/focus/0,5243,50105328x112010051300090,00.html.（20100513）

17 檢自old.npf.org.tw/monograph/series/series133-CL.pdf.（20100513）

18 見瞿海源，〈推動廢除死刑，政府不能卸責〉《蘋果日報》（二〇一〇年四月二十三日）。檢自http://tw.nextmedia.com/applenews/article/art_id/32459415/issueID/20100423.（20100513）

基督徒社群應該懺悔

在一個看似經常有人凶狠、無故地殺人的社會中，也是一個死刑之宣判可能殺害無辜者生命，卻依舊保存死刑之刑罰的社會中，基督徒社群在表達其對廢除死刑的觀點時，應該要懺悔。求主上帝憐憫、赦免。

基督徒社群要為基督教會在宣揚、實踐耶穌仁愛與和平之福音一事上，不夠積極、普遍，未能感召更多世人心存仁愛與和平，以致今日台灣社會中仍有人心存置人於死的意念、殺人的舉止，表示懺悔。求主上帝憐憫、赦免。

基督徒社群要為基督教會不夠用心關懷社會公義，未積極協助社會中殺人刑案之受害者的家屬，讓他們仍然處於失親的苦痛哀傷中，表示懺悔。求主上帝憐憫、赦免。

基督徒社群要為基督教會不夠積極關懷社會中的弱勢族群——如邊緣人、窮困無助者、思覺失調症病人等，沒有讓他們受到該有的照護，表示懺悔。求上帝憐憫、赦免。

基督徒社群要為基督教會未能有效監督政府，以致行政和立法部門對於保護、照顧刑案受害者，或賠償殺人事件受害者家屬等事情上，遲遲未能有讓社會大眾滿意的措施或法令，表示懺悔。求主上帝憐憫、赦免。

基督徒社群要為基督教會對社會民心不夠敏感，對福音之整全性的解說不夠清晰，以致所宣揚的福音，未能撫慰社會上對治安敗壞普遍存有恐懼心理的心靈，表示懺悔。求主上帝憐憫、赦免。

基督徒社群要為基督教會之社會關懷與改革之參與的不足，未能有效改善政府的司法體制及其運作，和社會中以暴制暴的風氣，表示懺悔。求主上帝憐憫、赦免。

小結

生活在台灣這塊土地的人，大概都會感受到「宗教無所不在」的事實。宗教是很多台灣人每一天的生活，或是生活中某些固定活動的緣由。有人每天早餐吃素念佛，有人天天為安奉在客廳神龕上的神像或祖先牌位上香膜拜，或是農曆初一、十五到廟宇燒香；也有人天天讀聖經，向上帝禱告，或是每禮拜天到基督教會的禮拜堂參加禮拜，或到天主教教堂望（參與）彌撒等。

在台灣，宗教無所不在可以從以下兩個數據來顯示。第一個數據是內政部二〇二〇年公布的資料，截至二〇一九年年底，在台灣，合法登記的寺廟教堂有一萬五千一百七十五間[19]，亦即平均約每二．四平方公里即有一個寺廟、教會（堂），可見台灣宗教聚會場所密度甚高。

19 臺閩地區各宗教教務概況。檢自 www.moi.gov.tw>files>site_stuff>year.（20210410）

第二個數據是台灣宗教的多樣性。台灣的國家通訊社「中央社」二〇一四年四月十六日報導，根據美國研究機構皮尤研究中心（Pew Research Center）提出的「宗教與公眾生活計劃報告」（Religion and Public Life Project），在全球宗教多樣性指數（Religion Diversity Index）最高的國家中，台灣名列第二。在台灣，最大的宗教族群是民間信仰，比例高達四五％，佛教則以超過二〇％的比例緊接在後，獨立宗教和其他宗教的比例在十三～十五％之間，基督宗教則大約占七％[20]。

台灣各地寺廟、教堂林立，宗教活動非常頻繁，媒體也經常報導各種宗教的節慶。台灣民族堪稱是一個具有強烈宗教情操的民族。然而，台灣人民的宗教熱情，並沒有反映在死刑議題的討論上。若以「廢除死刑」這事為例，台灣這一個有「燒燒」的宗教熱情的社會，卻表現出「冷冷」的死刑觀點[21]。

法律，藉由有可能誤判的法庭，可判人死刑——一種不可回復、糾正、彌補的極刑——的條文一日不廢，它對個人和社會之傷害的可能性就一日存在。台灣人民除了從法理、實務來探討死刑的存廢，應該讓「燒燒」的宗教熱情，就是充滿憐愛、和平的宗教信念與生活態度，展現在死刑的觀點上。

20 檢自http://www.cna.com.tw/news/firstnews/201404160109-1.aspx.（20141130）
21 見陳南州，〈「燒燒」的宗教熱情，「冷冷」的死刑觀點〉《自由時報》（2001. 6. 8）。

第十三章

生命改造工程——從人類基因研究談起

生命充滿奧秘！人，無論信奉什麼宗教，都會體認生命確實奧秘。基督徒告白，生命源自上帝的創造。人是按造上帝形像被造的；人，有上帝的形像。這是信仰的告白。然而，除了從信仰與神學來解說生命，人們也致力於從各種學科的角度來探討生命的奧秘。基因研究就是科學家從生物學、醫學來探討生命之奧秘，甚至是改造生命的方式之一。

基因研究

為什麼探討生命的奧秘要研究基因？為什麼基因研究會跟生命的改造有所關連？基因是什麼？有人說基因是生命的密碼，因為生物的生命現象——生、老、病、死——都跟基因密切關連。生物會一代傳遞一代的性狀，我們稱它為遺傳性狀。生物性狀的遺傳是藉著生物體中的遺傳物質來傳給後代；這些遺傳物質存在細胞核中的染色體之內。我們稱這些位於染色體上具有支配遺傳性狀的單位為遺傳基因，而它們的化學成分基本上就是去氧核糖核酸，就是我們現在簡稱ＤＮＡ的化學物質。

基因工程就是以這些支配生物遺傳性狀的化學物質ＤＮＡ為研究對象的一門學問，它試圖辨識生物的哪些性狀是由哪些遺傳基因所支配，並確定這些基因的位置，進而從事各種關於基因之「工程」的研究，如複製、切除、轉移、重組等，這些工程可以說都跟生命改造相關。

基因——遺傳因子——的研究，可說是始於十九世紀中葉奧地利天主教神父孟德爾（Gregor Johann Mendel）的豌豆性狀的實驗，他的發現也就是中學生物學課本或遺傳學都會提到的孟德爾定律。不過，基因研究突破性的進展要歸功於一世紀之後，也就是二十世紀中葉的英國科學家華生（James Watson）和克里克（Francis Crick）兩人對於ＤＮＡ結構和功能的研究成果；他們兩人也因此榮獲一九六二年生理學或醫學類的諾貝爾獎。

二十世紀末有兩件關於基因研究的大事，第一個是一九九六年七月，藉由細胞核移植的基因科技所培育的複製羊桃莉（Dolly）的出現，引發有關複製人的討論。第二個事件是二〇〇〇年六月，美國總統和英國首相兩人共同宣布，人類基因組計畫（Human Genome Project）提前完成。

人類基因組計畫

人類基因組計畫，簡單地說，就是為人類染色體定序的計畫，也就是繪製人類基因組圖譜的計畫。為什麼科學家要為人類染色體定序？因為遺傳基因在染色體上的排序關係到遺傳性狀的表現，為了解傳遞某一遺傳信息的基因，是位於染色體上的哪一部分，科學家必定要先為染色體上的基因定序。

由於每一個人都是獨特的個人，也都有其獨特的基因序列，人類基因組計畫所公布的基因組圖譜其實只是少量匿名者捐贈之基因組的序列。不過，人類基因組計畫卻是未來鑑別不同個體間基因組之差異的基礎性研究，因此，它也可以說是人類基因研究的起點。科學家認為，不明原因的基因序列的改變，是人類演化和疾病的根源。簡化地說，若是科學家能確定某一疾病是由於基因序列上的某一排序之變動所致，基因研究在病因和治療的醫學上就有莫大的貢獻。

基因研究的一些疑慮

其實，基因研究及其工程也已經進入我們的日常生活，也因此引起人們對基因研究的一些疑慮。

◆基改農作物

基因改造應用在農作物方面，如培育抗病蟲害、高產量、感溫性和感光性低等各類品種的農作物，已有不少成果。我們到生鮮超市去購物時，可能會注意到有些蔬菜或食品有「非基改」的標記，這顯明我們日常的食物有些是由基因改造後的作物所製成的；最為普遍的是豆類製品。有農產科技公司甚至在其公司生產的特定作物的某一品種中加入抗特定殺草劑的基因，再製造該種殺草劑給種植特定品種作物的農民。

目前，全世界種植的大豆約有八十%是基改大豆，基改玉米則約有三十~三十五%，基改油菜籽（Canola）是三十%，基改棉花也將近八十%。有些養殖鮭魚也是基改的品種。不過，台灣雖有進口基改食品，政府卻尚未批准任何基改作物的商業化種植。

基改農作物和食品對人類和生態的影響，正反意見都有。支持者認為所謂基改作物與食品有害的證據，都不夠充分；反對者則認為，基改作物的穩定性有待進一步確定，它對人體的健康和整全生態的影響存有極大的風險。如，基改農作物的種植與成長、繁殖，是否會對周遭的生物產生非預期的影響或傷害？譬如說，基改農作物抗殺草劑基因若不幸傳遞給雜草，是否會產生抗殺草劑的「不死雜草」？種植基改農作物是否會使某些害蟲產生抗藥性？基改農作物的性狀是否穩定？是否會產生非預期的性狀？這些未知因素或不穩定性，對人體或生態環境會造成什麼影響？

一般說來，美國、加拿大政府對基改農作物的態度，抱持較為正面的看法。歐盟國家至今抗拒基改農作物。

◆人體的基因研究

儘管人類基因組計畫已經完成，但是目前的研究與科技，尚無法像基改農作物那樣，改造人類的DNA。然而，人類基因之改造有其潛在性、可能性。事實上有人認為它將為人類帶來無限可能、光明的遠景，是人類的福祉；也有人認為，基因研究將是人性的浩劫。

◆基因研究帶來的福祉

為什麼會有人認為基因研究與工程是人類的福祉？簡單地說，由於一些基因研究顯示，諸如纖維性囊腫、鐮狀細胞性貧血、亨丁頓氏舞蹈症等，都跟人體基因的失序或突變有關。人們期待在接下來的研究中，可以找到某一或某些基因排序出錯或變化，跟哪一或哪些疾病關連，進而找出治療該疾病的對策。

換句話說，基因研究為發現疾病的肇因，及該疾病的治療開展一個可能性。對基因研究持樂觀的人認為，在他們有生之年，藉著基因研究，雖不至於長生不老，卻一定可以減少疾病，延年益壽。

◆基因研究帶來的風險、浩劫

事實上，現在已經有人利用基因篩檢，來診斷胚胎是否帶有罕見或重大疾病之基因。無論我們對胚胎抱持什麼觀點，想藉由人工生殖技術受孕的婦女，已經有人通過基因篩檢來選擇所謂正常的胚胎植入子宮，已經懷孕的婦女也可能憑藉基因篩檢的結果決定是否墮胎。這都涉及一些倫理道德的爭議。這也是為什麼有人認為基因研究是人性的浩劫。

認為基因研究具有高度風險，甚至危機的人，其實並不完全反對基因研究。這些人對基因研究抱持審慎的態度，擔心它演變成人類無法掌控的危機，為人性帶來無可回復的浩劫。這種疑慮絕不是杞人憂天，絲毫沒有理由的。

倫理的困惑。基因研究若屬於治療性質為前提，爭議性可能較少。然而，基因研究有可能不是治病，而是屬增強性質的，如增強某些性狀——身高、智慧，或某些特殊能力等——這樣做合乎倫理道德嗎？

基因篩檢、基因改造等研究，有一天，會不會走向父母或社會訂做嬰兒的歧路？類似德國納粹之優生學的實驗是否會在歷史中重演？複製羊已經出現，複製人呢？雖然目前沒有國家核准複製人的研究計畫，但是誰又能保證它不會發生？複製人的議題，不只是這一研究的合法性問題，也跟基因科技的安全性相關，也涉及倫理道德的爭議。基因研究會對人性的尊嚴有什麼衝擊？研究過程合乎人道嗎？哪一種基因研究是善？基因研究到哪一地步會變成惡，違背世人公認的倫理價值？

長遠影響的疑慮。帶有疾病之基因的修復改造，完全不會造成傷害嗎？科學家所察覺的性狀的改變，會不會只是表層的影響？被改造之基因的一些影響，會不會比科學家所預期的更慢，或延遲出現？誠如美國社會生物學家威爾森（Edward O. Wilson）所說的：「遺傳跟環境一樣，不可能單做一件事。基因一旦因突變而改變，或被另一個基因取代，不測和不快的副作用很可能會隨之而來。」[1] 世人要如何面對或處理這些非預期的副作用？受到破壞的生態要如何回復平衡？我們今日的基因研究，從以後的世代來看，是負責任的作為嗎？

社會的衝擊。非預期之副作用的風險，看似無法阻止人們對基因治療的研究，因為它一直是醫學界和病人的期待。若再加上經濟效益等功利思想的因素，擁有先進科技的國家的基因研究會走向何處、走到什麼地步，幾乎無法預測。這樣的基因研究的成果有可能是全民的福祉？或只是富人、有權勢者才有可能的選項？基因研究會讓社會階層更加分化或是和諧？

宗教信仰的疑慮。有宗教信仰的人對於基因研究也有些疑惑。基因研究是否背離我的宗教信仰？是否侵犯上帝的主權？是否符合上帝對人類美善的旨意？

1 參看法蘭西斯．福山（Francis Fukuyama），《後人類未來：基因工程的人性浩劫》（*Our Posthuman Future: Consequences of The Biotechnology Revolution*）（杜默譯，台北：時報文化，2002），114。

若是基因研究是為了維護或增強人類的生命力，提高世人的生活品質，它何時會造成不可回復的傷害？它的臨界點在哪裡？這些都是人們對基因研究有所質疑的原因。

基因研究的倫理

由於基因工程研究有可能造福人類，也有可能成為人性的浩劫，學界都認為基因研究，除了必須要有法律的規範，也應該有倫理準則作為研究的規範。

一般談論有關醫療倫理時，除了尊重生命的大原則，大概都會提到普遍被接受的四個基本準則，即：自主性（autonomy）、不傷害（non-maleficence）、善行或仁慈（beneficence）、公義（justice）。不過，我們不能忘記，生命絕不只是生理性（肉體的）生命，還有社會性生命和靈性生命。靈性生命或許不是每個人都認同的生命面向，社會性生命則是世人無法否認的一個生命面向，因為人是社會性的存在；人是社會性的存在也表明人是關係的存在。以下就從「人是關係的存在」的觀點，來省思這四個有關醫療與生命的倫理準則。

❶自主性

自主性是一個人是否為自由人的關鍵因素。在醫療行為中，這一準則，主要是指醫護人員應該尊重一個有完全自主行為能力的人的抉擇；這也是病人自主權利法的基礎論點（其實不限定病人，而是包括任何有意願預立醫療照護決定的人）。

每一個人都可以有其對生命之價值和意義之信念而來的觀點，也有權利據以作出選擇和決定；病人有權利決定自己的醫療照護方式；醫護人員也必須尊重病人自主決定的醫療意願。我們常說的「知情同意」就是這一準則的應用。醫護人員必須告訴病人有關疾病的實情和相關資訊，並取得病人的同意，才能進行醫療行為。

自主性固然是個人為自己的生命和所採取的醫療行為負責任的一種表現，然而，從「人是關係的存在」的觀點來省思自主性的原則，進一步思考，我們明白它絕不該成為個人我行我素的理由。強調自主性不能否認人是存活在關係網絡中，一個自主的人作抉擇，是在他的關係網絡——家庭、團體，或社群關係——中作抉擇，他必須考慮他的社會責任，他的抉擇對他的家庭，以及他所屬的團體或社群所造成的影響。從「關係的存在」的立場思想自主性的原則，一方面可以避開絕對個人主義的態度，另一方面也可以免除社群對於個人的宰制。

自主性準則在基因研究方面的應用至少包括：供研究用之基因的取得，必須經基因之主人的同意，且必須告知研究的項目及其用途、研究期限等。舉例說，目前癌症病人在治療過程中，通常主治醫師會徵詢病人的同意，為其癌細胞做基因的檢驗，以確定癌細胞的型態等，包括確定其癌細胞基因是否為家族性基因。這些病人的血液可以被無限期保留，甚至被用來做其他研究之用嗎？從自主性準則來講，這種作為都是違背研究倫理的。

❷不傷害

這一準則是在強調，醫療行為的出發點是以不造成傷害做首要的考量。醫療照護者有義務在作醫療行為的抉擇時，絕不蓄意、不直接傷害人，且避開讓病人承受不當傷害之風險的措施；這是醫護人員的專業倫理。醫療照護必須避免傷害他人——身體的、精神的、心靈的，甚至是物質的或財產等方面的傷害。

醫療行為常會產生副作用，如化學治療除了消滅癌細胞，也會傷害病人的白血球，會讓病人掉毛髮。不過這些副作用不是醫療的目的。不傷害的準則讓醫療照護人員思考「平衡」的重要性，也就是治療疾病和維護健康、生活品質等之間的平衡性。

趨吉避凶是人的自然反應。從「人是關係的存在」的觀點來省思不傷害這一準則時，讓我們從「關係」來了解傷害。從第三者的立場來看，或許會認為某一行為不會造成傷害，但是相關的兩者卻可能認為它可能造成傷害，或是該行為的後果是兩者都不可能接受的。於是，在「關係」的脈絡中來了解不傷害的準則，抉擇的考量就增多了，抉擇的困難度也增加了。「關係」會改變我們對於規範和準則的了解與應用。

不傷害準則在基因研究方面的應用，一方面至少要確定提供基因的主人，不受到基因研究之結果的傷害。基因研究的項目若多，其結果是否會出現非當事人預期或受傷害的資訊？另一方面，不傷害的對象之考量，要從個人擴展到社群，從一個世代增加到之後的一個、數個世代，甚至考量是否傷害生態界。就如前面提及的疑慮，基因研究可能有非預期性的後果，不傷害準則的應用必須盡可能審慎與周全。

❸善行或仁慈

這一準則是前項不傷害準則的正面說法。醫療照護人員的作為若是為病人的利益著想，就必須是仁慈的善行。善行、仁慈的準則是說醫療照護人員有義務為病人的福祉設想。但是，此一義務並非沒有「極限」，而其「極限」是醫護人員不傷害自己的生命，也就是醫護人員不必冒生命的危險來照顧病人。就如我們不會游泳，就不用跳入水中拯救溺水的人一樣，醫護人員的善行、仁慈不是沒有極限。

從「人是關係的存在」的觀點來省思善行與仁慈的準則時，由於一般醫藥倫理之抉擇所涉及的關係人，如病患與家屬，通常是比較親近的人，善行仁慈的義務性就顯得更為明確。其實，世人都存活在他人的善行、仁慈之人際關係中，我們也有義務以善行、仁慈待人。不傷害的準則要求我們不傷害人，無論對象跟我們的關係如何；然而，善行、仁慈的準則卻催逼我們採取促進他人之福祉的善行。關係的脈絡會讓我們更願意或更積極實踐仁慈的善行。

善行、仁慈的準則在基因研究方面的應用，提醒研究者——個人或團體——是在追求病人、社會大眾的福祉，甚至是整個受造界的福祉。研究的主旨不在實現個人的興趣，也不在追求個人學術的成就，更不是謀求個人的財富或某一機構、社群的利益。善行、仁慈的準則也要求基因研究因為存在著風險，而更為審慎。

❹公義

這一準則認為，生命科技的運用與管理、醫療政策的訂定，以及醫學研究和醫療資源的分配等事務，必須秉持公平、正義的準則。如：醫療及其研究是否變成只服務有權勢的人或富人？它是否成為獨裁者的工具？少數或弱勢族群是否被漠視或犧牲？以健保制度為例，是否每一個國民都公平地享受因健保而有的醫療照護？

公義的準則強調公平地分配有限的醫療資源，每個人應得他該得的份額。不過，這也不是絕對的。以掛號看病為例，公義的準則是醫師依照掛號的先後順序看病；但，急診則可能依照病人的生命情況來決定看診的先後。

從「人是關係的存在」的觀點來省思公義的準則時，我們會發現，由於關係脈絡有親近與疏遠之別，於是「關係」在某些情況扮演重要因素。如，等候器官移植手術的人必須按登記先後順序來接受捐贈的器官，但是如果捐贈者是等候移植者的親戚，則依照法律的保障，等候者有機會優先接受親人捐贈的器官。然而，關係脈絡意義的誤解常常破壞程序上或形式上的公義，而實質上的正義和公平就更難實踐了。

從「人是關係的存在」來思考基因研究時，要思考的不只是個人的人際關係，也包括人與社會的關係，和人與整個受造界或生態的關係。因此，公義的準則在關係網絡中之應用，必須超越個人或我族的私利。公義的準則也必須考慮每一個個人在生命共同體——共生關係——中的義務與權利。政府的醫療保健制度應該保障每個人擁有適當、最基本的醫療照護，但是重大疾病的病人也可以依法擁有一些優惠。我們必須謹記，「關係」可能被不當使用。我們並不聖化人際關係的了解，以免使我們陷入病態的或是威權、獨斷的關係網絡，以致扭曲人際關係，對他人造成傷害。

公義的準則在基因研究方面的應用非常重要。首先要探討的是基因研究的目的：基因研究是為醫治疾病或是增強身體？或是另有其他偏私的目的？治療誰的疾病？增強誰的身體？基因研究應以何目的為優先對社會人眾才是公平正義？基因研究的成果——利益——歸屬於政府、全民，或私人企業？會不會只是服務富人或有權勢的階層？少數或弱勢族群會不會成為基因研究的受害者？其次是基因研究的經費在政府整體的支出中占多少比率算是公平正義？

基督宗教神學的省思

基督宗教是有關生命的宗教，耶穌基督的福音是使人得豐盛生命的福音。基因既被稱為人體生命的密碼，基督教會對於基因研究並未抱持絕對反對的立場。人類基因組計畫的主持人柯林斯（Francis S. Collins）甚至稱DNA是上帝創造生命的語言[2]。倘若上帝除了藉由聖經向世人傳講生命的真理，也藉著DNA向世人訴說人體生命的奧秘，教會沒有理由不傾聽。換句話說，從基督宗教信仰的立場而言，基因研究並不必然是胡作非為的邪惡。

不過，基因研究在應許福祉的同時，除了有些不可預期的後果等風險存在，進而引發疑慮之外，基因研究的背後隱藏著一些值得商榷的生命哲學。因此，我們有必要從基督宗教神學的角度來省思基因研究。

◆怎麼理解生命

既然DNA被稱為生命的密碼，基因研究是跟生命相關的研究，我們有必要再一次省思我們怎麼理解生命。前面已經提過，基督宗教信仰認為人除了有生物性（肉體的）生命，還有社會性生命和靈性生命。基因研究的主要焦點是生物性生命，或是治療疾病，或是增強能力，主要都跟生物性生命的面向相關。這種生命的理解不但不是整全的生命觀，甚至還隱藏著基因決定論的生命觀點。

基因決定論，簡單地說，就是基因決定人的身體，以及人的心性，甚至社會行為。有些生物學和醫學家認為，身心的疾病或多或少都跟基因有關，甚至一些社會行為，如性暴力、縱火犯，也可歸咎於基因的病變。基因決定論的觀點，簡化地說，就是基因決定世人的命運，我們是基因的產物。

事實是這樣嗎？基因決定人所有的生命面向嗎？我們不必然要接受環境決定論，但生命絕不等於基因；基因不是生命的全部。舉例來說，帶有癌症基因的個體，有生之年不一定罹患癌症；因為一個人的生活習慣、環境，跟個體是否罹癌也有密切的關連。基因決定論已經不是科學研究，而是一種哲學觀點。也因此，我們需要從神學的觀點來批判和反省基因研究。

基因不是我們身體或生物性生命的全部；身體或生物性生命也只是我們生命的一個面向。基督宗教神學不能接受把人的生命簡化為全然是基因之總和的觀點。基因研究有其價值和意義，但人不只有生物性生命，還有社會性生命和靈性生命；生物性生命也不等於基因。以為改造基因就可以改變人的生命，是一種錯誤的哲學和神學。

◆怎麼理解人性

我們大概都會同意這樣的陳述：人與其他動物不同，人不只是具有代謝、生長、生

2 看法蘭西斯．柯林斯（Francis S. Collins），《上帝的語言》（*The Language of God: A Scientist Presents Evidences for Belief*）（林宏濤譯，台北：啟示，2007）。

殖，和感應等生命現象的生物。是的，人具有與其他生物不同的本性。但是，人性是什麼？基因研究跟人性有什麼關連？

從基督信仰而言，人的現狀是既具有上帝的形像，同時也是罪人。基督信仰從宗教與道德兩方面來論述人身上的上帝的形像和罪。上帝的形像，在宗教方面，是說人是按著上帝的形像被造的，具有靈性與理性，可以跟上帝建立關係，彼此交往；人倚靠上帝而活。在道德方面，人具有分辨善惡、義與不義的靈性與理性。罪，在宗教方面，罪是人違抗上帝的旨意，妄想僭越上帝的地位，破壞人跟上帝的關係。在道德方面，罪是不義。人的自我顯示驕傲和野心，妄想以自我為中心來生活，以致不免將他人的生命置於自己的意志之下，因而危害他人的生命，因而產生不義[3]。

人有因上帝的形像而來的人性尊嚴。人性的尊嚴不容貶損是普世共同的道德認知；人不應該被當作物品看待。基因研究可能威脅人性的尊嚴幾乎也成為一種共識，我們不能贊同把人物化的基因研究。但，基因研究如何侵犯或削弱人性？這是基督教神學家和倫理學家應該致力更清楚、明確去解說的當務之急。

人因為有從上帝的形像而來的理性和靈性能力，人有可能為人類福祉的緣故來從事基因研究。但，人是有限的，也是帶有罪性的。人性的自負、貪婪、驕傲，特別是理性的驕傲、權能的驕傲，以及德性的驕傲，也有可能使基因研究走向偏差的歧路。

基因研究必須謹記人性會犯錯的事實，進而研擬研究的管控機制，使基因研究是為造福人類、維護受造界生態的完整而存在。我們不該盲目反對基因研究，但也不任由一些生物、醫學家為所欲為。政府或相關組織應該設法邀請生物學家、醫學家、社會學家、神學家、倫理學家、律師、生態學家……等有關人士共同研討，使基因的研究，既有共識，又有可遵循的研究規範，使人類社會因它得福，讓創造主上帝的美善呈現於人間。

◆怎麼理解生活

在一個不只是生物學、醫學家強調，而是愈來愈多人也認為基因研究之重要性的世代與社會中，世人怎麼理解在世之日的生活？信、望、愛的生活態度如何適用於基因研究的世代和社會？其實，在這麼一個充滿可能性、盼望，卻又隱藏著浩劫危機的情境中，我們更需要從信、望、愛的生活態度來省思在世之日的生活。

讓我們再一次回想尼布爾對信、望、愛的解說：

> 真和美的事業不可能在歷史的某一小段內充分表現出來，因此，我們需要信；
>
> 偉大的工作不可能在人的一生中成就，因此，我們需要望；

3 尼布爾（Reinhold Niebuhr），《人的本性與命運》（*The Nature and Destiny of Man*）（謝秉德譯，香港：基督教文藝，1970），140-155，177-178。

任何善事都不可能由個人的力量單獨完成，因此，我們需要愛。

在我們要以「信」的態度生活之前，我們要再次確定基因研究是真和美的事業，或是審慎從事與管控基因研究，才是真和美的事業？我們確信基因研究是上帝的應許嗎？基因研究要取得社會大眾的信任，必須怎麼做？或是說，我們要做什麼才能心懷信任地把基因研究交在生物學和醫學家的手中？我們該做什麼、怎麼做，才是真正信靠上帝？

在我們以「望」的態度生活之前，我們要誠實地問自己：基因研究工作是我們這世代的偉大工作嗎？藉由基因研究來增強生命力是現階段社會大眾認定的偉大工作嗎？基因研究是世人生命的盼望嗎？或是經由宗教的薰陶和教育的轉化來成就生命之意義與價值，才是偉大的工作？

在我們以「愛」的態度生活之前，我們要確定，基因研究的確是毋庸置疑的善事嗎？我們要抱持著愛的態度與眾人合作的，是基因研究這種善事，或另有其他沒有疑慮的善事？讓醫療照護更為普及，使社會上每一個人都能享有基本的醫療照護，是否比基因治療、藉基因研究增強身體，更是善事？

我們必須很勇敢又誠實地問自己，我們怎麼理解在世之日的生活？什麼才是我們應該盡力而為的真、善、美，和偉大的事？我們秉持信、望、愛的態度來生活的目標是什麼？

以複製人為例來省思

一九九七年二月二十三日，世界各地的新聞媒體報導了一則消息：「複製羊」桃莉已經六個月大了。這其實是稍後（二月二十七日）出版的《自然》（*Nature*）期刊（一本深受自然科學界重視、肯定的權威期刊）裡面一篇論文的摘要報導。這篇論文是記述英國蘇格蘭愛丁堡羅斯林學院甘貝爾（Keith Campbell）和威爾米特（Ian Wilmut）兩位科學家，以成羊乳腺細胞，和一粒未受精、抽去細胞核（即除去遺傳物質——基因）的卵結合，而生下小羊的成功實驗過程。

這篇報導告訴我們：一隻未經父母（親代）精卵結合，卻跟提供乳腺細胞之母羊基因完全相同的「複製羊」誕生了。接下來就從複製羊開始，來思索有關複製人的議題。

◆複製羊與複製人

前述的這則新聞，打破了人們對動物生命之生殖的傳統了解。既然科學家可以從成羊身體的細胞來培育另一隻羊——一隻跟提供體細胞基因完全相同的羊——複製羊，那麼，複製人豈不是指日可待？普林斯頓大學分子生物學教授李．希爾佛（Lee M. Silver）說：「複製人會不會成功，已經不是問題，真正的問題是這種做法安不安全。」很多人聽到複製羊及其相關的報導之後的反應是：「複製羊，可以；但是，複製人？……」

目前有些關於複製人的討論對複製人的了解不是很正確，引出一些似是而非的結論，也帶來不必要的困擾。譬如說，有些人以為A先生的複製人會是另一個完全一樣的A先生，其實這是錯誤的了解。假設A先生在三十歲時想做複製人，那麼他得先找到一個女性願意提供卵細胞，還有一個（或同一個）女人願意做代孕母，倘若一切順利，A先生的複製人Aa可望在一年後誕生，Aa跟A先生相差約三十一歲。此外，Aa成長的環境和過程，跟A也不可能完全相同，所以二十歲的Aa跟五十一歲的A除了基因相同之外，性格、學經歷等等應該都有所差異，說不定連容貌也會因為外在因素的影響而有所變化呢！關於複製人，我們擔心什麼？

其實，複製生物並不是新事。在生物學上，複製生物屬於無性生殖，而植物的無性生殖（如花卉和水果的插枝繁殖）不但非常普遍，歷史亦很久遠，人類也從這些複製生物獲得助益。由於複製羊「桃莉」的誕生，生物複製科技再次受到關注，而人類利用生物複製科技複製人的議題也隨即出現在報章雜誌和網路的討論區。誠如許多科學家所說的，複製人的科技已經不是問題，所以應該問的是：誰會想要複製人？為什麼要「生產」複製人？複製人基因工程將為人類社會帶來什麼應許或威脅？複製人會帶來什麼法律、倫理、社會問題？

複製美味可口的水果品種，或是鮮豔美觀的花卉品種，這是我們可以理解，甚至接納的事。但是，為什麼要複製人？誰會想到要複製一個跟自己基因完全一樣的人呢？或是想要複製另一個人呢？這都是我們就複製人作倫理與神學省思應該思考的問題。

◆倫理的省思

誰會想到要有複製人？沒有子女但是擁有巨大財富、權位的人，或許會想複製自己來承續自己的產業或權位。為人父母者或許也會想到要複製因疾病或意外而死亡的子女，一方面既可以解除他們對子女的思念，另一方面又可以傳宗接代。野心家或許會想複製具運動或其他方面天分的人，藉以組成「夢幻隊伍」、「特殊小組」，來贏得權位和名望。無良的商人甚至有可能想複製智能低下的人，充當奴隸或勞工，藉此獲利。獨裁者或許會想複製身體健壯的人來組成傭兵（突擊隊或敢死隊），藉以達成他們私人的霸業或夢想。

人的思想誰能獲知？想要複製人的念頭或許高尚，也可能卑劣。雖然在「人造子宮」（以生物科技營造跟女性子宮相同的生化環境）之難題尚未突破之前，大量複製人之可能性極小。

從自主性的準則來說，若不是在脅迫下，人出於自己的意願，想複製一個自己，並不違反自主性的原則。不過，人為了保存自我，或是家族的發展，從事複製人，會不會破壞既有親族或社會的和諧？從事複製人的基因工程，若是出於個人的名利、權勢的私心，顯然不符合公義的準則。把複製人當作奴隸、傭兵等來使用，也就是物化複製人，這也不符合不傷害，以及善行或仁慈的準則。

此外，目前複製人的生醫科技必然也涉及胚胎——可能是多量胚胎——的應用，以及代理孕母的合法性等問題，這些不只是倫理道德的問題，也是社會和法律的問題。

◆神學的省思

神學跟生物學和醫學的複製人基因工程有關嗎？基督教會怎麼從神學省思複製人的基因工程？教會這樣做是否逾越它的領域，進入一個它不懂，也不該涉及的領域？這是我們就複製人基因工程等作神學反省時，可能遭遇的第一個問題。有些生醫科學家認為基因工程等不是教會和神學的事務，神學家不懂也不要干涉科學的研究與發展。

可能不少教會和基督徒也有相似的想法。這些教會和基督徒之所以如此想，一方面是他們認為，類似複製人基因工程等，是「世俗」的事務，教會應專心傳揚福音，不宜涉入世俗事務；另一方面，他們認為這些事務屬於「專業」，教會不懂就不該涉入。

然而，涉及人和生命的事務，也是神學的事務，因為神學是信仰的反思。當人們省思信仰和基因工程之關連時，這已經進入神學的思考。更何況，關懷社會事務本來就是基督教會的宣教使命。教會參與上帝的宣教，除了傳揚福音、教育上帝的子民，還包括愛心服事、社會改造，和關懷受造界。基因工程關係到人的生命、社會的秩序、受造界的整全，教會就複製人等基因研究與工程作神學反省，是在盡教會從上帝領受的管家職責。

基因研究與工程影響人的生命與生活，而神學就是關係生命、生活的學問。因此，我們應該促成神學家和生醫科學家的對話。就複製人基因工程而言，教會應該設法邀請基督徒科學家和神學家一起研討複製人基因工程對人類及其社會生活各層面的影響，進而提出教會的觀點，並呼籲社會大眾思想我們的看法，形成輿論，以監督基因工程的研究發展，或作為政府制訂公共政策和相關法律之參考。

有人問：「複製人有靈魂嗎？」然而，誰知道靈魂何時進入人體？在受精、懷孕的時候？自細胞核植入時？在出生時？因此，思考複製人時，我們必須再一次思考基督宗教信仰所說生命的含意。生命充滿奧秘，我們要敬畏生命的創造主上帝。複製人不只有生物性生命，他必然也會發展出社會性生命和靈性生命。複製人豈不是也有上帝的形像？人性不會因為是複製人而喪失。

其實，依照目前的生醫科技，複製人也是經由母胎十月懷孕後誕生，複製人也會有其自己的法律地位和自主、獨立的人格。雖然複製人的基因跟提供細胞基因的人完全一致，複製人會成為怎樣的人跟其後天的生活環境、教育和境遇等，有著密切的關連。成長的複製人並不會和基因提供者完全相同。複製人會有自己的人生，宰制複製人就像宰制任何人一樣，是輕蔑他身上的上帝的形像，既不尊重上帝，也違反人性。

有關複製人的神學省思，除了思考複製人的生命面向，我們必須嚴肅地面對「為什麼要生產複製人」此一問題。有些基督徒對於複製人的直覺反應是人想企圖「扮演上帝」，也就是複製人是篡奪上帝的主權。可是，什麼是扮演上帝或篡奪上帝的主權？「順其自然」

才不是扮演上帝或篡奪上帝的主權？那麼，生病要不要看醫生？吃藥或開刀治療疾病算不算違反「順其自然」的原則？吃避孕藥或使用保險套實施家庭生育計畫算不算是篡奪上帝的主權？換句話說，我們要思想什麼是我們對人生的信念，以及我們的生活態度。我們為何而活？如何活出我們的生命信念？

創造主上帝的本性與作為是公義、慈愛、憐憫、和平、美善。上帝宣告人是按著他的形像受造，人的生命具有神聖性，人格有其價值與尊嚴。上帝不希望受造界的秩序混亂，也不希望受造界的整全性受破壞、汙染。人類社會應當是公義彰顯、和平遍行。人在世上應當成為負責任的好管家，與其他受造和諧共存，並存盼望來生活。複製人的神學反省不能不問：從事複製人的基因工程，跟前述這些信念或價值是否衝突？

小結

宗教的定義雖有不同，但是幾乎所有的宗教都會同意的，那就是宗教的主題之一是「生命」。宗教希望人的生命有意義、目的。神學和生醫科技都是有關生命的學問，只是各自關心的層次或面向不盡相同。我們如何使不同面向或層次生命的關懷，能夠相互對話並彼此豐富對方對生命的了解與體會，進而發揮生命的價值，實現生命的意義。這是神學界和生醫科技界的當務之急。

我們談生命，不應該只是談生物性——肉體——的生命，也要注意到人的社會性生命和靈性的生命。基督宗教信仰雖重視生物性生命，卻不認為人的生物性生命是絕對的價值，其存活也不是最後的目的。它乃是成全靈性的生命，服事上帝。我們的生命是向上帝負責，但是，我們也藉著人與人的關係來顯明我們跟上帝的關係。

基因研究專注在人生物性生命的改造，然而，人性的更新改造，以及健全的社會性生命和靈性生命的更新、充實，或許是更為根本和重要的事。

跋

◆事故的緣由

在我把本書初稿用電郵寄給出版社當天晚上，我出了一個意外。不知道為什麼，我那天睡覺前竟然想要使用驅蟲樟腦油（我以為是竹酢液，事後太太回家查明，才知道是樟腦油）來防止蟑螂。由於久未使用，液體噴不出來。我異想天開，竟然在爐火上熱美工刀，想藉此來割裂瓶罐。就這樣，引發小燃爆。我從反光玻璃看見自己的頭髮在燃燒，也感覺耳朵灼熱。

我立刻衝進浴室用水沖頭，出來發現我當下放手的瓶罐還在燃燒，隨即再進去浴室拿擦地板的抹布來滅火。我的疼痛讓我意識到我應該就醫。想打一一九，也想按保全的緊急按鈕，但想到住處偏僻，等他們找到地址到達時，我可能已經自己開車到醫院了。由於那天太太到南投去，於是我自己穿衣，拿了皮夾子開車到醫院。一邊開車，一邊禱告，也同時感到左邊眼睛愈來愈不舒服。

到達門諾醫院，護理師脫掉我的上衣，用水幫我沖了約半小時後，因急診室沒有整形外科醫師值班，她們給我一件病人穿的衣袍，把我轉介去慈濟醫院。就這樣，我在醫院住院十五天。傷勢是頭皮，以及左邊的臉頰、耳朵、脖子、肩胛有燒燙傷，眼角膜五分之四受損。臥病期間，我被迫回顧這本書的許多篇章內容。

我再一次體會世事難料、無常，如教會常唱的一首詩歌〈我知誰掌管明天〉的歌詞所說的，「我不知明天將如何」。我想起新約聖經〈雅各書〉的作者所說的：

有人說：「今天或明天，我們要到某某城去，在那裡住一年，做生意，賺大錢。」可是，聽我說，你們連明天還活著沒有都不曉得！你們不過像一層霧，出現一會兒就不見了……你們應該這樣說：「如果主願意，我們就可以活著，或做這事，或做那事。」（4:13-15）

人生真的就是如此，我們可以計畫來日的事，但將來不在我們手中。我只能向四月底的聖經翻譯工作坊請假，也向兩個教會致歉，取消已經答應的五月份所有的講道、專題演講。

◆醫院．人生

在急診室、眼科檢查治療室、病房病床上，我觀察、思索人生的種種。

有誰不生病？坐在急診室裡等候打破傷風的針劑時，有位年輕女性彎著手肘從我面前走過去，顯然剛打過針。在檢查、治療室，我看到：駝著背，兩手各拿著一把傘拄著走路，一隻眼看來混濁，另一眼矇住的老人；講話很大聲的女病人（後來發現她耳背重聽）；被國中生模樣的女孩子扶進來，講布農族語的女人；完全聽不懂華語和台語，需要翻譯陪同的外籍移工。還有，我去配膳室取水時，看到有位中年婦女推著一位小朋友，他坐的輪椅吊著點滴袋。有位病人詢問醫師：「我可以搭飛機回去嗎？」原來他是離島的住民。病痛，不在乎你的性別、年齡、種族、語言、居住的地方。

來到醫院的人失落了什麼？我這次只是暫時失落一些服事的機會，其他的人呢？檢查室裡，有位病人不知跟檢查的醫師說了什麼，醫師回覆的聲音有點大：「你暫時不要管什麼！你眼壓這麼高，再不開刀，很快就會失明了。」那病人很可能失落他的視力！若不幸如此，他要失落的會更多。有位操著我熟悉的太魯閣族口音華語的老人，坐在我旁邊，問我怎麼了，然後他說，他是移植眼角膜，第二次了。為了眼睛，他住院三次，有一次長達四十多天。我想，他失落的，絕不只是肉體的視力而已，他的社會性生命也一定有些失落。

病痛也常伴隨著苦難。一位法師跟她隔座的婦女說，生病是一種因緣。那位婦女顯然很有感觸，激動地說：「我也有修行，可是這十幾年，真的是折磨啊！」她講得又多又快，她的話語中摻雜著一些我聽不懂的宗教用語，但我想，她想跟法師訴說的是：「我真苦啊！」

她的苦，不只是肉體的苦，還有心靈的苦。我隔壁床的老人聽到護理師說：「你明天可以出院了。」他不是高興，而是說：「我不能自己點眼藥水，出院不是死路一條嗎？」原來他沒有親人，一個人獨居。他的手因受過傷，會顫抖。他生命中的苦難，除了肉體的苦，一定還有其他生命面向的苦——社會、人際關係，還有心靈的困苦。

人因年老而視力減弱、聽力減退的現象，在檢查室處處可見。我們坐在候診室，稍微觀察並思索，一定會對人生有很多體會。

其實，不只是醫院像是人生的縮影。在很多地點、場合，如，只要在捷運站的通道稍做停頓佇足，或坐在火車站的候車室久一點，看著不同年齡、各式各樣的人穿梭其間，我們一定會有些感觸，讓我們思索人生。

◆信仰與人生

住院期間，有位護理師來我病床邊，說要以我為個案撰寫報告，徵詢我的同意。我同意了。她的問題之一是：我會不會因為住院而沮喪？我告訴她，我有點難過，但不沮喪。她問我：「為什麼？」我告訴她，我有基督信仰支持我。

如俗語所說，人生不如意的事，十之八九；生命本來就充滿著意外。宗教信仰並不保證信徒一生平順，但人們可以從正信的宗教信仰獲得支撐的力量。基督信仰是我生活的準則。上帝的神聖、聖潔讓我悔恨自己的過錯，但上帝的慈愛吸引我親近他。如神學家田立克所說的，世人在耶穌基督裡被上帝接納，不再跟上帝分離，也不跟人或自己分離。藉著耶穌基督，我們跟上帝和好，關係合宜了。我們的過去被上帝接納。我不必被過去束縛，一直活在懊悔之中。

但，也不是對過去毫不在乎。我依靠上帝所賜的力量過在世之日，誠如宗教改革家加爾文說的，基督徒若不盡力走向成聖的道路，就是忘恩負義、辜負上帝的救恩。所以，基督信仰讓我在一切境遇中，獲得新生的力量，持續前進。我告訴採訪的護理師，我從尼布爾的禱告學習到以寧靜沉著來接受不能改變的事實。她覺得很有意思，要我再說一次，於是我簡潔地告訴她尼布爾這段禱詞的大意：「寧靜接受事實，勇氣改變現狀，智慧區分兩者。」

我們應該都會從信仰或自己的人生哲學來解說人生、引導人生。在病床上，我經常用在教會中有長久歷史的渴慕的短禱來禱告，不過，我稍為修改其禱詞為：「主耶穌，真又活的上帝，求你憐憫我。」這種禱告幫助我穩定漂浮的思緒，讓我親近上帝，也獲得平安與力量。

我隔壁床的老人也有他的信仰，他偶而也唸佛，有時是「南無阿彌陀佛」，有時是「南無觀世音菩薩」。在他孤苦的生命中，信仰必定給他力量。人生需要信仰的扶持，信仰引導我們在世之日的生活。

◆信望愛的生活態度

我坐在檢查室等候時發現，好幾位眼科醫師檢查病人之後，會跟病人說「加油」。病人需要加油，意思應該是病人要有信心，要努力。來到醫院的人絕大部分都是向生命說「是」的人，也就是有信仰、信念，想要活下去的人。我注意到有位來幫我抽血的護理師，手腕上有著「Be Brave」（要勇敢）的刺青。我想，這位護理師似乎想要藉此提醒自己需要有自信，勇敢向前行。是的，我們都要勇敢地向生命說「是」。醫師要病人有自信，也信任醫師的治療。世人的生活需要信——信仰、自信、信任他者。我們要抱持著「信」的態度來生活。

住院期間，我再一次感受到網路、社群媒體傳播的快速和無遠弗屆，更重要的是，我感受到通過它們所帶來的關愛。知道很多人關心我，甚至有遠在美國、紐西蘭的友人為我禱告，讓我深受安慰與扶持。雖然隔著布簾，從護理師和帶著老人來住院的女性的對話，我聽出來，隔壁床的病人是獨居老人，這位女性是老人的鄰居。有一次，我注意到一件事；坐在檢查室候診的人，看到步履蹣跚的老人走進來，靠門邊座位的先生立即起身讓座，自己坐到裡面一點的位置。生活中，我們都需要愛的關照。愛的生活態度讓我們大家都好過些。

我住院接受治療，因為我盼望灼傷的皮膚和眼角膜可以復原。在檢查室等候醫師檢查的病人很多是因白內障開刀的人，他們一定是盼望看得更清楚。每一個病人都盼望可以恢復健康。同樣等候醫師檢查的法師跟隔座的女人說，等一下我們不是回病房，而是療房。我起初沒意會到法師的話的意思，後來才察覺，法師要隔座的女人朝著正向思考。不是病房，而是接受治療的房間，是等候治療、盼望痊癒的房間。盼望是生活的動力之一。在世之日，我們都需要懷著盼望的態度來生活。

最後，我想說，信望愛不該只是我們每個人的生活態度，而是擴展至社會的面向。我們存活在一個福禍與共的生命共同體中，社會需要值得信賴的「他者」，如，值得信賴的醫療體系和健保制度，值得信賴的政府體制和運作機制。換句話說，我們的社會需要公義、平等的特質。關愛不只是倚靠個人的善行，也要化為健全的社會福利制度和措施，讓愛心藉著制度來施展。

我們需要更多更好的社會福利措施，讓諸如勞工、農民、老人、兒童、失婚者、身心障礙等人士得到妥善、有尊嚴的照護。我們的社會需要理想，特別是政府、政黨應該提出理想、美好的願景，並盡力實現，讓人民可以活在盼望之中。

信望愛的特質是緊密不分的。剛過的母親節，宜蘭縣政府表揚一位單親媽媽湯淑娟，她的故事就是結合信望愛特質的故事。與丈夫離婚後，她一個人扶養兩個女兒，其中還有一位是罹患重度腦性痲痺症。她辛苦工作養家背後的信念就是她能夠，也一定要活下去。她有個信念支持她。她說，她的心願就是女兒平安健康，她懷抱著盼望工作、生活。她揹著女兒尋醫就診，充分展現母愛。

湯淑娟的故事的背後，也有人透過家扶中心給予她們一家人的愛。她女兒能夠受大學教育，也有賴政府特教政策的支持。一個受肯定表揚的母親，背後是個人和社會展現出來的信望愛特質。

◆善用在世之日

加爾文在《基督教要義》中說，基督徒應該善用今生。我順著這樣的神學說，我們都應該善用在世之日的每一天。生命絕不只是肉體的生命，還有社會性生命和靈性生命。讓我們珍惜生命，以信望愛的特質，善用生命，也致力於參與建造一個充滿公義、仁愛與有理想之盼望的社會。我們如此生活，就無須畏懼死亡。

國家圖書館出版品預行編目資料

在世之日：一個基督徒對生死的思索 / 陳南州著. -- 初版. -- 臺北市：啟示出版：英屬蓋曼群島商家庭傳媒股份有限公司城邦分公司發行, 2021.06
面；公分. --(Soul系列；59)

ISBN 978-986-06390-2-5(平裝)

1.基督徒 2.生死學

197 110008253

Soul系列059

在世之日：一個基督徒對生死的思索

作　　者／陳南州
企畫選書人／彭之琬、李詠璇
總 編 輯／彭之琬
責任編輯／李詠璇

版　　權／黃淑敏、邱珮芸
行銷業務／周佑潔、賴晏汝、華華
總 經 理／彭之琬
事業群總經理／黃淑貞
發 行 人／何飛鵬
法律顧問／元禾法律事務所王子文律師
出　　版／啟示出版
臺北市 104 民生東路二段 141 號 9 樓
電話：(02) 25007008　傳真：(02)25007759
E-mail:bwp.service@cite.com.tw
發　　行／英屬蓋曼群島商家庭傳媒股份有限公司城邦分公司
台北市中山區民生東路二段141號2樓
書虫客服服務專線：02-25007718；25007719
服務時間：週一至週五上午09:30-12:00；下午13:30-17:00
24小時傳真專線：02-25001990；25001991
劃撥帳號：19863813；戶名：書虫股份有限公司
讀者服務信箱：service@readingclub.com.tw
城邦讀書花園：www.cite.com.tw
香港發行所／城邦（香港）出版集團
香港灣仔駱克道193號東超商業中心1F　E-mail: hkcite@biznetvigator.com
電話：(852) 25086231　傳真：(852) 25789337
馬新發行所／城邦（馬新）出版集團【Cite (M) Sdn Bhd】
41, Jalan Radin Anum, Bandar Baru Sri Petaling, 57000 Kuala Lumpur, Malaysia.
電話：(603) 90578822　傳真：(603) 90576622
Email: cite@cite.com.my

封面設計／李東記
排　　版／極翔企業有限公司
印　　刷／韋懋實業有限公司

■ 2021 年 6 月 17 日初版　Printed in Taiwan
■ 2023 年 5 月 22 日初版 2 刷
定價 450 元

城邦讀書花園
www.cite.com.tw

 ISBN 978-986-06390-2-5